Rechte und Pflichten

beim Kauf einer Immobilie und beim Bau
eines Hauses oder einer Eigentumswohnung

Rechtsanwalt Werner Renz

Januar 2018
© Werner Renz   Alle Rechte vorbehalten !

Herstellung und Verlag:
Books on Demand GmbH, Norderstedt

ISBN 9783746078496

3. KAPITEL: Rechte und Pflichten des Eigentümers und Dritter an einem Grundstück

4. KAPITEL: Die besonderen Rechte und Pflichten beim Wohnungseigentum

6. KAPITEL: Die Durchsetzung der Rechte und Pflichten und die dadurch entstehenden Kosten

Abkürzungsverzeichnis

AG	: Aktiengesellschaft
Abs.	: (bei §§) Absatz
BauGB	: Baugesetzbuch
BeurkG	: Beurkundungsgesetz
BGB	: Bürgerliches Gesetzbuch
BGBl	: Bundesgesetzblatt
BewG	: Bewertungsgesetz
ErbStG	: Erbschaftssteuergesetz
EStG	: Einkommensteuergesetz
f. – ff.	: folgende Zahl – folgende Zahlen
GBO	: Grundbuchordnung
GdWE	: Gemeinschaft der Wohnungseigentümer (Wohnungs-eigentümergemeinschaft)
GewO	:Gewerbeordnung
GbR	: Gesellschaft bürgerlichen Rechts
GKG	: Gerichtskostengesetz
GmbH	: Gesellschaft mit beschränkter Haftung
GNotKG	: Gesetz über Kosten der freiwilligen Gerichtsbarkeit für Gerichte und Notare
GrEStG	: Grunderwerbsteuergesetz
GVG	: Gerichtsverfassungsgesetz
GvKostG	: Gerichtsvollzieherkostengesetz
HOAI	: Gebührenordnung für Architekten uns Ingenieure
HGB	: Handelsgesetzbuch
HKV	: Heizkostenverordnung
InsO	: Insolvenzordnung
LBO	: Landesbauordnung eines Landes
MaBV	: Makler- und Bauträgerverordnung
OHG	: Offene Handelsgesellschaft
Rn	: Randnummer
RVG	: Rechtsanwaltsvergütungsgesetz
S.	: (bei §§) Satz
VOB	: Verdingungsordnung für Bauleistungen
WEG	: Wohnungseigentumsgesetz
WoBindG	: Wohnungsbindungsgesetz
ZPO	: Zivilprozessordnung
ZVG	: Zwangsversteigerungsgesetz

Wenn im Text auf Paragraphen (§§) ohne Angabe eines Gesetztes hingewiesen wird, betreffen sie das BGB.

EINFÜHRUNG

Die gesetzlichen Vorschriften für in diesem Ratgeber beschriebene Rechts-
gebiete stehen u. a. im BGB, hauptsächlich im 2. Buch Abschnitt "Einzelne
Schuldverhältnisse" (§§ 433 - 853) und im 3. Buch "Sachenrecht" (§§ 854 -
1296), ferner im WEG, ZVG, in der GBO, HOAI, im BauGB und in den
LBOen der Länder. Textausgaben dieser Gesetze haben größere Buchhand-
lungen vorrätig oder Sie finden diese im Internet.

A. Das „Recht" und sein Inhaber

I. Recht und Verpflichtung

Das Privatrecht sind Rechtsvorschriften, welche die Beziehungen einzelner   1
Personen untereinander auf der Grundlage der Gleichberechtigung regeln,
also z. B. das BGB, Nachbarrecht oder Handelsrecht. Alle Vorschriften, welche die Beziehungen zwischen dem Staat oder den mit Hoheitsmacht aus-
gestatteten Verbänden und den Bürgern auf der Grundlage der Über- und
Unterordnung regeln sind Öffentliches Recht, z. B. die Baugesetze, Steuergesetze oder Polizeigesetze.

Unter einem „Recht" versteht man die Befugnis, die unsere Rechtsordnung   2
für den Berechtigten vorsieht. Je nach seinem Inhalt gibt 3 Arten:
1. Das Recht, von einem anderen ein Tun oder Unterlassen zu verlangen:
    der sogenannte „Anspruch" (Rn 28).
2. Das Recht etwas zu tun: das sogenannte „Gestaltungsrecht", z. B. das
    Kündigungsrecht.
3. Das absolute Recht: das sogenannte „dingliche Recht", das an einer Sa-
    che (Rn 7) besteht und gegen jeden Dritten wirkt, z. B. das Eigentums-
    recht. Das Gegenteil vom absoluten Recht ist das relative Recht, das
    dem Inhaber (Gläubiger) nur gegenüber einer oder mehreren bestimm-
    ten Personen zusteht, nämlich gegenüber dem oder den Schuldnern.

Dem einzelnen Recht ist im Privatrecht in der Regel eine Pflicht zugeordnet,   3
die von der Rechtsordnung dem Verpflichteten auferlegt wird. Diese gesetzliche Pflicht ist von der „sittlichen" Pflicht zu unterscheiden, die nach der
sich laufend ändernden Moralauffassung besteht und nicht eingeklagt werden kann, z. B. die Pflicht zur Grabpflege.

II. Inhaber und Träger von Rechten und Pflichten

Inhaber von Rechten und Pflichten können nach unserer Rechtsordnung nur   4
Personen sein: die natürliche Person = der Mensch (§ 1) und die juristische
Person (§§ 21 ff.). Letzterer ist von unserer Rechtsordnung die Fähigkeit ver-
liehen, wie der Mensch auch Inhaber von Rechten und Pflichten sein zu

können. Sie handelt immer durch eine natürliche Person (gesetzlicher Vertreter, Vorstand, Geschäftsführer usw.). Beispiele für juristische Personen des öffentlichen Rechts sind z. B. die BRD, Länder der BRD, Gemeinden, Kirchen, Sozialversicherungsträger, und für juristische Personen des Privatrechts der eingetragene Verein (e.V.), die Genossenschaft, AG, GmbH, Stiftung. Nur teilweise rechtsfähig sind die OHG, die GbR, die GdWE und der nicht eingetragene Verein.

5   *Verbraucher* (§ 13) ist eine natürliche Person oder eine aus solchen bestehende Gruppe, z. B. eine GbR oder Wohnungseigentumsgemeinschaft, wenn sie ein Rechtsgeschäft zu einem privaten Zweck abschließt, also z. B. als Käufer oder Bauherr.

6   *Unternehmer* (§ 14) dagegen ist eine natürliche oder juristische Person, die beim Abschluss eines Rechtsgeschäftes ihre gewerbliche oder selbstständige berufliche Tätigkeit ausübt, also in der Regel der Unternehmer.

7   *Sachen* sind körperliche Gegenstände, die im Raum abgegrenzt werden können (§§ 90 ff.). Man unterscheidet:
Unbewegliche Sachen: die sogenannten Immobilien, nämlich
  a. Unbebaute und bebaute Grundstücke (Rn 39).
  b. Wohnungseigentum und Teileigentum nach dem WEG (Rn 40).
  c. Sogenannte grundstücksgleiche Rechte: das Erbbaurecht (Rn 185), Erbpachtrecht, Bergwerkseigentum, das dingliche Nutzungsrecht in den neuen Bundesländern (Rn 51) und das vor Inkrafttreten des BGB im Jahre 1896 bestehende Stockwerkseigentum.
Bewegliche Sachen sind alle anderen Sachen, die weder Grundstücke noch mit diesen fest verbundene Bestandteile sind. Keine Sachen sind Tiere (§ 90 a), auf die aber im wesentlichen die für Sachen geltenden Vorschriften anzuwenden sind.

B. Grundlagen der Rechte und Pflichten

I. Rechtsverhältnis, Rechtsgeschäft, Vertrag

1. Das Rechtsverhältnis

8   Grundlage der Rechte und Pflichten im Privatrecht ist immer ein <u>Rechtsverhältnis</u> = eine von der Rechtsordnung gewertete Beziehung zwischen einer Sache und Personen, z. B. das Eigentum, oder zwischen Personen z. B. das Mietverhältnis, Arbeitsverhältnis, das Rechtsverhältnis zwischen Verkäufer und Käufer, Makler und Auftraggeber, Architekt und Bauherr, Bauherr und Unternehmer bzw. Bauträger.

2. Das Rechtsgeschäft

Dieses besteht aus einer oder mehreren Willenserklärungen (§§ 116 ff.). 9
Willenserklärung nennt der Jurist ein menschliches Handeln, mit dem der Handelnde eine Rechtswirkung erzielen will. Es gibt „ausdrückliche" und „stillschweigende" Willenserklärungen, denn auch durch ein „Schweigen" oder ein sogenanntes „schlüssiges (konkludentes) Verhalten" kann ein Mensch den Willen äußern, eine Rechtswirkung erzielen zu wollen, z. B. beim Abschluss eines Maklervertrages (Rn 124 f.).
Aus mehreren Willenserklärungen besteht das zweiseitige Rechtsgeschäft = der Vertrag (Rn 10). Ein einseitiges Rechtsgeschäft besteht aus einer Willenserklärung, z. B. Bevollmächtigung (Rn 37), Anfechtung (Rn 23), oder die Kündigung, mit der ein auf Dauer angelegtes Rechtsverhältnis beendet werden kann, z. B. ein Arbeits-, Mietverhältnis, Werkvertrag (Rn 351 ff.).

3. Der Vertrag 10

Ein Vertrag kommt immer dann zustande, wenn eine Vertragspartei der anderen ein Angebot zum Abschluss eines Vertrages macht, und die andere Vertragspartei dieses Angebot ohne Einschränkung annimmt, also durch Angebot und Annahme. Wird das Angebot von der anderen Vertragspartei nicht ohne Einschränkung angenommen, gilt das Angebot als abgelehnt, verbunden mit einem neuen Angebot (§ 150).

Nach dem Grundsatz „Verträge sind zu halten" sind die Parteien an einen einmal abgeschlossenen rechtswirksamen Vertrag gebunden, es sei denn sie haben ein Rücktrittsrecht (§§ 346 ff.) oder ein uneingeschränktes Rückgaberecht vereinbart. Wird ein Vertrag über eine entgeltliche Leistung zwischen einem Verbraucher (Rn 5) und einem Unternehmer (Rn 6) an einem Ort außerhalb von Geschäftsräumen des Unternehmers (Haustürgeschäft) oder ausschließlich durch Fernkommunikationsmittel (Briefe, Kataloge, Telefonanrufe, Internet, E-Mails, TV oder Radio im Rahmen eines für den Fernabsatz organisierten Vertriebs- oder Dienstleistungssystems) abgeschlossen, hat der Verbraucher in der Regel ein Widerrufsrecht (§§ 312 ff., 355 f.). Der Widerspruch des Verbrauchers muss innerhalb von 14 Tagen ab Vertragsschluss abgesandt werden, wenn der Verbraucher vor Vertragsschluss über sein Widerrufsrecht und dessen Folgen vollständig informiert worden ist. Ist letzteres nicht geschehen, beginnt die Frist erst mit der erforderlichen Information. Erfolgt diese Information nicht in der Sprache des Verbrauchers, endet die Frist erst 3 Monat und 14 Tage nach Vertragschluss. Erfolgt die Information überhaupt nicht, endet die Frist 12 Monat und 14 Tage nach Vertragsschluss.
Zu den Widerspruchsrechte eines Verbrauchers beim Abschluss eines Bauvertrages siehe Rn 349a f..

11 Ein <u>Vorvertrag</u> kommt zustande, wenn sich 2 Parteien verpflichten, einen bestimmten Vertrag abzuschließen, wenn z. B. der beabsichtigte Vertrag aus irgendwelchen Gründen noch nicht abgeschlossen werden kann, oder wenn sich in einem Vorvertrag nur eine der Parteien binden will. Soll keine der Parteien gebunden sein, ist nur eine „Absichtserklärung" gegeben. Zum Vorvertrag über den Verkauf eines Grundstücks siehe Rn 79.

12 Ein Vertrag, in dem sich jemand verpflichtet, einem anderen gegen Entgelt (= Kaufpreis) das Eigentum an einer Sache zu übertragen, ist ein <u>Kaufvertrag</u> (§§ 433 ff.) zwischen Verkäufer und Käufer. Siehe dazu das 2. Kapitel.

13 Ein Vertrag, in dem jemand sich verpflichtet, für einen anderen gegen Entgelt ein Werk herzustellen, ist ein <u>Werkvertrag</u> (§§ 631 ff.). Hergestellt wird das Werk vom <u>Auftragnehmer</u> (z. B. der Architekt, Handwerker, Bauunternehmer, Generalunternehmer, Fertighaushersteller), den Auftrag erteilt der <u>Besteller</u>, <u>Auftraggeber</u> (z. B. Bauherr). Das Entgelt ist der <u>Werklohn</u>. Einen Werkvertrag, in dem sich der Auftragnehmer zu einem Umbau oder die Herstellung eines Gebäudes, Anbaus, einer Wohnung auf dem Grundstück des Bestellers verpflichtet, nennt man <u>Bauvertrag</u>. Alles nähere dazu finden Sie im 5. Kapitel.

14 Ein Vertrag, in dem sich ein Gewerbetreibender verpflichtet, auf einem ihm gehörenden oder zu beschaffenden Grundstück für den Besteller (Erwerber, Käufer) ein Bauvorhaben gegen Entgelt im eigenen Namen vorzubereiten, durchzuführen und ihm zusammen mit dem Grundstück zu übereignen, ist ein <u>Bauträgervertrag</u>, ein "gemischten Vertrag", der teils Kaufvertrags- und teils Werkvertragscharakter hat. Die kaufvertraglichen Regelungen finden Sie unter Rn 72 ff.., die werkvertraglichen Regelungen im 5. Kapitel.

II. Vornahme, Form und Schranken eines Rechtsgeschäftes

1. Die Vornahme eines Rechtsgeschäftes

15 Eine rechtsfähige Person (Rn 4) kann ein Rechtsgeschäft <u>selbst</u> vornehmen, wenn sie – wie in der Regel - <u>voll geschäftsfähig</u> ist. Nicht voll geschäftsfähig ist eine beschränkt geschäftsfähige oder gar geschäftsunfähige Person. <u>Geschäftsunfähig</u> ist ein noch nicht 7 Jahre alter Minderjähriger oder jemand, der sich „in einem die freie Willensbestimmung ausschließenden Zustande krankhafter Störung der Geistestätigkeit befindet, sofern nicht der Zustand seiner Natur nach ein vorübergehender ist" (§ 104). Er kann nur durch seinen (gesetzlichen) Vertreter handeln: Eltern, Pfleger, Vormund, Betreuer. <u>Beschränkt geschäftsfähig</u> sind Minderjährige zwischen 7 und 18 Jahren (§ 106). Sie benötigen für die meisten Rechtsgeschäfte die Zustimmung ihres gesetzlichen Vertreters, in der Regel ihrer Eltern (§§ 107 ff.).

2. Gesetzliche Formen eines Rechtsgeschäfts

Ein Rechtsgeschäft darf in der Regel "formlos" vorgenommen werden = die mündliche Erklärung ist rechtsgültig. Anders ist es, wenn für ein Rechtsgeschäft, z. B. für eine Kündigung eine bestimmte Form vorgeschrieben ist:

Die (gesetzliche) Schriftform (§ 126): Sie wird für bestimmte Erklärungen oder Verträge verlangt, z. B. für die Abtretung einer Grundschuld oder Hypothek. Die Erklärung oder der Vertrag muss auf einem Schriftstück vom Aussteller eigenhändig durch Namensunterschrift oder mittels notariell beglaubigten Handzeichens unterzeichnet sein, eine Übermittlung durch Telefax reicht also nicht aus. Die Abtretung einer Grundschuld durch ein Telefaxschreiben oder in einem Schriftwechsel ist also ungültig.
Zum Unterschied zwischen dieser gesetzlich vorgeschriebenen Schriftform und einer nur vereinbarten Schriftform siehe Rn 20.

16

Die öffentliche Beglaubigung (§ 129): Hier wird die Erklärung schriftlich abgegeben und unterschrieben. Eine zur Beglaubigung berechtigte Person, in der Regel ein Notar, beglaubigt die Unterschrift. Es wird also nur bestätigt, dass die Unterschrift auch wirklich vom Unterzeichnenden stammt. Diese Form ist z. B. für manche Anträge und Erklärungen gegenüber dem Grundbuchamt vorgeschrieben, z. B. für die Eintragungsbewilligung oder den Eintragungsantrag (Rn 98), die Teilungserklärung (Rn 210 f.).

17

Die notarielle oder gerichtliche Beurkundung (§§ 127 f.; § 8 ff. BeurkG): Der oder die Erklärenden geben hier ihre Erklärungen gegenüber dem Notar oder Gericht ab. Der Notar oder das Gericht fertigt darüber eine Niederschrift an, die von ihm vorgelesen, von dem oder den Erklärenden genehmigt, sowie von diesen und vom Notar oder Gericht unterschrieben wird. Diese Form ist z. B. für eine Verpflichtung zu einer Schenkung oder für den Grundstückskaufvertrag vorgeschrieben. Für die Beurkundung einer Auflassung ist außerdem vorgeschrieben, dass diese in Anwesenheit beider Vertragsparteien erfolgen muss (Rn 98).

18

Elektronische Form und Textform: Seit 2001 gibt es noch die elektronische Form (§ 126 a) und die Textform (§ 126 b), bei der eine eigenhändige Unterschrift fehlen darf, also eine Erklärung auf Papier, per Fax, per Email. Diese Formen ersetzen weder eine öffentliche Beglaubigung oder Beurkundung, noch die unter Rn 16 beschriebene gesetzliche Schriftform.

19

Die vereinbarte Form (§ 127): Keine gesetzliche Form ist die vereinbarte Form, wenn die Parteien eines Rechtsgeschäfts also miteinander vereinbaren, dass eine der genannten gesetzlichen Formen für ein bestimmtes Rechtsgeschäft erforderlich sein soll, z. B. die Schriftform für einen Werkvertrag, eine Änderung oder Ergänzung eines solchen, oder für eine Kündigung. Hier reicht aber im Gegensatz zur gesetzlichen Schriftform (Rn 16)

20

für die Rechtswirksamkeit der Erklärung auch die Übermittlung durch Telefax aus, und bei einem Vertrag ein Schriftwechsel.

Wird als Form die schriftliche Erklärung durch eingeschriebenen Brief vereinbart, reicht für die Wirksamkeit der Erklärung auch ein Telefaxschreiben, wenn dieser Kommunikationsweg tatsächlich zur Verfügung steht.
Für den Nachweis, dass eine Erklärung dem Empfänger zugegangen ist, reicht oft nicht einmal die Schriftform aus, z. B. wenn der Erklärungsempfänger den Zugang der schriftlichen Erklärung bestreitet. Dagegen hilft dann nur ein "Einschreiben mit Rückschein" oder eine „Zustellung durch den Gerichtsvollzieher".

3. Allgemeine Schranken eines Rechtsgeschäfts

21   Ein Rechtsgeschäft, das gegen ein <u>gesetzliches Verbot</u> oder gegen „<u>zwingende Vorschriften</u>" verstößt (§ 134), ist <u>nichtig</u>. (= unwirksam). Zwingende Vorschriften sind vom Gesetzgeber als nicht abänderbare Regelungen aufgestellte Bestimmungen, die durch eine Vereinbarung nicht geändert oder umgangen werden dürfen. Beispiele finden Sie bei bestimmten Regelungen in der Satzung einer GdWE unter Rn 217, bei Architektenverträgen und bei Bau- und Bauträgerverträgen im 5. Kapitel.

Nichtig sind alle sogenannten „Ohne – Rechnung - Vereinbarungen". Sie verstoßen gegen das Gesetz gegen Schwarzarbeit und gegen Steuergesetze. Die Nichtigkeit eines Vertrages bedeutet, dass keine der Parteien gegen die andere Ansprüche aus dem Vertrag herleiten kann, weder Geld- noch Wertersatz- oder Bereicherungsansprüche. Der Leistende (Arbeitende) kann also kein Geld und der Auftraggeber keines zurückverlangen oder bei Mängel keine Gewährleistungsansprüche geltend machen. Auch wenn vereinbart wird, dass nur ein Teil eines Geldbetrages ohne Rechnung bezahlt werden soll, ist der ganze Vertrag mit den genannten einschneidenden Folgen unwirksam. Siehe auch Rn 291a und 332.

Auch wenn bei einem Rechtsgeschäft eine gesetzlich vorgeschriebene oder auch nur vereinbarte Form nicht eingehalten wird, ist dieses in der Regel unwirksam (§ 125). Eine von einem Kaufinteressenten gegenüber einem Makler abgegeben schriftliche Verpflichtung zum Kauf eines bestimmten Grundstücks (Rn 78, 141) ist z. B. unwirksam, oder eine zwischen Bauherr und Architekt getroffene mündliche Honorarvereinbarung (Rn 311 ff.).
Verstößt nur ein Teil eines Rechtsgeschäfts gegen ein gesetzliches Verbot, ist das ganze Rechtsgeschäft unwirksam, wenn nicht anzunehmen ist, dass es auch ohne den unwirksamen Teil vorgenommen worden wäre (§ 139). Das letztere wird bei Verträgen in der Regel dann angenommen, wenn nur einzelne Bestimmungen unwirksam sind, wenn solche z. B. gegen Vorschriften über vorformulierte Klauseln (Rn 24 ff.) verstoßen.

Ein Rechtsgeschäft, das gegen die guten Sitten verstößt, d. h. gegen „das Rechtsgefühl aller Billig- und Gerechtdenkenden" (§ 138), ist nichtig = unwirksam. Darunter fällt auch der „Wucher", welcher angenommen wird, wenn jemand unter Ausbeutung einer Zwangslage, der Unerfahrenheit, des Mangels an Urteilsvermögen oder der erheblichen Willensschwäche sich für eine Leistung Vermögensvorteile versprechen lässt, die in einem auffälligen Missverhältnis zu seiner Leistung steht, wenn die vom Schuldner zu erbringende Leistung z. B. um 100 % oder mehr über dem Marktpreis liegt. Bei einem Grundstückskaufvertrag vertritt der BGH z. B. die Meinung, dass eine Unter- oder Überschreitung des Kaufpreises gegenüber dem Verkehrswert ganz erheblich, also mindestens 90 % betragen muss, um eine Sittenwidrigkeit annehmen zu können. Weitere Beispiele sind, wenn der Makler das vielfache, z. B. 5-fache der üblichen Provision verlangt, oder der Unternehmer verlangt für eine Reparatur knapp das Doppelte des ortsüblichen Werklohnes; - es werden 28 – 30 % Kreditzinsen verlangt, in einer Niedrigzinsphase mehr als 15 %.; - der Vertrag zwischen Anwalt und Mandant ist nichtig, wenn der Anwalt damit gegen die Pflicht verstößt, widerstreitende Interessen zu vertreten.

22

Eine Willenserklärung, bei deren Abgabe sich ein Erklärender irrt (§ 119), oder die durch Drohung oder arglistige Täuschung zustande kommt (§ 123), ist unter bestimmten Voraussetzungen anfechtbar. Die Anfechtung hat zur Folge, dass die Willenserklärung und dann in der Regel das ganze Rechtsgeschäft seine Rechtswirksamkeit verliert. Alles nähere zur Anfechtung eines Kauf- oder Werkvertrages siehe Rn 105 f., 291a, 332.

23

Vorformulierte Bestimmungen und individuelle Vereinbarungen:
Zum Schutz vor einer unangemessenen Benachteiligung eines Vertragspartners gibt es im BGB Vorschriften für vorformulierte Vertragsbedingungen oder bestimmter Vertragstypen, zu denen auch Kaufvertrag, Architektenvertrag, Bau- bzw. Werkvertrag und Maklervertrag gehören (§§ 305 ff.). Diese auch „Klauseln" genannten Bedingungen werden reguliert, wenn sie für eine Vielzahl von Verträgen, mindestens 3 Stück, gelten. Dabei ist es gleichgültig, ob die Vertragsbestimmungen mit Schreibmaschine geschrieben oder gedruckt verwendet werden. Zu diesen vorformulierten Vertragsbestimmungen gehören also insbesondere auch alle Vertragsformulare, die käuflich erworben, im Internet heruntergeladen oder von einem Formularbuch abgeschrieben werden, oder von einem Notar, von Unternehmern oder auch Privatpersonen für mehrere Geschäfte verwendet werden. Siehe dazu beim Grundstückskaufvertrag Rn 77, beim Maklervertrag Rn 124, beim Architektenvertrag Rn 291b, und beim Bau- oder Bauträgervertrag Rn 332 f., wo es auch um etwa mit einem privaten Bauherrn vereinbarte Bestimmungen der VOB geht.

24

Soweit eine vorformulierte Bestimmung oder Klausel gegen diese Vorschriften verstößt, ist immer nur die betreffende Klausel unwirksam, nicht der ganze Vertrag. Solche unwirksamen Klauseln sind:

25 Überraschungsklauseln und mehrdeutige Klauseln (§ 305 c): Erstere sind Bestimmungen, die nach dem Erscheinungsbild des Vertrages so ungewöhnlich sind, dass der Vertragspartner des Verwenders mit einer solchen Bestimmung nicht rechnen muss, z. B. Bestimmungen wie *„Der Auftraggeber des Maklers darf selbst keine Verhandlungen mit Interessenten führen"*, oder *„Der Auftraggeber hat bei einem Eigenverkauf 50 %l der Provision an den Makler zu zahlen"*.
Ihren unzulässigen Überraschungseffekt verliert eine Klausel nicht dadurch, dass sie etwa in fetter Schrift gedruckt oder hervorgehoben wird. Andererseits muss eine Klausel auch für eine nicht juristisch vorgebildete Vertragspartei klar und verständlich sein. Unwirksam sind deshalb Klauseln wie *„soweit gesetzlich zulässig"* oder *„soweit es die Rechtssprechung erlaubt"*.
Bestehen Zweifel an der Auslegung einer Klausel, gehen diese zu Lasten des Verwenders.

26 Unangemessen benachteiligende Klauseln sind Bestimmungen, die den Vertragspartner des Verwenders unangemessen benachteiligen (§§ 307 - 309). Beispiele für unwirksame Klauseln aus der Rechtsprechung:
> *„Der vereinbarte Preis für das Fertighaus sowie zusätzlicher Leistungen ist in Höhe von 60 % am zweiten Aufstellungstag fällig"* – *„Der Verkauf (oder die Herstellung) der neuen Wohnung erfolgt ohne Gewährleistung"* – *„Die Verjährung von Gewährleistungsansprüchen beträgt 2 Jahre"* (statt der gesetzlichen 5 Jahre (Rn 381).

27 Nicht unter die in Rn 25 + 26 genannten Beschränkungen fallen individuell vereinbarte Klauseln, also Bestimmungen, die zwischen den Vertragsparteien individuell ausgehandelt werden (§ 305 b). Individuell ausgehandelt ist eine Bestimmung nicht, wenn der Verwender der Bestimmung über den Inhalt und die Bedeutung der Klausel im Einzelnen belehrt hat. Der Verwender der Klausel muss ernstlich bereit sein, diese zur Disposition zu stellen und dem Partner, also z. B. dem Käufer oder Bauherr die reelle Möglichkeit einzuräumen, seine eigenen Interessen zu wahren und die Ausgestaltung der Klausel zu beeinflussen. Es reicht also z. B. nicht aus, dass im Vertragstext zu Streichungen, Änderungen oder Einfügungen aufgefordert wird oder dass bestätigt wird, man habe ausgiebig und ernsthaft verhandelt. Außerdem geht eine individuelle Absprache zwischen den Vertragsparteien einer rechtswirksamen anderslautenden vorformulierten Bestimmung immer vor.
Viele der unter Rn 25 und 26 genannten Beschränkungen gelten bei der Verwendung vorformulierter Bestimmungen auch gegenüber einem Unternehmer (§ 310). Ein Teil der genannten Beschränkungen gilt nicht für Ver-

träge, die Kaufleute im Sinne des HGB in zum Betrieb ihres Handelsgewerbes gehörenden Angelegenheiten schließen.

III. Weitere rechtliche Begriffe

1. Anspruch und Forderung

Aus einem Rechtsverhältnis kann einer Person gegen eine andere eine Leistung zustehen. Man nennt das einen <u>Anspruch</u> (Rn 2 Ziffer 1). Wenn Geld verlangt werden kann, nennt man den Anspruch eine <u>Forderung</u>.   28
  Beispiele: Der Eigentümer kann von einem Dritten verlangen, sein Gebäude nicht zu betreten, soweit er dem Dritten kein Betretungsrecht eingeräumt hat; - Der Verkäufer kann vom Käufer die Zahlung des Kaufpreises, der Bauunternehmer kann von seinem Auftraggeber die Zahlung des vereinbarten Werklohns verlangen.
Die meisten Ansprüche können durch einen Vertrag vom Inhaber an eine andere Person abgetreten werden (§ 398). Durch diesen „Abtretungsvertrag" geht der Anspruch bzw. die Forderung auf die andere Person über.

2. Erfüllung, Aufrechnung, Zurückbehaltungsrecht

Ein Anspruch oder eine Forderung erlischt u. a. durch Erfüllung (§§ 362 ff.) oder Aufrechnung (§§ 387 ff). „Erfüllung" bedeutet, dass die geschuldete Leistung bewirkt, eine Geldforderung also bezahlt wird. „Aufrechnung" bedeutet, dass eine Geldforderung durch eine Verrechnung ausgeglichen wird. Sie setzt voraus, dass zwei Personen einander eine gleichartige und fällige Leistung schulden. Eine dieser Personen kann dann durch eine Erklärung (Rn 9) gegenüber der anderen Person mit der ihr zustehenden Forderung gegen die der anderen Person zustehenden Forderung „aufrechnen".   29
Wenn eine Aufrechnung deswegen nicht möglich ist, weil die gegenüberstehenden Ansprüche nicht gleichartig sind, kann für den Berechtigten ein Zurückbehaltungsrecht (§ 273) bestehen.
Nicht zulässig ist eine Aufrechnung oder ein Zurückbehaltungsrecht, wenn diese nach einer gesetzlichen Vorschrift oder nach einer individuellen vertraglichen Vereinbarung (Rn 27) ausgeschlossen sind. Durch eine vorformulierte Klausel (Rn 24 ff.) darf eine Aufrechnung oder ein Zurückbehaltungsrecht gegen eine unbestrittene oder rechtskräftig festgestellte Gegenforderung nicht ausgeschlossen werden.

3. Die Verjährung

Ansprüche unterliegen der Verjährung (§ 194), die bedeutet, dass der Verpflichtete die Erfüllung eines Anspruchs des Berechtigten nach Ablauf der <u>Verjährungsfrist</u> ablehnen kann (§ 222). Sie beträgt je nach Art des Anspruchs zwischen 6 Monaten (§ 548) und 30 Jahren (§§ 197 ff.).   30

Die regelmäßige Verjährungsfrist beträgt heute 3 Jahre (§ 195) und beginnt am Ende des Jahres, in dem der Anspruch entstanden ist und der Gläubiger von den den Anspruch begründenden Umständen und der Person des Schuldners Kenntnis erlangt oder ohne grobe Fahrlässigkeit erlangt haben müsste (§ 199 Abs. 1). Andere Verjährungsfristen beginnen in der Regel mit der Entstehung des Anspruchs (§ 200).

Die gesetzlichen Regeln zur Verjährung können durch individuelle Vereinbarungen (Rn 27) von den Parteien eines Rechtsgeschäfts geändert, die Frist also verkürzt oder bis zu 30 Jahren verlängert werden, ebenso hinsichtlich Beginn, Hemmung und Neubeginn.

Zur Verjährung von Ansprüchen von Verkäufer und Käufer einer Immobilie siehe Rn 109 und 122 f., des Immobilieneigentümers Rn 173, eines Inhabers dinglicher Rechte Rn 197 und der Ansprüche aus einem Werkvertrag Rn 379 ff..

4. Hemmung und Neubeginn der Verjährung

Die Verjährung kann gehemmt werden oder sogar neu beginnen:

31   Unter einer <u>Hemmung</u> versteht man, wenn ein bestimmter Zeitraum während der Verjährungsfrist nicht in diese eingerechnet wird (§ 209). Die Hemmung tritt z. B. ein, solange
- der Gläubiger dem Schuldner die Forderung stundet (§ 205),
- zwischen ihnen ein enges persönliches Rechtsverhältnis besteht, (Ehe, Lebenspartnerschaft, ein Verhältnis zwischen Eltern – Kind, Vormund - Mündel, Betreuer - Betreuter, Pfleger – Pflegling),
- zwischen ihnen ein Güteverfahren oder ein gerichtliches Verfahren schwebt (§ 204),
- sie über den Anspruch „verhandeln" (§ 203), wobei jeder Meinungsaustausch zwischen Berechtigtem und Verpflichteten ausreicht, wenn nicht sofort und eindeutig jeder Anspruch abgelehnt wird..
  Beispiel: Bauherr und Unternehmer verhandeln nach einer Kündigung (Rn 351 ff.) über eine Fortsetzung; - oder sie verhandeln über eine Ermäßigung des geltendgemachten Werklohns; - oder der Verkäufer stundet dem Käufer den Kaufpreis auf 2 Monate.

32   Ein <u>Neubeginn</u> der Verjährungsfrist (§ 212) bedeutet, dass ab einem bestimmten Zeitpunkt die Verjährungsfrist wieder neu von Anfang an zu laufen beginnt, z. B. wenn eine gerichtliche oder behördliche Vollstreckungshandlung beantragt wird, oder wenn der Schuldner seine Verpflichtung gegenüber dem Gläubiger in irgend einer Weise anerkennt. Kein Anerkenntnis in diesem Sinne ist es, wenn der Verkäufer oder Unternehmer den Mangel beseitigt und zugleich zum Ausdruck bringt, dass die Beseitigung des Man-

gels „nur aus Kulanz" oder „ohne Anerkennung einer rechtlichen Verpflichtung" erfolgt ist.

5. Die Verwirkung

Die Verwirkung bedeutet, dass der Berechtigte ein Recht oder einen an und für sich noch nicht verjährten Anspruch nicht mehr geltend machen darf. Sie ist gegeben, wenn der Berechtigte sein Recht <u>längere Zeit</u> nicht geltend gemacht hat, und der Verpflichtete sich nach dem gesamten <u>Verhalten des Berechtigten</u> darauf einrichten durfte und sich auch darauf eingerichtet hat, dass das Recht von ihm nicht mehr eingefordert wird.
Der Zeitfaktor wird zum Beispiel angenommen, wenn ein Architekt sein Honorar 8 Jahre nicht geltend macht.

33

6. Verschulden und Mitverschulden

Unter Verschulden versteht man ein rechtswidriges vorwerfbares Verhalten einer nicht zurechnungsunfähigen natürlichen Person. Es kann vorsätzlich, d. h. „mit Wissen und Wollen", oder fahrlässig geschehen, d. h. „unter Außerachtlassung der im Verkehr erforderlichen Sorgfalt".
Eine schuldhafte Handlung führt in der Regel zu einer Schadenersatzverpflichtung (§ 276). Hat bei der Entstehung des Schadens auch ein Verschulden des Geschädigten mitgewirkt, hängt die Verpflichtung des Schädigers oder der Umfang des zu ersetzenden Schadens vom Gewicht des Mitverschuldens ab (§ 254). Bei einem gleichgewichtigen Verschulden von Schädiger und Geschädigtem wird der Schaden also geteilt.

34

7. Der Verzug

Leistet der Verpflichtete nicht rechtzeitig, kann er mit seiner Leistung in Verzug geraten. Voraussetzung für einen Verzug ist zunächst immer, dass die Leistung <u>fällig</u> ist, der Berechtigte die Leistung des Verpflichteten also auch verlangen kann, und dass der Verpflichtete die Nichtleistung zu vertreten hat, sie also in seinen Verantwortungsbereich fällt, sie also <u>verschuldet</u>. Eine Zahlungsunfähigkeit z. B. ist immer verschuldet. Kein Verschulden ist dagegen z. B. gegeben, wenn der Käufer z. B. wegen Todes des Verkäufers nicht sicher weiß, an wen er zahlen muss.

35

Wenn die beiden genannten Voraussetzungen – also die Fälligkeit der Leistung und das Verschulden an der Nichtleistung - gegeben sind, tritt ein Verzug entweder automatisch oder auf eine Mahnung des Berechtigten ein:
• Automatisch tritt Verzug ein: wenn für die Leistung eine Zeit nach dem Kalender bestimmt ist (§ 286 Abs. 2), wenn z. B. festgelegt ist, dass der Kaufpreis am 09. 02. 2017 zu zahlen ist;

- Wenn ein Zahlungspflichtiger für die Leistung von Gütern oder für eine Dienstleistung, z. B. auf Grund eines Werkvertrages eine prüffähige Rechnung bekommt, kommt er spätestens 30 Tage nach Zugang einer prüffähigen Rechnung in Verzug (§ 286 Abs. 3). Ist der Zahlungspflichtige ein „Verbraucher" (Rn 5), tritt der Verzug aber nur ein, wenn er auf diese Folge in der Rechnung hingewiesen worden ist;
- Tritt der Verzug nicht automatisch ein, kommt der Verpflichtete in Verzug, wenn er auf eine außergerichtliche oder gerichtliche Mahnung oder eine Klage nicht leistet (§ 286 Abs. 1). <u>Eine</u> Mahnung reicht aus.

  Beispiel: Im notariellen Kaufvertrag ist festgelegt, dass der Käufer den Kaufpreis zu zahlen hat, sobald eine noch zu Lasten des Verkäufers eingetragene Grundschuld gelöscht ist. Das Grundbuchamt teilt dem Käufer die Löschung der Grundschuld mit, und der Verkäufer bittet den Käufer um Zahlung des Kaufpreises binnen 2 Wochen. Nachdem beim Verkäufer kein Geld eingegangen ist, fordert der Verkäufer den Käufer zur umgehenden Zahlung auf. Ab Zugang dieser Aufforderung befindet sich der Käufer in Verzug (§ 284 Abs. 1).

<u>Die Folgen des Verzuges</u>: Der in Verzug geratene Schuldner muss dem Gläubiger einen durch den Verzug entstandenen Schaden ersetzten. Schuldet er eine Geldsumme, ist diese z. B. in Höhe von 5 % über dem Basiszinssatz zu verzinsen, bei Rechtsgeschäften, an denen ein Verbraucher nicht beteiligt ist sogar mit 9 % über dem Basiszins. Außerdem kann der Gläubiger im letzteren Fall vom im Verzug geratenen Schuldner eine pauschale von 40 € verlangen (§ 288).

8. Auftrag und Vollmacht

36 Jemand (Auftraggeber) kann einem anderen (Auftragnehmer) den Auftrag erteilen, für ihn ein Geschäft zu besorgen (§ 662 ff.). Der Auftrag betrifft also das Innenverhältnis. Nimmt der Auftragnehmer den Auftrag an, ist er verpflichtet, den Auftrag je nach der getroffenen Vereinbarung entweder unentgeltlich oder gegen Entgelt auszuführen. Auftraggeber und Auftragnehmer findet man auch beim Werkvertrag (Rn 13).

37 Ebenso kann eine Person (Vollmachtgeber) einer anderen Person (Bevollmächtigter) eine Vollmacht erteilen. Eine Willenserklärung, die der Bevollmächtigte dann im Namen des Vollmachtgebers einem Dritten gegenüber abgibt, wirkt für und gegen den Vollmachtgeber (§ 164). Die Vollmacht betrifft also das Außenverhältnis. Sie berechtigt den Bevollmächtigten gegenüber einem Dritten.

1. KAPITEL

Grundstücke, Gebäude, Wohnungseigentum und das Grundbuch

A. Die unbewegliche Sache „Grundstück" = die Immobilie

Eine Sache (Rn 7) kann nicht Inhaber von Rechten und Pflichten sein, sondern nur Personen (Rn 4) können an einer Sache Rechte zustehen. Eine Sache, die Teil einer anderen Sache ist, nennt man „Bestandteil". Bestandteile einer Sache, die nicht voneinander getrennt werden können, ohne dass die Sache selbst zerstört oder in ihrem Wesen verändert wird (§§ 93 ff.) nennt man <u>wesentliche Bestandteile</u>.

38

> Beispiele: Der auf einem Grundstück gewachsene Baum; - der in der Mauer eines Gebäudes eingebaute Backstein.

An einem wesentlichen Bestandteil können keine besonderen Rechte bestehen.

> Beispiel: Bei einem auf einem Grundstück stehenden Baum können das Eigentum am Baum und am Grundstück nicht verschiedenen Personen gehören. Erst wenn der Baum getrennt (gefällt) wird und damit aus dem wesentlichen Bestandteil eine andere Sache geworden ist, kann der Eigentümer den gefällten Baum einer anderen Person übereignen.

I. Unbewegliche Sachen

1. Das Grundstück

Die unbewegliche Sache „Grundstück" ist ein abgegrenzter Teil der Erdoberfläche, der in einem Grundbuchblatt oder im Bestandsverzeichnis eines solchen (Rn 53) unter einer Nummer eingetragen ist, gleichgültig ob das Grundstück unbebaut oder bebaut ist, oder ob das Gebäude etwa in Wohnungseigentum aufgeteilt ist (Rn 209 ff.). Neben dem Grund und Boden gehören zum Grundstück alle wesentlichen Bestandteile (Rn 38), also alle mit dem Grund und Boden fest verbundenen Sachen, z. B. Pflanzen, Mauern, Bauteile, Gebäude einschließlich der darin befindlichen Räume oder Wohnungen, ebenso der Luftraum über der Oberfläche und der Erdkörper unter der Oberfläche, nicht dagegen das Grundwasser. Nicht zum Grundstück gehören die beweglichen Sachen (Rn 41) und alle Bestandteile, die nur vorübergehend mit dem Boden verbunden wurden, z. B. von einem Pächter oder Mieter während der Pacht- bzw. Mietzeit (Kinderschaukel, Sandkasten).

39

Ein Grundstück kann auf einen vom Eigentümer beim Grundbuchamt gestellten Antrag durch Festlegung neuer senkrechter Grenzen in zwei oder mehrere reale Teile = Grundstücke geteilt werden, z. B. im Rahmen eines Kaufvertrages, wenn nur ein Teil eines Grundstücks verkauft werden soll. Die neue Grenze wird vom Vermessungs- bzw. Katasteramt gezogen. Manchmal ist die Einholung einer behördlichen Genehmigung erforderlich, z. B. bei der Teilung eines Grundstücks, über das ein Umlegungsverfahren anhängig ist oder das in einem gemeindlichen Sanierungsgebiet liegt.

Andererseits können zwei oder mehrere aneinandergrenzende Grundstücke auch zu einem Grundstück zusammengelegt werden.

Zur Teilung eines Grundstücks in ideelle Teile siehe Rn 40, 46, 208 ff...

2. Das Wohnungseigentum nach dem WEG

40 Eine weitere unbewegliche Sache ist das Wohnungseigentum nach dem WEG. Dieses „Wohnungseigentum im weiteren Sinne" besteht aus
- einem bestimmten ideellen Miteigentumsanteil (nach Bruchteilen, Rn 46) am Grund und Boden und an den gemeinschaftlichen Gebäudeteilen einerseits,
- und andererseits dem Sondereigentum an bestimmten Räumen des Gebäudes = „Wohnungseigentum im engeren Sinne" und „Teileigentum"

Der Miteigentumsanteil und das Sondereigentum sind unlöslich miteinander verbunden. Alles Nähere dazu finden Sie im 4. Kapitel.

II. Bewegliche Sachen

41 sind alle Sachen, die weder Grundstücke noch mit diesen fest verbundene Bestandteile sind. Zu ihnen gehören z. B. Baustoffe oder Materialien, solange sie nicht in das Bauwerk eingebaut sind. Sachen, die dem wirtschaftlichen Zweck der Hauptsache dienen sollen, nennt man Zubehör (§ 97).
Beispiele: Alarmanlage oder Spüle in einer Wohnung; - Rasenmäher oder Gartengeräte auf einem Grundstück mit Garten und Rasen; - die Einrichtung oder die Kühlanlage einer Gastwirtschaft; - Maschinen zur Holzbearbeitung im Gebäude einer Tischlerei; - Sattelitenantennenanlage.
Ob eine Sache Zubehör eines Grundstücks ist, hat z. B. bei einem Verkauf des Grundstücks und wegen seiner Haftung für ein Grundpfandrecht in einer Zwangsversteigerung Bedeutung. Zum Eigentum an einer beweglichen Sache gilt auch das unter Rn 42 ff. beschriebene. Zur Gewährleistung beim Kauf beweglicher Sachen siehe Rn 111 ff..

B. Das Eigentum und andere dingliche Rechte an Immobilien

Es geht hier um die absoluten Rechte (Rn 2 Ziffer 3), die einer Person an einer Sache zustehen können. Man nennt sie dingliche Rechte.

I. Die dinglichen Rechte

1. Das „Eigentum" 42

Das dingliche Recht <u>Eigentum</u> besteht an einer (unbeweglichen oder beweglichen) Sache. Es ist ein <u>Grundrecht</u> nach Artikel 14 des Grundgesetzes, in dem festgelegt ist, dass
- das Eigentum vom Staat gewährleistet wird, und
- das Eigentum verpflichtet und sein Gebrauch dem Wohl der Allgemeinheit dienen soll, und
- eine Enteignung nur zum Wohl der Allgemeinheit zulässig ist.

2. Der „Besitz" 43

In der Bevölkerung wird der Begriff „Besitz" meist für das Eigentumsrecht benutzt. Jemand nennt sich "Besitzer" seines Hauses und meint "Eigentümer". Das Gesetz versteht unter dem dinglichen Recht "<u>Besitz</u>" aber etwas anderes, nämlich die "tatsächliche Sachherrschaft einer Person über eine Sache" (§ 854). Wenn z. B. Ehegatten eine Wohnung mieten und in diese einziehen, sind sie „Besitzer" der Wohnung, da sie die tatsächliche Sachherrschaft über die Räume ausüben.

Es gibt verschiedene Arten von Besitz, z. B. einen unmittelbaren und einen mittelbaren Besitz. Unmittelbarer Besitzer ist, wer die unmittelbare Herrschaft über die Sache hat. Er leitet seinen Besitz vom mittelbaren Besitzer ab und ist diesem gegenüber zum Besitz berechtigt (§ 868).
> Beispiel: In einer Mietwohnung lebende Ehegatten sind unmittelbare Besitzer, der Vermieter dagegen mittelbarer Besitzer der Wohnung.

3. „Andere dingliche Rechte" 44

an einer Immobilie sind z. B. Grundpfandrechte (Rn 189 ff.), Dienstbarkeiten (Rn 193 ff.), Erbbaurechte (Rn 185). Keine dinglichen (absolute) Rechte sondern nur schuldrechtliche (relative) Rechte sind z. B. Miete, Wiederkaufsrecht, Ankaufsrecht (Rn 187 ff.), Überbaurecht und -rente (Rn 159), Notwegrecht und -rente. Außerdem gibt es öffentliche Rechte: z. B. gesetzliche Vorkaufsrechte (Rn 186), Veräußerungs- oder Teilungsverbote nach dem BauGB oder nach Landesgesetzen, dem Städtebauförderungsgesetz, Flurbereinigungsgesetz, oder Baulasten nach einer LBO (Rn 184).

II. Eigentumsarten nach Anzahl und Rechtsverhältnis der Eigentümer:

Je nachdem wie vielen Personen eine Sache gehört, gibt es ein Alleineigentum, ein Miteigentum oder ein sogenanntes Gesamthandeigentum:

45 <u>Alleineigentum</u> ist gegeben, wenn nur <u>eine</u> natürliche oder <u>eine</u> juristische Person (Rn 4) Eigentümer ist, wobei die juristische Person aus mehreren natürlichen Personen bestehen kann, z. B. eine OHG oder GbR. Hier übt der Eigentümer, d. h. die natürliche Person oder die juristische Person (vertreten durch natürliche Personen oder durch ihre Gesellschafter) die Rechte allein aus.

46 <u>Miteigentum nach Bruchteilen</u> ist gegeben, wenn eine Sache zwei oder mehreren Personen zu gleichen oder verschiedenen <u>ideellen Bruchteilen</u> gehört (§§ 741 ff.). Diese Personen sind Miteigentümer.
> Beispiel: 2 Freunde (oder Eheleute, Geschwister usw.) erwerben gemeinsam eine Immobilie und lassen sich je zu einem Bruchteil von 1/2 im Grundbuch als Eigentümer eintragen; - 2 Vereine, vertreten durch ihre Vorstände, erwerben gemeinsam eine Immobilie je zu einem Bruchteil von ½.

Das Rechtsverhältnis der Miteigentümer nennt man eine „Eigentumsgemeinschaft" oder „Gemeinschaft nach Bruchteilen". Die Bruchteile müssen nicht gleich sein, z. B. kann einem Miteigentümer 50 %, dem zweiten 30 % und dem dritten 20 % eines Grundstücks gehören. Die Höhe des Bruchteils hängt von der Festlegung beim Erwerb ab. Wenn keine Festlegung erfolgt, hat jeder Miteigentümer die gleichen Anteile (§ 742).

Dass es sich um ideelle Bruchteile handelt bedeutet: Das Miteigentum besteht an der ganzen Sache und nicht nur an einem Teil der Sache.
> Beispiele: 2 Personen gehört je ½ - Miteigentumsanteil eines Zweifamilienhauses. Es gehört nicht dem einen die eine und dem zweiten die andere Wohnung, sondern jedem die ideelle Hälfte des ganzen Zweifamilienhauses; - ein 1.000 qm großes Grundstück gehört den Brüdern A zu 2/5 (also 40 %) und B zu 3/5 (also 60 %). A gehören dann nicht 400 qm und B 600 qm des Grundstücks sondern eben ideelle 2/5 bzw. 3/5 vom ganzen Grundstück.

Miteigentum nach Bruchteilen gibt es auch beim Wohnungseigentum (Rn 40, 209 ff.), nämlich am Grundstück und den gemeinschaftlichen Gebäudeteilen.

47 <u>Gesamthandeigentum</u> besteht zwischen den Mitgliedern bestimmter nur vom Gesetz vorgesehener Gemeinschaften an Sachen, die zum Vermögen der Gemeinschaft gehören. Solche Gemeinschaften sind z. B. die Gütergemeinschaft unter Ehegatten, die Erbengemeinschaft unter mehreren Erben

eines Nachlasses, oder die Gesellschaft. Bei der Gütergemeinschaft hat jeder Ehegatte den gleichen Anteil am sogenannten Gesamtgut, bei der Erbengemeinschaft hängt die Höhe des Anteils von der Größe des Erbteils des Miterben ab, bei der Gesellschaft von der Vereinbarung im Gesellschaftsvertrag.

Im Gegensatz zur Eigentumsgemeinschaft bei Miteigentum nach Bruchteilen kann der einzelne Gesamthandeigentümer über seinen Anteil an einer einzelnen Sache nicht verfügen.

>Beispiel: Wenn zum Vermögen einer Erbengemeinschaft neben anderen Vermögensgegenständen ein Hausgrundstück gehört, kann ein Miterbe seinen Anteil an diesem Haus nicht verkaufen, nur alle Mitglieder der Erbengemeinschaft gemeinsam können ein zum Nachlass gehörendes Haus verkaufen.

III. Eigentumsarten nach Art der Immobilie

1. Unbeschränktes Eigentum

Da sich das Eigentumsrecht immer auf die ganze Immobilie einschließlich aller wesentlichen Bestandteile erstreckt, also bei einem Grundstück auch auf Gebäude und andere bauliche Anlagen, handelt es sich im Gegensatz zu dem unter Rn 49 und im 4. Kapitel beschriebenen Wohnungs- und Teileigentum um unbeschränktes Eigentum. 48

>Beispiel: Auf einem Grundstück steht ein Doppelhaus. Eigentum im geschilderten Sinne besteht ohne Beschränkung am ganzen Grundstück einschließlich Doppelhaus, gleichgültig ob das Grundstück einer oder mehreren Personen gehört. Bei einer zulässigen Teilung des Grundstücks durch eine durch das Doppelhaus zu ziehende Grenze entstehen zwei Grundstücke mit je einem Gebäude. An jedem Grundstück einschließlich Haus besteht unbeschränktes Eigentum.

2. Arten von beschränktem Eigentum

Wohnungseigentum oder Teileigentum und Sondereigentum gibt es beim Wohnungseigentum nach dem WEG (Rn 40). Zur Entstehung siehe im 4. Kapitel Rn 208 f.. 49

Etwas ähnliches wie Wohnungseigentum gab es vor Inkrafttreten des BGB in Form von Stockwerkseigentum. Soweit solches bei Inkrafttreten des BGB am Ende des 19. Jahrhunderts bestanden hat, gilt es auch heute noch. 50

51　In　der DDR konnten vor dem Beitritt staatliche Stellen einer Person an einem Grundstück ein Nutzungsrecht einräumen, nämlich das <u>besondere Gebäudeeigentum in den neuen Bundesländern</u>. Der dazu Berechtigte durfte auf einem ihm nicht gehörenden Grundstück Gebäude, Baulichkeiten, Anlagen, Pflanzungen oder Einrichtungen errichten, die dann ihm gehörten.

　　Beispiele: Bau eines Eigenheims auf einem volkseigenen oder genossenschaftlichen Grundstück; - Bau eines Wochenendhauses; - Errichtung von Gebäuden oder Anlagen durch einen Volkseigenen Betrieb, eine staatliche Einrichtung oder eine Produktionsgenossenschaft.

Dieses besondere im Gebäudegrundbuch der neuen Bundesländer eingetragene Eigentum blieb an am 2.10.1990 bestehenden Gebäuden auch nach dem 2.10.1990 bestehen. Das gilt auch für Gebäude, die auf Grund eines am 2.10.1990 schon bestehenden Nutzungsrechtes erst nach dem 2.10.1990 errichtet worden sind. Diese Gebäude sind nicht wesentlicher Bestandteil des Grundstücks. Wesentlicher Bestandteil solcher Gebäude ist das Nutzungsrecht am Grundstück. Nach dem Einigungsvertrag gilt für die Grundstückseigentümer und für die　Gebäudeeigentümer in den neuen Bundesländern seit dem Beitritt folgendes:

Für den Eigentümer eines Grundstücks, an dem am 2.10.1990 keines der oben beschriebenen Nutzungsrechte bestanden hat, gelten die im 2. Kapitel beschrieben Rechte und Pflichten des Eigentümers unbeschränkt. Bestand dagegen ein solches Nutzungsrecht und wurde dieses nach dem 2.10.1990 nicht aufgegeben, ist der Eigentümer des Grundstücks durch die Rechte des Nutzungsberechtigten, also des Gebäudeeigentümers,　beschränkt. Er kann also das Grundstück zwar verkaufen, vererben usw.. Weder er noch der Käufer können jedoch das Grundstück selbst nutzen oder einen anderen nutzen lassen, denn das Nutzungsrecht steht dem Gebäudeeigentümer zu.

Zur Lösung der sich daraus ergebenden Probleme wurde 1994 das "Sachenrechtsänderungsgesetz" erlassen, das die gegenseitigen Ansprüche von Eigentümer und Nutzer regelt, beispielsweise unter welchen Voraussetzungen der Grundstückseigentümer und der Gebäudeeigentümer oder -nutzer das Eigentum am Gebäude bzw. am Grund und Boden erwerben konnte.

52　Eine weitere　Möglichkeit zur Aufteilung eines Grundstücks und des mit ihm verbundenen Gebäudes und damit eine Trennung des Eigentums am Grundstück und des Eigentums am Gebäude gibt es auch noch in der Form des <u>Erbbaurechts</u> (Rn 185).

C. Das Grundbuch

Das Grundbuch gibt über das Eigentumsrecht und andere Rechte an einer Immobilie sowie über deren Belastungen Auskunft. Es wird beim Grundbuchamt bei den größeren Amtsgerichten geführt, in dessen Bezirk das Grundstück liegt. Alle Urkunden, aus denen sich die Eintragungen im Grundbuch für das Grundstück ergeben, werden in den Grundakten aufbewahrt. In den meisten Ländern wird derzeit auf das elektronische Grundbuch umgestellt.

1. Die Eintragungen im Grundbuch

Für jedes Grundstück wird ein Grundbuchblatt angelegt. Wird ein Grundstück in verschiedene ideelle Miteigentumsanteile aufgeteilt, die mit dem Sondereigentum an einer Wohnung oder sonstigen Räumen verbunden ist (Rn 209 f.), werden im Grundbuchblatt für das Grundstück die einzelnen Miteigentümer mit dem ihnen jeweils zustehenden ideellen Anteil eingetragen. Daneben wird für jedes Wohnungs- oder Teileigentum ein besonderes Grundbuchblatt (Wohnungs- oder Teileigentumsgrundbuch) angelegt, in dem das Sondereigentum des Miteigentümers eingetragen wird (§ 7 WEG).. Vor der Eintragung des Sondereigentums muss eine von der Baubehörde ausgestellte Bauzeichnung über die Aufteilung des Gebäudes sowie über die Lage und Größe der im Sondereigentum und der im gemeinschaftlichen Eigentum stehenden Gebäudeteile und eine von einer dazu befugten Stelle erteilte Bescheinigung darüber vorliegen, dass das Sondereigentum in sich abgeschlossen ist (§ 7 Abs. 4 WEG).

53

Das Grundbuch für ein Grundstück besteht aus 3 Abteilungen, in denen folgendes eingetragen wird:
In Abt. I : der/die Eigentümer. Bei einer GbR können nur die Personen eingetragen werden, die Gesellschafter der GbR sind.
In Abt. II : Lasten und Rechte = Dienstbarkeiten (Rn 193 ff.), Vorkaufsrechte (Rn 189), Reallasten (Rn 186) und Vormerkungen (Rn 54, 101),
In Abt. III : Hypotheken, Grundschulden, Rentenschulden (Rn 189 ff.).

2. Der Rang der eingetragenen Rechte

bedeutet, in welcher Reihenfolge die Rechte im Fall einer Zwangsversteigerung zu befriedigen sind. Der Rang der einzelnen Rechte in den Abteilungen II und III untereinander und auch zwischen diesen Abteilungen wird durch den Zeitpunkt bestimmt, in dem der Antrag auf Eintragung des Rechtes beim Grundbuchamt eingeht..

54

Beispiel: E bewilligt der Bank A und dem Gläubiger B je eine in Abteilung III des Grundbuchs einzutragende Grundschuld. A beantragt die Eintragung ihrer Grundschuld beim Grundbuchamt am 5.6. und B am 10.6.. Die Grundschuld der Bank geht im Rang der des B vor. – Bewilligt E außerdem seiner Mutter ein in Abteilung II einzutragendes Wohnungsrecht und wird dessen Eintragung am 8.6. beantragt, geht die Grundschuld der Bank dem Wohnungsrecht der Mutter und dieses der Grundschuld des B im Rang vor.

Kann ein Recht aus irgendeinem Grund noch nicht eingetragen werden, wird auf Antrag des Berechtigten mit Bewilligung des Eigentümers eine Vormerkung eingetragen werden, die den Rang des später einzutragenden Rechts sichert, z. B. eine Auflassungsvormerkung.

55 *3. Der öffentliche Glaube des Grundbuchs*

bedeutet: Der Erwerber eines Grundstücks oder eines Rechts an diesem kann sich darauf verlassen, dass Eintragungen und Löschungen im Grundbuch richtig sind und dass das Grundbuch vollständig ist. Dieser sogenannte „öffentliche Glaube" des Grundbuchs gilt nur dann nicht, wenn der Erwerber positiv weiß, dass das Grundbuch unrichtig ist. Ein Erwerber, der von Belastungen nichts weiß, die in Abteilung II oder III im Grundbuch eingetragen sein müssten, muss also nicht befürchten, dass er ein Grundstück mit solchen Belastungen erwirbt. Das gilt nicht für im Grundbuch nicht eintragungsfähige Lasten (Rn 178) und schuldrechtliche Rechte (Rn 187).

4. Grundbucheinsicht

56 Ein Recht zur Einsichtnahme in das Grundbuch für ein einem anderen gehörenden Grundstück hat jeder, der ein berechtigtes Interesse glaubhaft machen kann, wer z. B. dem betreffenden Grundstückseigentümer ein Darlehen gewähren oder das Grundstück erwerben will. Auskunft geben auch bei Gemeinden eingerichtete Grundbuchauskunftsstellen.

D. Der Übergang des Eigentums an einem Grundstück von einer Person auf eine andere

1. Eigentumsübergang durch Hoheitsakt

57 Grundeigentum kann durch einen Akt des Staates oder anderer autorisierter juristischen Personen erworben oder verloren werden, z. B. in der Zwangsversteigerung (Rn 413 ff.), Insolvenz, bei der Flurbereinigung, Umlegung oder bei einer Enteignung.

2. Eigentumsübergang auf Grund eines Gesetzes

Nach verschiedenen Vorschriften im BGB kann das Eigentum an einer Immobilie von einer Person auf eine andere übergehen, z. B.:

    Beim Tod einer natürlichen Person geht deren Vermögen einschließlich Grundeigentum auf deren Erben (§ 1922) oder Nacherben (§ 2139) über. - Vereinbaren Ehegatten in einem Ehevertrag Gütergemeinschaft, erwerben sie an den vom anderen Ehegatten in das Gesamtgut eingebrachten Sachen einschließlich etwaiger Grundstücke, sogenanntes Gesamthandeigentum (Rn 47 + § 1415 f.). – Vermögen und damit auch Grundstücke gehen bei der Auflösung eines rechtsfähigen Vereins (§ 46) oder dem Erlöschen einer Stiftung (§ 88) auf andere Personen über.

58

3. Eigentumsübergang durch Verzicht und Ersitzung

59

Der Eigentümer eines Grundstücks kann durch Erklärung gegenüber dem Grundbuchamt auf sein Eigentum am Grundstück verzichten (§ 928). Zur Aneignung einer solchen Immobilie ist dann das Bundesland berechtigt, in dessen Gebiet sich die Immobilie befindet.

Wer als Eigentümer eines Grundstücks im Grundbuch eingetragen ist, ohne dass er das Eigentum erlangt hat (sogenannter Bucheigentümer), erwirbt das Eigentum am Grundstück, wenn die Eintragung 30 Jahre bestand und er während dieser Zeit das Grundstück in Besitz hatte (§ 900).

4. Eigentumsübergang durch ein Rechtsgeschäft

In aller Regel wird Grundeigentum durch ein <u>Rechtsgeschäft</u>, nämlich durch einen Vertrag zwischen bisherigem und neuem Eigentümer erworben oder verloren, dem sogenannten Grundstücksübertragungsvertrag. Dabei unterscheidet man zwischen einem „Grund- bzw. Verpflichtungsgeschäft" und einem „Erfüllungsgeschäft", bei denen wie bei jedem Rechtsgeschäft die unter Rn 21 ff. beschriebenen Schranken beachtet werden müssen.

60

Wie der Eigentumsübergang bei einem Grundstück durch ein Rechtsgeschäft geschieht, wird im 2. Kapitel unter Rn 72 ff. ausführlich beschrieben.

E. Die Bewertung von Immobilien

Im Rechtsleben gibt es bei Immobilien mehrere Begriffe für deren Werte, die nach unterschiedlichen Kriterien gebildet werden.

61 Der Einheitswert wird von der Finanzbehörde nach den Vorschriften des Bewertungsgesetzes festgelegt (§§ 19 ff. BewG). Er liegt in der Regel weit unter dem unter Rn 67 beschriebenen Verkehrswert und war früher für die Erbschaftssteuer von Bedeutung. Im Wohnungsrecht wird er z. B. heute bei der Berechnung des Zahlungsrückstandes eines Wohnungseigentümers für seine Veräußerungspflicht (Rn 263) herangezogen (§ 18 Abs. 2 Nr. 2 WEG).

62 Der sogenannte Buch- oder Steuerwert ist der nach Abzug zulässiger Abschreibungen in den Büchern des Steuerpflichtigen stehende Wert einer zum Betriebsvermögen gehörenden Immobilie. Er liegt in der Regel auch unter dem unter Rn 67 beschriebenen Verkehrswert und ist für die Besteuerung des Eigentümers der Immobilie maßgebend.

63 Der Vergleichswert ist bei Ein- und Zweifamilienhäuser sowie bei Wohnungseigentum und Teileigentum für die Schenkungs- und Erbschaftssteuer maßgebend. Er wird durch einen Vergleich solcher Immobilien mit den Kaufpreisen von Grundstücken verglichen, die mit den ihren Wert beeinflussenden Merkmalen hinreichend übereinstimmen (§ 183 BewG).

64 Der Bodenwert ist für ein unbebautes Grundstück bei der Schenkungs- und Erbschaftssteuer maßgebend. Er ergibt sich in der Regel aus der Fläche des Grundstücks und dem für das Grundstück vom Gutachterausschuss der Gemeinde festgelegten Bodenrichtwert (§ 179 BewG).
> Beispiel: Für ein unbebautes 700 qm großes Baugrundstück, für das die Gemeinde einen Bodenrichtwert von 250 €/qm festsetzt, beträgt der Bodenwert 250 € mal 700 qm = 175.000 €.

65 Der Ertragswert einer Immobilie wird durch Multiplikation des jährlichen Ertrags der baulichen Anlage einschließlich Außenanlagen, z. B. der Jahresrohmiete gebildet. Der Multiplikator hängt von verschiedenen Faktoren ab, z. B. Grundstücksart, Bauart, Baujahr, Restnutzungsdauer, Liegenschaftszins (§§ 184 ff. BewG).
Der Ertragswert ist bei der Schenkungs- und Erbschaftssteuer für Mietgrundstücke, Geschäfts- und gemischt genutzte Grundstücke maßgebend , für die sich auf dem örtlichen Grundstücksmarkt eine übliche Miete ermitteln lässt. Er setzt sich aus dem Bodenwert des Grundstücks (§ 179 BewG) und dem Gebäudeertragswert (§ 185 Bew.G) zusammen.
> Beispiel für den Wert eines 1965 in München auf einem 750 qm großen Bauplatz erbauten Mietshauses mit einer ortsüblichen jährlichen Mieteinnahme von 50.000 € und einer angenommenen Restnutzungsdauer von 35 Jahren:

Bodenwert: 750 x 900 €/qm =		675.000 €
Gebäudeertragswert:		
Rohertrag	50.000 €	
./. Bewirtschaftungskosten nach Anl. 23		
des BewG = pauschal 27 %	13.500 €	
Rest	36.500 €	
./. 5 % des Bodenwertes	33.750 €	
Rest = Gebäudereinertrag	2.750 €	
Kapitalisiert nach Anl. 21 des BewG x 16,37 =		45.017 €
Gesamtwert nach dem Ertragswertverfahren		720.017 €

Der <u>Sachwert</u> ist bei der Schenkungs- und Erbschaftssteuer für alle anderen nicht unter Rn 64 und 65 fallenden Immobilien maßgebend, also bei Ein- und Zweifamilienhäuser und Wohnungs- oder Teileigentum, für die es keine vergleichbaren Kaufpreise gibt, und bei Geschäfts- oder gemischt genutzten Grundstücken, für die es keine örtlich übliche Miete auf dem Grundstücksmarkt gibt (§§ 189 ff. BewG). Er setzt sich bei diesen Immobilien aus Bodenwert, Gebäudesachwert zusammen. **66**

Beispiel für den Wert eines 1965 in einer kleinen Stadt auf einem 750 qm großen Bauplatz errichteten Zweifamilienhauses mit Kellergeschoss, Parterre, 1. Obergeschoss und ausgebautem Dachgeschoss und einer Grundfläche von 80 qm, für das es keinen vergleichbaren Verkaufspreis gibt:

Bodenwert 750 x 200 €/qm Bodenrichtwert =		150.000 €
Gebäudesachwert		
Regelherstellungskosten nach Anl. 24		
des BewG 720 €/qm x Grundfläche		
4 x 80 = 320 qm =	230.400 €	
./. Altersminderung nach Anl. 22 des		
BewG = 35 Jahre : 80 Jahre = 43,75 %	100.800 €	
Rest		129.600 €
Summe		279.600 €
Wertzahl nach Anl. 25 des BewG: 0,9		
= Gesamtwert nach dem Sachwertverfahren		251.640 €

Der <u>Verkehrswert</u> einer Immobilie ist nach der Rechtssprechung des BGH der "bei einer Veräußerung voraussichtlich erzielbare Preis". Er ist in der Regel Grundlage bei Verkaufsverhandlungen und auch maßgebend, wenn in gerichtlichen Verfahren der Wert eines Grundstücks oder Gebäudes festzulegen ist, z. B. bei der Bewertung eines End- oder Anfangsvermögen eines **67**

Ehegatten zur Berechnung des Zugewinnausgleiches, bei der Auseinandersetzung einer Güter- oder Erbengemeinschaft oder im Zwangsversteigerungsverfahren.

Ermittelt wird der Verkehrswert in der Regel durch dafür bestellte und vereidigte Sachverständige oder Gutachterausschüsse von Gemeinden. Sie orientieren sich bei der Feststellung des Bodenwertes an den sich aus der Kaufpreissammlung (Rn 102) der betreffenden Gemeinde ergebenden Quadratmetergrundstückspreisen. Bei der Festlegung des Wertes der auf dem Grundstück bestehenden Gebäude wird in der Regel je nach Interessenlage bei dem in Frage kommenden Bewerberkreis die Methode der Sachwert- oder der Ertragswertberechnung oder einer Zwischenmethode angewandt. Bei Ein- und Zweifamilienhäuser wird der Gebäudewert in der Regel in Höhe des Sachwerts angenommen, da der Erwerber hier das Objekt meist zur eigenen Nutzung erwirbt. Bei Mehrfamilienhäusern liegt der Verkehrswert dagegen mehr beim Ertragswert, weil solche Immobilien meist von Kapitalanlegern erworben werden, die mehr an der Rendite als am Sachwert interessiert sind. Welche Methode angewandt, entscheidet in einem gerichtlichen Verfahren das Gericht.

Die Haftung eines Sachverständigen oder Gutachterausschusses:

68 Erstattet ein Sachverständiger vorsätzlich oder grob fahrlässig ein unrichtiges Verkehrswertgutachten, kommt seine Haftung gegenüber einem dadurch Geschädigten infrage (§§ 826, 839, 839a). Als Geschädigte kommen nach der Rechtssprechung des BGH nicht nur Personen infrage, die durch ein auf dem unrichtigen Gutachten beruhenden Gerichtsurteil einen Schaden erleiden, sondern auch ein Erwerber in der Zwangsversteigerung, oder eine Bank, ein Kreditinstitut oder privater Geldgeber, die ein solches Gutachten zur Prüfung der Werthaltigkeit eines Grundpfandrechtes benutzen.

2. KAPITEL

Der Übergang des Eigentums an einem Grundstück durch Vertrag

A. Der Verkauf oder Kauf einer Immobilie

I. „Augen auf beim Immobilienkauf"

Der Verkäufer einer Immobilie und ein zum Erwerb einer solchen entschlossener Käufer sollte vor dem Abschluss eines Vertrages beachten:

1. Beim Kauf eines unbebauten oder bebauten Grundstücks

ist für die Vertragsparteien wichtig: 69

- Sowohl die Verkäufer- als auch die Käuferseite sollten sich bei der Beurkundung eines entsprechenden notariellen Vertrages über ihre Risiken aufklären und belehren lassen und die Belehrungen des Notars auch ernst nehmen und seiner Beratung (Rn 102 ff.) Folge leisten.
- Der Käufer sollte beim Kauf einer Immobilie die auf ihn zukommenden Nebenkosten einkalkulieren, die zwischen 8 und 20 % des Kaufpreises betragen können, z. B. die Grunderwerbsteuer, Notar- und Grundbuchkosten, etwaige Provisionen, Hypothekenbank, Abgabe für Wasserversorgung, andere kommunale Gebühren.
- Bevor der Verkäufer den Kaufpreis ganz oder teilweise in die Hände bekommt, muss für den Käufer sicher sein, dass ihm das Eigentum am Grundstück auch übertragen werden <u>muss</u> und dass er nicht noch für irgendwelche Rechte Dritter am Grundstück herangezogen werden kann, die nach den Vereinbarungen im Kaufvertrag von ihm nicht übernommen werden sollen, z. B. für eine Hypothek oder Grundschuld.
- Der Käufer überzeugt sich am besten schon vor Abschluss des Vertrages bei den entsprechenden Behörden, ob und welche öffentliche Lasten, z. B. Anliegerbeiträge, auf ihn zukomme, oder welche Bauvorschriften im Falle eines geplanten Bauvorhabens eingehalten werden müssen.
- Der Verkäufer sollte nicht allein auf eine mündliche Zahlungszusicherung seines Käufers vertrauen, sondern sich bei Zweifeln vom Käufer eine Finanzierungsbestätigung vorlegen lassen. Er riskiert sonst unnötige und möglicherweise uneinbringliche Kosten und Zeitverlust.
- Wenn es dem Käufer darauf ankommt, dass das Kaufobjekt bestimmte Eigenschaften hat oder nicht haben sollte, muss er sich beim Verkäufer ausführlich erkundigen und dessen mündliche Erklärungen unbedingt in den notariellen Kaufvertrag aufnehmen lassen.

- Ein ganz wichtiger Punkt ist auch die Frage der Gewährleistungspflicht für Mängel. Wenn der Verkäufer diese zulässigerweise, also bei einer nicht neuen Immobilie im Kaufvertrag ausschließen will, gilt für den Käufer noch mehr, die Augen offen zu halten. Er sollte sich insbesondere bei der Vereinbarung „wie besichtigt", oder wenn die Haftung für Mängel an Altbauten „ausgeschlossen" ist (Rn 115), Gebäude und alle Räume genau ansehen und darauf bestehen, dass mündliche Zusicherungen und Beschreibungen des Verkäufers in den Kaufvertrag aufgenommen werden. Ist der Verkäufer dazu nicht bereit, ist Vorsicht geboten. Eine genaue Besichtigung ist manchmal schlecht möglich, wenn die zum Kauf angebotene Wohnung noch bewohnt ist und Einrichtungsgegenstände den Blick auf Mängel verstellen.

2. Beim Kauf von Wohnungs- oder Teileigentum nach dem WEG

70   ist für den Käufer außerdem noch wichtig:
- Es müssen alle in der Satzung getroffenen und im Grundbuch eingetragenen Regelungen akzeptabel sein, da die Satzung in der Regel nur bei Einverständnis aller Wohnungseigentümer geändert werden kann. Die Bestimmungen der Satzung dürfen nicht den Nutzungswünschen des Käufers zuwiderlaufen.
- Der Käufer sollte sich schon bei den Vertragsverhandlungen die Protokolle über alle Eigentümerversammlungen zur Einsicht geben lassen, die ihm der Verkäufer bei einem Verkauf ohnehin übergeben muss (Rn 96). Die von der GdWE in der Vergangenheit gefassten Beschlüsse gelten nämlich auch für den Erwerber. Aus diesen ergeben sich alle Umstände über Lasten und Kosten und deren Aufteilung. Für den Käufer sind insbesondere Regelungen über Pflichten wichtig, die Nutzung, Gebrauch und Verwaltung seines Sondereigentums einschränken.
- Die Zusammensetzung der Wohnungseigentümer ist umso wichtiger, je kleiner die Gemeinschaft ist. Ein Querulant ist in einer großen Gemeinschaft nicht so störend, wie in einer kleinen Gemeinschaft. Ferner ist von Bedeutung, ob die GdWE über ein Zustimmungserfordernis Einfluss auf die Auswahl eines Käufers hat. Auch das Verhältnis zwischen von Eigentümern selbst und von Mietern genutzten Wohnungen ist wichtig. Vermietende Eigentümer haben oft nicht dasselbe Interesse an der Verwaltung oder insbesondere der Instandhaltung des gemeinschaftlichen Eigentums wie selbstnutzende Eigentümer, was sich bei Abstimmungen auswirken kann.
- Sehr wichtig ist neben dem baulichen Zustand des Sondereigentums auch der Zustand der im gemeinschaftlichen Eigentum stehenden Gebäudeteile und der Grundstücksflächen. Können die demnächst anstehenden Instandsetzungen durch die bereits vorhandene Instandsetzungsrücklage ausgeglichen werden ? Wenn nicht, zahlt der Erwerber

später die Kosten für die Reparatur bereits beim Kauf bestehender Schäden mit, was er bei der Höhe des von ihm zu zahlenden Kaufpreises berücksichtigen kann.
- Von Bedeutung ist auch, wer Verwalter der GdWE ist und wie die Bedingungen des Verwaltervertrages sind, ob zwischen anderen Miteigentümern oder gar der Mehrheit und dem Verwalter ein besonderes, z. B. ein verwandtschaftliches Verhältnis besteht.

3. Beim Kauf einer Immobilie, auf der ein Bauwerk erst her - oder fertiggestellt werden muss

ist beim Abschluss eines Vertrages mit dem Bauträger oder einem anderen Unternehmer außerdem zu beachten: 71
- Soweit das Eigentum an dem mit einem Gebäude zu bebauenden Grundstück übertragen werden soll, ist für die Vertragsparteien auch das unter Rn 69 ausgeführte wichtig, und soweit ein mit dem Sondereigentum an einer herzustellenden Wohnung oder anderer Räume verbundener Miteigentumsanteil übertragen werden soll auch Rn 70.
- Was den Vertragsteil betrifft, in dem der Bauvertrag mit der Verpflichtung zur Herstellung eines Gebäudes oder Wohnungs- oder Teileigentums enthalten ist, muss der Käufer das beachten, was für den Bauherrn beim Abschluss von Bauverträgen wichtig ist. Siehe Rn 321 ff..

II. Die Verträge zwischen Verkäufer und Käufer

Die rechtsgeschäftliche Übertragung des Eigentums an einer Immobilie erfolgt durch 2 Akte bzw. Rechtsgeschäfte, wobei diese wie jeder Vertrag auch den unter Rn 21 ff. beschriebenen Schranken unterliegen.

1. Das Grund- bzw. Verpflichtungsgeschäft 72

Der Grund bzw. die Ursache (causa) für die Übertragung einer Immobilie durch den bisherigen Eigentümer auf eine andere Person kann z. B. eine Schenkung sein, eine Ausstattung, Erbauseinandersetzung oder ein Verkauf. Die betreffenden Verträge sind Schenkungsvertrag, Ausstattungsvertrag, Erbauseinandersetzungsvertrag und im letzteren Fall ein „Grundstückskaufvertrag"(Rn 12), in dem

der Verkäufer sich verpflichtet,
- dem Käufer an einem unbebauten, bebauten oder vom Verkäufer erst zu bebauenden Grundstück, oder einem Miteigentumsanteil an einem solchen, oder einem Wohnungs- oder Teileigentum im Sinne des WEG **das Eigentum** zu **übertragen** und das Kaufobjekt zu **übergeben**, also den Besitz (Rn 43) an ihm einzuräumen (§ 433 Abs. 1), und

der Käufer sich verpflichtet,

- die festgelegte Vergütung (Kaufpreis) zu **bezahlen** und das mangelfreie Grundstück **abzunehmen** (§ 433 Abs. 2).

Deshalb nennt man diesen Vertrag „Verpflichtungsgeschäft". Alles nähere zu den Regelungen im Grundstückskaufvertrag siehe Rn 75 ff..

Wenn der Verkäufer sich außer zur Eigentumsübertragung auch noch verpflichtet, auf dem zu übertragenden Grundstück ein Bauwerk zu errichten, spricht man vom Bauträgervertrag, welcher werkvertragliche Verpflichtungen enthält.

73   *2. Das Erfüllungsgeschäft*

Verkäufer und Käufer müssen ihre nach Rn 72 eingegangenen Verpflichtungen erfüllen: Das geschieht im sogenannten Erfüllungsgeschäft, das man für die Eigentumsübertragung Auflassung nennt. Hinzukommen müssen zur Verwirklichung des Eigentumsübergangs noch Erklärungen gegenüber dem Grundbuchamt Alles Nähere dazu finden Sie unter Rn 98 ff...

74   *3. Der Abschluss der beiden Verträge*

Bei der Grundstücksübertragung auf Grund eines Kaufvertrages erfolgt der unter Rn 72 beschriebene Verpflichtungsvertrag in der Regel nicht in derselben Urkunde wie das unter Rn 73 beschriebene Erfüllungsgeschäft, ausgenommen der Käufer hat den Kaufpreis bereits bezahlt oder übergibt ihn bei Vertragsschluss in bar oder in Form eines von einer Bank bestätigten Schecks. Dagegen erfolgen Erdfüllungsgeschäft und die Erklärungen gegenüber dem Grundbuchamt fast immer in einer Urkunde.

B. Der notarielle Grundstückskaufvertrag und der Bauträgervertrag

I. Die Regelungen im Kaufvertrag und deren Form

1. Notwendige Bestimmungen im Vertrag

Zwei Dinge müssen im Kaufvertrag auf jeden Fall festgelegt werden: das Kaufobjekt und das Entgelt für dieses:

75   Das Kaufobjekt, also die betreffende Immobilie wird im Vertrag in der Regel mit der im Grundbuch stehenden Eintragung beschrieben. Soll nur ein Teil des Grundstücks verkauft werden, wird dieser Teil im Vertrag näher beschrieben. Der zu verkaufende Teil muss dann zuerst wegvermessen und damit das zu verkaufende Grundstück erst geschaffen werden, bevor später das Eigentum übertragen werden kann. Soll neben der Eigentumsübertragung auf dem Grundstück auch ein Bauwerk hergestellt werden, müssen im

Vertrag auch die das Bauwerk beschreibenden bauvertraglichen Regelungen (Baubeschreibung) festgelegt werden. Näheres dazu siehe Rn 337.

Das vom Käufer zu zahlende <u>Entgelt</u>, also der Kaufpreis muss bestimmt oder zumindest bestimmbar sein (z. B. Schätzpreis eines Gutachters). Das Entgelt darf nicht wucherisch sein, z. B. nicht doppelt so hoch wie der Wert des Grundstücks (oder umgekehrt). Sonst ist der Vertrag unwirksam (Rn 22).

Beim Bauträgervertrag muss außerdem der Werklohn für die Bauarbeiten festgelegt werden. Kaufpreis und Werklohn werden oft in einem Betrag zusammengefasst, wenn der Werklohn in einem Pauschalpreis besteht.

76

2. Weitere übliche Bestimmungen

Enthält ein Grundstückskaufvertrag nur die unter Rn 75 und 76 genannten notwendigen Regelungen, gelten für alle anderen Rechte und Pflichten aus dem Kaufvertrag die gesetzlichen Bestimmungen der §§ 433 ff.. In aller Regel treffen Verkäufer und Käufer im Kaufvertrag aber noch weitere Bestimmungen, für welche auch die unter Rn 21 ff. geschilderten gesetzlichen Schranken beachtet werden müssen. Danach unwirksam ist z. B. die Kopplung des Grundstücksverkaufs mit einem Architektenauftrag (Rn 291a). Unwirksam sind auch sogenannte vorformulierte Bestimmungen (Rn 24), wenn sie Überraschungsklauseln oder den anderen Vertragspartner unangemessen benachteiligende Klauseln enthalten.

77

Bei den weiteren üblichen Regelungen geht es z. B. um

- Bestandteile des Grundstücks und Zubehör (Rn 41), das im Zweifel als mitverkauft gilt, ferner die Zeit der Besitzübergabe und des Übergangs von Nutzen und Lasten;
- Kaufpreisfälligkeit, Zahlungsort, Verzinsung und etwaige Überwachung der Kaufpreiszahlung durch den Notar;
- Übernahme oder Beseitigung von Rechten Dritter aus Abt. II und III des Grundbuchs (Rn 53 f.);
- Zeitpunkt der Auflassung (Rn 98) und Absicherungen zugunsten des Käufers, z. B. Eintragung einer Auflassungsvormerkung;
- Gewährleistung (Rn 110 ff.), Genehmigungen, die vor Übertragung des Eigentums oder der Eintragung vorliegen müssen (Rn 85);
- Besondere Bedingungen bei Kaufverträgen über Wohnungseigentum;
- Steuern, z. B. wer von den Vertragsparteien im Innenverhältnis die Grunderwerbsteuer zu zahlen hat;
- Zahlung oder Haftung für Erschließungsbeiträge;
- Bevollmächtigung von Personen für die Auflassung;
- Zulassung der Eintragung einer Sicherheit im Grundbuch für die Finanzierungsbank des Käufers, oder einer Absicherung des Verkäufers;
- Kosten bei Notar, Grundbuchamt, Vermessungsamt, Makler.

3. Die Form eines Grundstückskaufvertrages

78 Jede Verpflichtung einer Person,

> das **Eigentum oder Miteigentum** an einem Grundstück auf eine andere Person **zu übertragen**,

oder jede Verpflichtung einer Person,

> das **Eigentum oder Miteigentum** an einem Grundstück **zu erwerben**,

ist **nur** dann **rechtswirksam** (§ 311 b), wenn die Verpflichtung zur Übertragung **und** die Verpflichtung zum Erwerb des Eigentums **gerichtlich oder notariell beurkundet** ist (Rn 18). Das gilt also insbesondere für den Kaufvertrag über

> ein unbebautes Grundstück (Bauplatz, landwirtschaftliches Grundstück usw.- Rn 39), oder ein Grundstücksteil (Rn 46),
> ein mit einem Bauwerk (Haus mit Wohnungen, Garage, Stall usw.) bebauten Grundstück oder einem Miteigentumsanteil an einem Grundstück (Rn 46),
> ein mit einem Bauwerk erst zu bebauenden Grundstück (Rn 14), oder
> ein Wohnungs- oder Teileigentum (Rn 7 Ziffer b. und Rn 208 ff.).

Die Beurkundung der Verpflichtungserklärungen von Verkäufer und Käufer geschieht in der Regel in einer Urkunde. Ist das aus irgendeinem Grund nicht möglich, können die Erklärungen auch in der Form eines "Vertragsangebots" und einer „Vertragsannahme" getrennt beurkundet werden. Der Vertrag kommt dann mit dem Zugang der beurkundeten Vertragsannahme beim Anbietenden zustande.

> Beispiel: A ist am Grundstück des B interessiert, das B aber aus bestimmten Gründen erst in 18 Monaten verkaufen will. Er lässt sich deshalb von A ein auf länger als 18 Monate befristetes notariell beurkundetes Angebot zum Kauf des Grundstücks zu bestimmten schon ausgehandelten Bedingungen geben. B lässt die Annahme des Angebots dann nach Ablauf von 18 Monaten notariell beurkunden und dem A zugehen.

4. Die Formbedürftigkeit weiterer Verträge

79 Ein <u>Vorvertrag</u> (Rn 11) über die Übertragung oder den Erwerb von Eigentum an einem Grundstück muss notariell beurkundet werden, wenn sich die Vertragsparteien rechtswirksam verpflichten wollen, erst später einen Grundstückskaufvertrag abzuschließen, ebenso ein <u>Vertrag</u>, mit dem ein <u>direkter Druck oder Zwang</u> zur Übertragung oder zum Erwerb eines <u>bestimmten</u> Grundstücks auf eine Vertragspartei ausgeübt wird.

> Beispiel: Ein Makler vereinbart mit seinem Kunden, dass dieser 6.000 € (oder 10 % seiner Provision oder mehr) an ihn zu zahlen hat, falls er ein Grundstück nicht veräußern oder erwerben wird.

Auch die Einräumung eines Ankaufsrechtes oder Vorkaufsrechtes für ein Grundstück muss notariell beurkundet werden.

Häufig tritt die Frage einer Beurkundungserfordernis auch bei Werk- oder Bauverträgen (Rn 321 ff.) auf, die im Zusammenhang mit dem Erwerb eines Grundstücks abgeschlossen werden. Verpflichtet sich ein Unternehmer, auf einem dem Bauherrn bereits gehörenden Grundstück ein Bauwerk herzustellen, handelt es sich um einen Werk- bzw. Bauvertrag (Rn 325 f.), für den es keine Formvorschrift gibt und der deshalb nicht notariell beurkundet werden muss. Beim Bauträgervertrag (Rn 331) dagegen, bei dem vom Unternehmer eine noch ihm gehörende oder eine von ihm dem Bauherrn zu beschaffende Immobilie zu bebauen ist, muss neben dem Grundstückskaufvertrag auch der zu diesem gehörende Werk- oder Bauvertrag notariell beurkundet werden, gleichgültig ob die verschiedenen Regelungen in einer Urkunde oder in getrennten Urkunden getroffen werden. Das gilt wegen der damit verbundenen Druckausübung auch, wenn das Bauwerk auf einem bestimmten, vom Bauherrn erst zu erwerbenden Grundstück hergestellt werden soll, besonders wenn der Unternehmer eine Einflussmöglichkeit auf den Kaufvertrag zwischen dem Verkäufer und dem Bauherrn hat.   80

Auch Änderungen eines Grundstückkauf- oder Bauträgervertrages (z. B. Ermäßigung, Erlass, Erhöhung des Kaufpreises, Änderung der Baubeschreibung) müssen notariell beurkundet werden. Formfrei können Änderungen erst nach Auflassung oder Eintragung des Erwerbers vereinbart werden.   81
Für die Aufhebung eines notariellen Grundstückkauf- oder Bauvertrages gilt dieser Formzwang dann, wenn der Käufer schon als Eigentümer oder eine Auflassungsvormerkung eingetragen oder wenigstens beantragt ist.

Zur Form einer sogenannten Ausbietungsgarantie bei der Zwangsversteigerung eines Grundstücks siehe Rn 422 und einer zwischen Makler und Kunden getroffenen Reservierungsvereinbarung Rn 140.

5. Der Umfang des Formzwanges

Voll rechtswirksam ist ein notariell beurkundeter Vertrag über die Veräußerung oder den Erwerb eines Grundstücks nur, wenn **alle** Vereinbarungen zwischen den Parteien notariell beurkundet werden, also nicht nur alle notwendigen oder sonst üblichen Bestimmungen, sondern ohne Ausnahme auch **alle** Nebenabreden und Zusicherungen.   82
> Beispiele: Es wird vereinbart, dass der Käufer auch die Maklerkosten des Verkäufers zu tragen hat; - Verkäufer und Käufer vereinbaren, dass eine schon geleistete Zahlung als Anzahlung auf den Kaufpreis gelten soll; - Verkäufer und Käufer sind sich einig, dass neben dem beurkundeten oder zu beurkundenden Kaufpreis noch eine weitere Zahlung für das Grundstück geleistet werden soll.

Der Formzwang betrifft auch **alle** Einzelheiten der Leistungspflicht von Bauträger und Käufer in einer Baubeschreibung. Ein Hinweis auf die außerhalb des Vertrages vereinbarte Baubeschreibung reicht nicht. Ebenso betrifft der Formzwang auch etwaige Vereinbarungen zwischen Verkäufer und Käufer über zugesicherte Eigenschaften des Grundstücks, z. B. über die Nutzfläche bei Wohnungseigentum oder Teileigentum.

6. Die Folgen einer Nichtbeachtung des Formzwangs

83 Werden im notariell zu beurkundenden Vertrag nicht **alle** Vereinbarungen zwischen Verkäufer, Bauträger und Käufer oder Bauherr notariell beurkundet, ist der *ganze* Kaufvertrag zunächst (der Jurist sagt: schwebend) **unwirksam**. Sowohl der Grundstückserwerber als auch der Verkäufer können also keine der im Kaufvertrag festgelegten Rechte durchsetzen.

Beispiel: Auf den für ein Einfamilienhaus vereinbarten Kaufpreis von 250.000 € zahlt K vor der Beurkundung dem V eine Anzahlung in Höhe von 50.000 €. Sie vereinbaren, im notariellen Vertrag nur einen Kaufpreis von 200.000 € beurkunden zu lassen, was auch geschieht. Folge: Der notarielle Kaufvertrag ist „schwebend" unwirksam. V kann von K den restlichen Kaufpreis nicht verlangen und K kann von V keine Übereignung des Hauses verlangen. Nur die angezahlten 50.000 € kann K von V zurückverlangen.

84 Wenn Verkäufer und Käufer eines wegen Verstoßes gegen die Formvorschrift schwebend unwirksamen Grundstückskaufvertrages trotzdem dann ein rechtswirksames Erfüllungsgeschäft (Auflassung Rn 98 f.) vereinbaren **und** den Käufer im Grundbuch als Eigentümer des Grundstücks eintragen lassen, wird der „schwebend" unwirksame Kaufvertrag mit seinem gesamten Inhalt, also auch mit allen nicht beurkundeten Vereinbarungen doch noch nachträglich **rechtswirksam** (§ 311 b Abs. 1, S. 2). Die Parteien haben es also in der Hand, die Rechtswirksamkeit eines wegen Formverstoßes unwirksamen Vertrages noch eintreten zu lassen.

Aber beide Vertragsparteien haben das Risiko, dass das beabsichtigte Geschäft vor der Eintragung des Käufers im Grundbuch noch platzt, wenn sie nicht alle Vertragsbedingungen notariell beurkunden lassen.

Beispiel: Im Beispiel unter Rn 83 zieht K mit Familie in das Haus ein, bezahlt nach Eintragung einer Auflassungsvormerkung an V auf den offenen Kaufpreis nur 190.000 €. 10.000 € behält er wegen angeblicher Mängel zurück. V will sich wegen der angeblichen Mängel nicht herumstreiten und findet einen anderen Interessenten, der 290.000 € für das Haus bezahlen will. V verlangt deshalb die Rückabwicklung des mit K abgeschlossenen nicht formgültigen und deshalb unwirksamen Kaufvertrages. K muss ausziehen und erhält von V die gezahlten 50.000 + 190.000 = 240.000 € zurück.

Im Falle eines zu niedrig angegebenen Kaufpreises laufen Verkäufer und Käufer aber noch Gefahr, wegen Betruges zum Nachteil der Staatskasse (Verkürzung der Beurkundungskosten) und außerdem wegen Steuerhinterziehung (Verkürzung der Grunderwerbsteuer) belangt zu werden.

II. Genehmigungen oder Zustimmungen, Steuern und Kosten

1. Genehmigungen oder Zustimmungen

In vielen Fällen ist zur Übertragung eines Grundstücks eine Genehmigung oder Zustimmung erforderlich, z. B. die Genehmigung des Landwirtschaftsamtes bei land- und forstwirtschaftlicher Grundstücke ab einer bestimmten von den einzelnen Ländern vorgeschriebenen Größe; - die Genehmigung für die Übertragung eines sich im Gebiet eines Umlegungsverfahrens oder Sanierungsgebiet befindlichen Grundstücks; - Zustimmung eines Dritten zur Veräußerung von Wohnungs- oder Teileigentum (Rn 224, 252, 262); - Zustimmung eines in Zugewinngemeinschaft lebende Ehegatten zur Veräußerung eines Grundstücks, wenn dieses nahezu das gesamte Vermögen des veräußernden Ehegatten ist (§ 1365).

Dann darf das Grundbuchamt einen Erwerber in der Regel erst nach Vorliegen der betreffenden Genehmigung oder Zustimmung im Grundbuch als Eigentümer eintragen.

2. Anfallende Steuern

Eine Grunderwerbsteuer fällt nach § 1 GrEStG bei einem 2.500 € übersteigenden Kaufpreises u. a. an:

- Beim Abschluss eines Grundstückskaufvertrages, oder
- beim Abschluss eines anderen Rechtsgeschäfts, das den Anspruch auf Übertragung des Eigentums an einer Immobilie begründet, oder
- bei einer Auflassung, wenn kein Verpflichtungsgeschäft (Rn 72) vorausgegangen ist, oder
- bei einem Eigentumsübergang in der Zwangsversteigerung.

Die Grunderwerbsteuer fällt auch dann an, wenn vor der Eintragung des Erwerbers die Immobilie an eine andere Person gleich weiterverkauft wird.

Keine Grunderwerbsteuer fällt an, wenn das Eigentum an der Immobilie durch Erbfolge (Rn 58) oder auf Grund einer Schenkung übergeht, oder wenn das Eigentum vom Ehegatten, vom geschiedenen Ehegatten im Rahmen der Vermögensauseinandersetzung oder von Verwandten in gerader Linie (Eltern, Großeltern, Kinder, Enkel, usw.) erworben wird (§ 3 GrEStG).

85

86

Die Steuer beträgt je nach Bundesland zur Zeit zwischen 3,5 und 6,5 % der vom Erwerber zu gewährenden Gegenleistung (Kaufpreises einschließlich weiterer Leistungen und etwa zu übernehmender Verbindlichkeiten des Verkäufers). Im Falle eines Bauträgervertrages gehört auch der für die Bauleistungen des Bauträgers zu zahlende Werklohn dazu. Nicht zur steuerpflichtigen Leistung gehört das Entgelt für Zubehör, z. B. eine Einbauküche..

Verpflichtet zur Zahlung der Steuer sind die am Vertrag beteiligten Parteien (§ 13 GrEStG), also Veräußerer und Erwerber. Üblich ist in Grundstückskaufverträgen die Regelung, dass der Käufer die Grunderwerbsteuer trägt.

Sowohl Notar als auch Gericht müssen von ihnen beurkundete Immobilienübertragungsverträge dem Finanzamt melden, und das Grundbuchamt darf einen neuen Eigentümer für ein Grundstück erst eintragen, wenn eine angefallenen Grunderwerbsteuer bezahlt ist oder durch eine Unbedenklichkeitsbescheinigung des Finanzamts feststeht, dass keine angefallen ist.

87   Eine <u>Schenkungssteuer</u> kann nach dem ErbStG anfallen (§§ 1 u. 7 ErbStG), wenn eine Immobilie unentgeltlich auf den Erwerber übertragen wird. Teilweise steuerfreie Vermögensübergänge sehen Verschonungsregelungen für <u>zu Wohnzwecken vermietete Grundstücke</u> und für <u>Unternehmensvermögen</u> vor (§§ 13a bis 13c ErbStG).
Die Höhe der Steuer hängt vom Grad der Verwandtschaft oder Schwägerschaft zwischen Schenker und Beschenktem ab. Außerdem gibt es noch Freibeträge: 500.000 € für Ehegatten, 400.000 € für Kinder, 200.000 € für Enkel oder 20.000 € für fremde Erwerber), die vom Wert der Immobilie abgezogen werden.
Für die Bewertung der Immobilie ist bei einem unbebauten Grundstück der Bodenrichtwert und bei Gebäudegrundstücken oder Wohnungs- bzw. Teileigentum ein Vergleichswert, Ertragswert oder Sachwert maßgebend.

88   <u>Einkommensteuer:</u> Beim Verkauf eines zum Betriebsvermögen eines Unternehmers gehörenden Grundstücks gehört der Kaufpreis zu den einen etwaigen zu versteuernden Gewinn bildenden Einkünften, während beim privaten Verkauf einer Immobilie ein vom Verkäufer erzielter Gewinn nur dann unter die Einkommensteuer fällt, wenn zwischen der Anschaffung und der Veräußerung der Immobilie nicht mehr als 10 Jahre vergangen sind = die sogenannte Spekulationssteuer (§ 23 EStG).
<u>Anschaffung</u> bedeutet: entgeltlicher Erwerb der Immobilie von einem Dritten, z. B. durch Kaufvertrag, Tauschvertrag, Abgabe eines Meistgebotes in der Zwangsversteigerung, Ausübung eines Wiederkaufsrechtes oder Vorkaufsrechtes. Keine Anschaffung bedeutet Erbfolge oder Schenkung.
<u>Veräußerung</u> bedeutet: entgeltliche Übertragung der Immobilie auf einen Dritten, z. B. durch Kaufvertrag, Tauschvertrag, Abtretung eines Anspruchs

aus dem Meistgebot in der Zwangsversteigerung, Einbringung in eine Gesellschaft gegen Gewährung von Gesellschaftsrechten.

Sowohl für eine Anschaffung als auch für eine Veräußerung reicht es nach der Rechtsprechung der Finanzgerichte aus, wenn Verkäufer und Käufer Verhältnisse schaffen, die einem wirklichen Kaufvertrag gleich kommen.

Ebenso kann eine Einkommensteuer beim An- und Verkauf eines oder mehrerer Grundstücke (sogenannter gewerblicher Grundstückshandel) anfallen.

Umsatzsteuer fällt in der Regel beim Grundstücksverkauf nicht an, ausge-   89
nommen der Verkäufer verzichtet auf die Umsatzsteuerfreiheit.

3. Kosten

Beim Abschluss eines Grundstückskaufvertrages entstehen beim Notar oder   90
Gericht Beurkundungskosten, denen der Geschäftswert zugrunde gelegt
wird. Geschäftswert ist die Summe der Leistungen des Käufers, also der zu
zahlende Kaufpreis zuzüglich sonstiger Leistungen, z. B. die Übernahme
von auf dem Grundstück lastenden Verbindlichkeiten des Verkäufers, mindestens aber der Verkehrswert der Immobilie. Wer die Kosten bezahlen
muss, finden Sie bei den Nebenpflichten der Kaufparteien unter Rn 96 f., zu
Maklerkosten siehe Rn 134 ff., und zur Höhe der Kosten Rn 424 ff..

III. Die hauptsächlichen Pflichten der Vertragsparteien aus dem Kauf- oder Bauträgervertrag

1. Die Hauptpflichten des Verkäufers

sind nach dem Kaufvertrag (Verpflichtungsgeschäft), dass der Verkäufer
dem Käufer

    das Eigentum am lastenfreien Grundstück übertragen

    und das mangelfreie Grundstück übergeben muss (§ 433 Abs. 1).

Beim Bauträgervertrag kommt hinzu, dass der Verkäufer auch das vereinbarte Bauwerk (Rn 326) mangelfrei rechtzeitig herstellen muss (§ 631).

Die Übertragung des Eigentums und die Übergabe geschieht dann durch   91
das Erfüllungsgeschäft, über das Sie alles Nähere unter Rn 98 erfahren.

Zur Lastenfreiheit gehört, dass der Verkäufer im Grundbuch in Abteilung II   92
und III eingetragene Rechte Dritter (Wohnrecht, Grundschuld) löschen lässt,
außer wenn der Käufer solche Lasten etwa unter Anrechnung auf den Kaufpreis übernimmt.

Im Grundbuch nicht eingetragene Verpflichtungen muss der Verkäufer nicht
beseitigen, z. B. die öffentlichen Lasten (§ 103). Der Verkäufer sollte aber
ihm bekannte Lasten dem Käufer bei den Vertragsverhandlungen mitteilen.

Er muss eine Frage des Käufers nach solchen Verpflichtungen wahrheitsgemäß beantworten, wenn er sich nicht späteren Unannehmlichkeiten oder Schadenersatzansprüchen aussetzen will. Dasselbe gilt für andere sich nicht aus dem Grundbuch ergebende Rechte Dritter, die diese zum Besitz am Grundstück bzw. Gebäude berechtigen, z. B. Miet- oder Pachtrechte.

93 Beim Bauträgervertrag gehört zur Hauptpflicht des Verkäufers neben der Eigentumsübertragung auch die Pflicht zur Herstellung des Gebäudes oder der Wohnung und die Pflicht zur Sicherstellung des vom Bauherrn zu zahlenden Kaufpreises oder Werklohns nach der MaBV.

2. Die Hauptpflichten des Käufers

94 Der Käufer muss das <u>vereinbarte Entgelt</u> (i.d.R. den Kaufpreis) bezahlen. Beim Bauträgervertrag sind in der Regel die im notariell beurkundeten Vertrag festgelegten Teilzahlungen zu leisten.

95 Außerdem muss der Käufer das mangelfreie Grundstück abnehmen, beim Bauträgervertrag auch das hergestellte Bauwerk auf diesem.

3. Nebenpflichten des Verkäufers sind u. a.:

96 Der Verkäufer muss dem Käufer bei Vertragsschluss in seinem Besitz befindliche Urkunden über das Grundstück übergeben, z. B. Garantieurkunden über Bestandteile oder Zubehör, eine Grenzvermessungsurkunde, das Urteil über einen mit einem Nachbarn etwa geführten Prozess, Mietverträge, Versicherungsverträge, Baupläne, Statikpläne, Baugenehmigung, Protokolle über die Beschlüsse der Wohnungseigentümerversammlungen.
Zu den zu übergebenden Unterlagen gehört auch ein etwa vorhandener „Energieausweis", den der Verkäufer dem Käufer auf dessen Verlangen auch schon vor Vertragsschluss zugänglich machen muss, wenn er den Käufer schon konkret als Käufer in Betracht zieht. Zur Herausgabe von Planunterlagen durch den Bauträger siehe Rn 334d.
Auch die Kosten der wegen eines Teilverkaufs erforderlichen Vermessung des Grundstücks hat der Verkäufer zu tragen, wenn im Kaufvertrag keine andere Regelung getroffen ist, ebenso Erschließungs- und sonstige Anliegerbeiträge für Maßnahmen, die bis zum Tag des Vertragsschlusses bautechnisch begonnen sind (§ 436).

4. Nebenpflichten des Käufers

97 sind u. a. im Kaufvertrag vereinbarte Zahlungspflichten für die Lasten (§ 103) des Grundstücks, die Kosten für die Beurkundung des Kaufvertrages und der Auflassung sowie die Kosten der Eintragung (§§ 446, 448).
Zu den Lasten gehören die Gebäudesteuern, die Kosten für Entwässerung, Straßenreinigung, Müllabfuhr, nachbarrechtliche Belastungen (z. B. ein

Notwegrecht), Erschließungs- und sonstige Anliegerbeiträge, soweit diese nicht vom Verkäufer zu tragen sind.

Zu den Kosten gehören die beim Notar und beim Grundbuchamt entstehenden Kosten, nicht dagegen etwaige Parteikosten, z. B. Anwaltskosten des Verkäufers. Allerdings haftet der Verkäufer gegenüber dem Notar für die vom Käufer zu tragenden Kosten und muss sie bezahlen, wenn sie vom Käufer nicht beigetrieben werden können.

C. Die Erfüllung der Hauptpflichten von Verkäufer und Käufer

I. Die Erfüllung der Hauptpflicht des Verkäufers

Der Verkäufer muss dem Käufer das Eigentum am Grundstück und den Besitz an diesem übertragen:

1. Die Eigentumsübertragung geschieht in 2 Schritten:

Schritt 1: Der bisherige Eigentümer (Verkäufer) und der Erwerber (Käufer) einigen sich darüber, dass das Eigentum an der Immobilie übergehen soll. Diese Einigung nennt man bei der Übertragung einer Immobilie "**Auflassung**". Vorgeschrieben ist, dass der bisherige noch im Grundbuch eingetragene Eigentümer und der Erwerber bzw. ihre etwaigen Bevollmächtigten bei dieser Einigung gleichzeitig persönlich vor einem deutschen Notar oder einem im Ausland befindlichen deutschen Konsularbeamten anwesend sind, was von diesen zu beglaubigen ist.

Schritt 2: Der Übergang des Eigentums geschieht durch die Eintragung des Erwerbers im Grundbuch als neuer Eigentümer. Dazu muss der bisherige Eigentümer die Eintragung gegenüber dem Grundbuchamt bewilligen, und er oder der Erwerber müssen die Eintragung beantragen. Die Bewilligung und die Beantragung der Eintragung müssen in notariell beglaubigter Form dem Grundbuchamt vorgelegt werden.

Nach Zugang der Erklärungen von Verkäufer und Käufer beim Grundbuchamt und nach Eingang etwa erforderlicher Genehmigungen, Zustimmungen und der Unbedenklichkeitsbescheinigung des Finanzamts trägt das Grundbuchamt den Erwerber als neuer Eigentümer im Grundbuch ein. Damit ist der Eigentumsübergang vollzogen. Zu den bei Notar und Grundbuchamt anfallenden Kosten siehe Rn 424 ff..

Weil mit der Auflassung und der Eintragungsbewilligung die vom Verkäufer abhängigen Voraussetzungen für den Verlust seines Eigentums geschaffen sind, ist es für den Verkäufer wichtig, dass er die Auflassung erst bei oder nach Eingang des Kaufpreises bei ihm oder einem Treuhänder (z. B. Bank,

98

99

Notar) erklärt oder durch etwa von ihm bevollmächtigte Personen erklären lässt. Eine Vollmacht dazu wird oft schon in den Kaufvertrag aufgenommen. Mit der Eintragung wird der Erwerber auch Inhaber aller Rechte und Pflichten des Eigentümers. Er tritt als Vermieter in den zwischen Verkäufer und Mieter abgeschlossenen Mietvertrag bzw. Pachtvertrag ein, wenn der Mieter oder Pächter in diesem Zeitpunkt schon im Besitz der Mietsache (Pachtsache) war (§ 566).

2. Die Besitzübergabe

100 erfolgt so, dass der Verkäufer dem Käufer den <u>Besitz</u> (Rn 43) am Grundstück übergibt, und zwar mit allen Bestandteilen, also insbesondere mit einem Gebäude (z. B. durch Schlüsselübergabe) und den auf dem Grundstück oder im Gebäude befindlichen mitverkauften beweglichen Sachen.

Erfolgen muss die Übergabe spätestens im Zeitpunkt der Kaufpreiszahlung, ausgenommen es ist im Kaufvertrag eine andere Regelung getroffen.

Sofern im Kaufvertrag kein anderer Zeitpunkt festgelegt ist, gehen mit der Übergabe alle Nutzungen (z. B. Mieteinnahmen) und Lasten des Grundstücks auf den Käufer über (§ 446).

II. Die Erfüllung der Hauptpflicht des Käufers

101 Der Käufer erfüllt seine Hauptpflicht, indem er das im Kaufvertrag vereinbarte Entgelt bezahlt.

Wann das zu geschehen hat und mit welchem Zinssatz der Kaufpreis ab Fälligkeit zu verzinsen ist, wird in der Regel im notariellen Vertrag festgelegt Meist hängt der Zahlungszeitpunkt davon ab, dass vor einer Zahlung etwa bestehende Risiken des Käufers vom Verkäufer beseitigt sind. Denn soll der Käufer z. B. den Kaufpreis schon vor der Eigentumsübertragung (Auflassung) bezahlen, besteht für ihn das Risiko, dass der Verkäufer das Grundstück auch noch an einen anderen übereignet, oder dass der Verkäufer vor der Eigentumsübertragung in Insolvenz gerät und der bezahlte Betrag ganz oder teilweise verloren ist. Dieses Risiko kann durch Eintragung einer Auflassungsvormerkung beseitigt werden. Ebenso besteht für den Käufer ein Risiko, wenn er an den Verkäufer bezahlt, bevor dieser die Voraussetzungen dafür geschaffen hat, dass alle von ihm zu beseitigenden Rechte Dritter im Grundbuch gelöscht werden können. Dieses Risiko kann durch die Vereinbarung beseitigt werden, dass der Kaufpreis an einen Treuhänder zu leisten ist, der an den Verkäufer erst zahlen darf, wenn Löschungsbewilligungen der betreffenden Gläubiger für die zu beseitigenden Rechte vorliegen.

D. Vor- und nachvertragliche Rechte und Pflichten beim Immobilienkaufvertrag

I. Prüfungs- und Belehrungspflichten des Notars (§ 17 BeurkG)

Der Notar ist der <u>unparteiische Betreuer beider Vertragspartner</u>, nicht etwa der Vertreter desjenigen, der ihm den Auftrag für sein Tätigwerden erteilt hat. Er darf einen Vertrag nicht beurkunden, wenn für ihn erkennbar ist, dass mit diesem ein unerlaubter oder unredlicher Zweck verfolgt wird, oder wenn eines der in § 3 BeurkG aufgeführten Verbote gegeben ist, wenn z. B. ein mit dem Notar in gemeinsamen Räumen tätiger Anwalt für eine der Vertragsparteien schon tätig war. Diese Neutralitätsverpflichtung des Notars besteht über die Beurkundung des Vertrages hinaus. Außerdem soll der Notar eine seinem Amt widersprechende Werbung unterlassen.

1. Die Verschwiegenheitspflicht

Der Notar ist wie Arzt oder Rechtsanwalt zur Verschwiegenheit verpflichtet. 102
Er darf Dritten über den Kaufvertrag nur Auskünfte geben, wenn alle Beteiligten ihn von seiner Schweigepflicht entbunden haben oder wenn er dazu gesetzlich verpflichtet ist, wie z. B. gegenüber dem Finanzamt (Rn 86). Außerdem muss er eine Vertragsabschrift der Gemeinde für deren Kaufpreissammlung übersenden.

2. Prüfungs- und Belehrungspflichten

bestehen z. B. folgende: 103
- Der Notar muss den Willen der Beteiligten erforschen und die Vertragsparteien über die rechtliche Bedeutung des Vertrages und über das Formerfordernis belehren, dass alle Vereinbarungen und Abreden notariell beurkundet sein müssen, wenn der Vertrag rechtswirksam sein soll;
- er muss den Käufer auf etwaige wegen zu früher Zahlung entstehende Risiken (Rn 101) oder den Verkäufer auf durch eine zu frühe Auflassung oder Besitzübergabe etwa eintretende Risiken (Rn 99 f.) hinweisen, ferner auf etwaige Genehmigungserfordernisse (Rn 85) und darauf, dass der Käufer erst nach Eingang der Unbedenklichkeitsbescheinigung des Finanzamts (Rn 98) als Eigentümer im Grundbuch eingetragen werden darf, außerdem auf etwa bestehende Vorkaufsrechte, z. B. einer Gemeinde oder eines Mieters beim Verkauf eines Wohnungseigentums (§ 577);
- er muss auf die Haftung der Vertragsparteien für etwaige Erschließungsbeiträge hinweisen und im Falle eines Ausschlusses der Gewährleistungspflicht des Verkäufers bei auf die für den Käufer sich ergebenden Nachteile, insbesondere im Falle eines individuell vereinbarten Gewährleistungsausschlusses bei einem neu errichteten Bauwerk.

- bei der Beurkundung von Verträgen über den Erwerb erst herzustellender Gebäude oder Wohnungs- bzw. Teileigentum (Bauträgervertrag) muss der Notar die Parteien über die Tragweite des Geschäfts und über die Pflichten eines Bauträgers nach der MaBV (Rn 93 f., 334f) belehren und darf keine Vertragsbestimmungen beurkunden, welche die Vorschriften der genannten Verordnung verletzen. Ist der Käufer ein privater Bauherr (Verbraucher), muss der Notar dafür sorgen, dass dem Bauherrn der gesamte beabsichtigte Vertragstext, also beim Bau- oder Bauträgervertrag auch die Baubeschreibung, mindestens 2 Wochen vor der Beurkundung zur Prüfung zur Verfügung steht. Vor Ablauf dieser Frist darf der Notar die Beurkundung nicht vornehmen, selbst wenn Verkäufer und Käufer dies wünschen oder verlangen, oder wenn dem Käufer ein Rücktrittsrecht (§ 346) eingeräumt wird.
- er soll sich über den Inhalt des Grundbuchs informieren, wenn die Beteiligten nicht darauf verzichten. Der Käufer sollte nur verzichten, wenn er das Grundbuch kurz vor Vertragsabschluß selbst eingesehen hat. Der Notar muss auch die Grundakteneinsehen, wenn ein besonderer Anlass zu Nachforschungen besteht, z. B. wenn beim Grundbuchamt unerledigte Anträge vorliegen.
- stellt der Notar fest, dass im Grundbuch des Verkäufers ein Vermerk über die Anordnung der Zwangsversteigerung (Rn 413 ff.) eingetragen war oder ist, muss er den Käufer auf die mögliche Schieflage der wirtschaftlichen Verhältnisse des Verkäufers hinweisen.

Dagegen ist der Notar in der Regel nicht verpflichtet, auf die Entstehung und Höhe gesetzlich festgelegter Kosten hinzuweisen, oder auf steuerrechtliche Folgen des beurkundeten Vertrages, z. B. darauf, ob eine Umsatzsteuerpflicht entsteht, wer diese zu tragen hat und wer für sie haftet. Nur wenn in einem Unternehmenskaufvertrag die Haftung des Erwerbers für Verbindlichkeiten des Verkäufers ausgeschlossen wird (§ 25 Abs. 2 HGB), muss der Notar auf die Haftung des Erwerbers für etwaige rückständige Steuern (§ 75 AO) hinweisen.

Verletzt der Notar schuldhaft seine Prüf- oder Belehrungspflicht, kommt seine Haftung für den einer Vertragspartei entstehenden Schaden infrage.

II. Pflichten von Verkäufer und Käufer bei den Vertragsverhandlungen

104 Schon während Vertragsverhandlungen besteht zwischen den Vertragspartnern ein gegenseitiges Vertrauensverhältnis, das zur Sorgfalt verpflichtet (§ 311 Abs. 2). Eine Verletzung dieser Sorgfaltspflicht führt zwar nicht dazu, dass ein Vertrag abgeschlossen werden muss, denn jede Partei kann die Vertragsverhandlungen jederzeit abbrechen. Anders wäre es, wenn Verkäufer und Kaufinteressent eine einem Vorkaufsrecht entsprechende Reservierungsvereinbarung treffen, die aber notariell beurkundet sein muss.

Erkennt eine Partei, dass die andere in Erwartung des Vertragsabschlusses Aufwendungen machen will, darf sie in der anderen Partei nicht das Vertrauen erwecken, der Vertrag werde abgeschlossen. Sonst muss sie der anderen Partei den dieser im Vertrauen auf einen Vertragsabschluß entstandenen Schadens erstatten, wenn es nicht zum Vertragsschluss kommt.

Beispiel: V ist mit K über den Verkauf eines Grundstücks einig und verspricht, den notariellen Kaufvertrag zu schließen, wenn K innerhalb eines Monats die Finanzierung des Kaufpreises erreichen kann. Wenn K das gelingt und V dann den Vertrag nicht abschließt, muss V dem K die durch den Finanzierungsvertrag entstandenen Kosten erstatten.

Außerdem besteht bei Vertragsverhandlungen für jede Vertragspartei auch die Pflicht, den jeweils anderen Vertragspartner über solche Umstände aufzuklären oder solche nicht vorzutäuschen, die den Vertragszweck vereiteln können und für den Entschluss der anderen Vertragspartei zum Abschluss des Vertrages von wesentlicher Bedeutung sind. Der Verkäufer muss den Käufer z. B. über die Ertragsfähigkeit des Grundstücks (nur) aufklären, wenn er bemerkt, dass der Käufer offenbar Fehlvorstellungen über diese entwickelt, er muss über eine Sozialbindung einer Wohnung aufklären, die der Käufer vermieten will, oder dass eine zur Vermögensbildung zu erwerbende Wohnung leer steht, oder dass eine Dachgeschosswohnung ohne Baugenehmigung ausgebaucht worden ist. Insbesondere auch auf ihm bekannte Mängel des Grundstücks oder Gebäudes muss der Verkäufer hinweisen, oder auf Eigenschaften, die für den Käufer offensichtlich wichtig sind, z. B. auf eine mangelhafte Schalldämmung von Böden, wenn der Käufer die Wohnung kaufen will, weil seine bisherige Wohnung zu hellhörig ist, oder darüber, dass beim Bau des Hauses Materialien verwendet wurden, die heute als gesundheitsgefährdend angesehen werden. Zu aufzuklärenden Umständen gehört z. B. auch eine Hochwassergefahr für das Grundstück, etwaige Altlasten oder durchfeuchtete Kellerwände.

Verstößt ein Vertragspartner gegen diese Verpflichtungen, muss er dem anderen Vertragspartner den durch den Vertragsschluss entstehenden Schaden ersetzen.

III. Nachvertragliche Rechte und Pflichten von Verkäufer und Käufer

Hier geht es um die Folgen, wenn der Verkäufer oder der Käufer seine Verpflichtungen aus dem abgeschlossenen Vertrag nicht rechtzeitig, nicht richtig oder überhaupt nicht erfüllt.

1. Das Recht zur Anfechtung des Kaufvertrages

Verkäufer oder Käufer können ihre beim Abschluss des Kaufvertrages gegebene Verpflichtungserklärung gegenüber dem anderen Vertragspartner wegen Irrtums, arglistiger Täuschung oder Drohung anfechten (Rn 23):

105 Wegen Irrtums ist eine Anfechtungserklärung zulässig, wenn sich die andere Partei bei Abschluss des Kaufvertrages über den Inhalt ihrer Erklärung oder über eine für den Vertrag wesentliche Eigenschaft einer Person oder Sache geirrt hat, wenn der Käufer z. B. glaubt, er kaufe eine Vierzimmerwohnung, während es sich in Wirklichkeit um eine Zweizimmerwohnung handelt.

Die Anfechtungserklärung wegen Irrtums muss unverzüglich erfolgen, sobald der Irrtum erkannt worden ist. Unverzüglich bedeutet "ohne schuldhaftes Zögern", das eine angemessene Überlegungsfrist (von einigen Tagen bis zu einer Woche), auch zur Einholung eines rechtskundigen Rates, zulässt.

Die Folgen der Anfechtung wegen Irrtums sind: Der Vertrag gilt als von Anfang an unwirksam. Vom Käufer oder Verkäufer bereits empfangene Leistungen sind zurückzugewähren. Wenn der andere Vertragspartner den Irrtum des Anfechtenden nicht kannte, muss ihm dieser den Nachteil ersetzen, den er im Vertrauen auf die Gültigkeit des Vertrages hat.

106 Die Anfechtung wegen arglistiger Täuschung oder Drohung kann eine Vertragspartei erklären, wenn sie zum Abschluss des Vertrages entweder durch eine arglistige Täuschung oder durch eine Drohung des anderen Vertragspartners bestimmt worden ist.

Eine arglistige Täuschung ist auch gegeben, wenn Umstände verschwiegen werden, nach denen ausdrücklich gefragt worden ist, oder die für die Willensbildung des Vertragspartners von ausschlaggebender Bedeutung sind.

Für diese Anfechtungserklärung gilt eine Frist von 1 Jahr, die im Falle einer Täuschungshandlung mit der Entdeckung der Täuschung durch den Anfechtungsberechtigten beginnt, im Falle der Drohung mit dem Zeitpunkt, in dem die Zwangslage geendet hat (wenn also im Beispiel oben die strafbare Handlung des Sohnes verjährt oder dieser verstorben ist). Nach 30 Jahren ist auch diese Anfechtung aber nicht mehr zulässig.

Auch diese Anfechtung hat die Unwirksamkeit des Vertrages zur Folge und daneben eine mögliche Schadenersatzverpflichtung des anderen Vertragspartners wegen unerlaubter Handlung (§§ 823, 826).

2. Die Pflicht zum Ersatz eines Verzugschadens

107 Erfüllt eine Vertragspartei eine fällige Verpflichtung aus dem Kaufvertrag nicht rechtzeitig und kommt sie dadurch in Verzug, kann die andere den Ersatz ihres dadurch entstandenen Schadens erstattet verlangen (§§ 281 Abs. 2, 286). Ein Beispiel dazu finden Sie unter Rn 35.

108 *3. Rücktrittsrechte und Schadenersatzrechte*

Ein vertragliches Rücktrittsrecht haben der Verkäufer, Käufer oder auch beide, wenn einem oder beiden ein solches im notariellen Kaufvertrag eingeräumt worden ist. Die betreffende Vertragspartei kann dann diesen Rücktritt durch Erklärung gegenüber der anderen Vertragspartei ausüben.

Ein gesetzliches Rücktrittsrecht hat eine Vertragspartei, wenn sie die ihr nach dem Kaufvertrag zustehende fällige Leistung aus von der anderen Vertragspartei zu vertretenden Gründen nicht oder nicht so wie geschuldet erhält, wenn z. B. der Käufer den fälligen Kaufpreis für das ihm bereits übergebene Grundstück nicht oder nicht in voller Höhe, z. B. statt 150.000 € nur 130.000 € bezahlt. Der Verkäufer kann dem Käufer dann eine angemessene Nachfrist zur Zahlung der restlichen 20.000 € setzen. Die Frist ist angemessen, wenn sie dem Schuldner eine letzte Gelegenheit zur Leistung gibt. Sie muss nicht so bemessen sein, dass der Schuldner eine geschuldete und noch nicht begonnen Leistung erst anfangen und fertig stellen kann.

Erfolgt die Leistung dann bis zum Fristablauf nicht, und hat die Vertragspartei an der Aufrechterhaltung des Kaufvertrages kein Interesse mehr, kann sie vom Kaufvertrag zurücktreten (§ 323) und dessen Rückabwicklung verlangen, z. B. das etwa schon übergebene Grundstück Zug um Zug gegen Rückzahlung des schon bezahlten Kaufpreisteils zurückverlangen (§ 346 ff.).

Die Fristsetzung z. B. gar nicht erforderlich, wenn der Schuldner die Leistung entgültig und ernstlich ablehnt. Eine Fristsetzung wäre dann ja zwecklos.

Neben einem etwaigen Verzugsschaden kann die vertragstreue Partei auch Schadenersatz statt der ihr zustehenden Leistung verlangen (§§ 280 Abs. 1, 281), also z. B. der Verkäufer einen durch einen ungünstigeren Weiterverkauf des Grundstücks erlittenen Verlust in Höhe der Differenz zwischen dem mit dem Käufer vereinbarten und dem beim Weiterverkauf erzielten Kaufpreis.

Zu den Rechten des Käufers, wenn er statt eines mangelfreien Grundstücks ein mit einem Mangel behaftetes Grundstück erhält, erfahren Sie alles bei den Gewährleistungsrechten des Käufers unter Rn 117 ff..

4. Die Verjährung der zwischen Verkäufer und Käufer bestehenden Ansprüchen

Eine 10 Jahre dauernde Verjährungsfrist gilt für den Anspruch des Käufers auf Übertragung des Eigentums an der Immobilie, oder für den Anspruch des Verkäufers auf die Gegenleistung, also z. B. auf den Kaufpreis und das etwa für die Herstellung des Bauwerks zu zahlende Entgelt, oder für die Ansprüche von Verkäufer oder Käufer auf Rückübertragung des Eigentums oder Rückzahlung des bereits geleisteten Kaufpreises (§ 196) im Falle eines Fehlschlagens eines (z. B. unwirksamen) Kaufvertrages. 109

Das Recht auf Rücktritt vom Vertrag wegen nicht oder nicht vertragsgemäß erbrachter Leistung besteht nicht mehr, wenn der Anspruch auf die Leistung selbst verjährt ist (§ 218).

Für alle anderen gegenseitigen Ansprüche von Verkäufer und Käufer, z. B. auf Erfüllung von Nebenpflichten, Schadenersatz oder wegen Verzugs gilt die Regelverjährungsfrist von 3 Jahren (§ 195). Zum Beginn, Neubeginn oder Hemmung der Verjährung siehe Rn 31 f. und zur Verjährung von Gewährleistungsrechten des Grundstückskäufers Rn 122 f..

IV.   Die Gewährleistung

Bei der Gewährleistung geht es darum, ob und welche Gewährleistungsrechte der Käufer gegen den Verkäufer geltend machen kann, wenn an der gekauften Sache ein Rechtsmangel oder ein Sachmangel besteht, sei es an einer unbeweglichen Sache (Grundstück, Gebäude, Wohnung) oder an einer beweglichen Sache (Türen, Fenster und nicht in eine Bauwerk eingebaute Baumaterialien, Teppiche usw.).

1. Der Rechtsmangel und der Sachmangel an einer Sache

110   Ein Rechtsmangel (§ 435) besteht an einer Sache, z. B. an einer Immobilie dann, wenn eine andere Person in Bezug auf die Immobilie Rechte geltend machen kann, die der Käufer nicht etwa im Kaufvertrag übernommen hat, z. B. eine Grunddienstbarkeit, eine persönliche beschränkte Dienstbarkeit oder Nutzungsbeschränkung, ein Vorkaufsrecht, oder ein Miet- oder Pachtrecht.

111   Bei Sachmängeln (§ 434) wird die „Beschaffenheit" einer Sache auf deren tatsächlichen Zustand abgestellt, beispielsweise auf: Größe, Lage, Gewicht, Herstellungsmaterial, Verarbeitung, Haltbarkeit, Energieverbrauch, Verschleiß, neu, gebraucht, Farbe, Alter z. B. Baujahr eines Gebäudes, Altlastenverdacht bei einem Grundstück, Denkmalschutz.
Nicht zur Beschaffenheit einer Immobilie gehören z. B. das Bestehen oder Entstehen einer Straßenanlieger- oder Erschließungskostenbeitragspflicht, eine Grunderwerbsteuerfreiheit, oder mit dem Erwerb verbundene Steuervorteile.

Ein Sachmangel an einer Sache ist in 2 Fällen gegeben:

112   Fall 1: Der Sache fehlt eine zwischen Verkäufer und Käufer   vereinbarte Beschaffenheit, also eine zugesicherte Eigenschaft oder ein zugesicherter Umstand (§ 434 Abs. 1, S. 1).
Beispiele: Zugesicherte Größe; - zugesicherte Mieteinnahmen; - zugesicherter Energieverbrauch eines Hauses; - zugesichertes Baujahr; - Zusicherung, dass alle Erschließungskosten bereits bezahlt sind; - unrichtige

Angabe der Dauer eines Mietverhältnisses, wenn der Mieter eine frühere Räumung ablehnt.

Keine besonderen Zusicherungen in diesem Sinne sind Anpreisungen bei den Kaufverhandlungen oder Umstände, die sich nur mittelbar aus Äußerungen des Verkäufers ergeben, z. B. wird beim Verkauf eines im Kaufvertrag als Bauplatz bezeichneten Grundstücks nicht automatisch zugesichert, dass der Baugrund ohne weiteres ein Bauen zulässt.

Fall 2: Zwischen Verkäufer und Käufer ist keine bestimmte Beschaffenheit 113 der Sache vereinbart, die Sache eignet sich aber nicht für die nach dem Kaufvertrag vorausgesetzte oder für die gewöhnliche Verwendung (§ 434 Abs. S.2). Darunter versteht man einen Fehler, der die Tauglichkeit des Baumaterials oder des Grundstücks oder Gebäudes aufhebt oder nicht unerheblich vermindert. Abgestellt wird dabei auf die im Zeitpunkt der Herstellung oder Veränderung des Gebäudes geltenden technischen Normen.

> Beispiele: Das Gebäudedach ist undicht; - die Heizung oder Entwässerungsanlage funktioniert nicht; - ohne Genehmigung ausgebaute Wohnräume, wenn die Benutzung durch die Baubehörde untersagt werden kann; - es fehlt die im Zeitpunkt der Bezugsfertigkeit nach dem Stand der Technik erforderliche Wärme- oder Schallisolierung; - für ein Wohnhaus hängt der Wasserversorgungs- bzw. Abwasseranschluss davon ab, dass der Nachbar die Mitbenützung seiner Leitungen gestattet.

Bei einem Wohnungseigentum (Rn 208 ff.) wird nach der Rechtsprechung z. B. auch als Sachmangel angesehen, wenn innerhalb der GdWE erhebliche Streitigkeiten bestehen.

2. Die Gewährleistungspflichten des Verkäufers

Inhalt der Gewährleistungspflicht: Der Verkäufer haftet dem Käufer dafür, 114 dass die verkaufte bewegliche oder unbewegliche Sache mit ihren Bestandteilen bei der Übergabe die (zugesicherten) Eigenschaften bzw. Beschaffenheit besitzt und ihr weder Rechtsmängel noch Sachmängel anhaften.

Ohne Einfluss auf die Haftung des Verkäufers für einen Mangel ist, ob es sich um einen sichtbaren oder versteckten Mangel handelt. Allerdings kann bei einem sichtbaren Mangel die Haftung des Verkäufers nach Rn 116 Fall 1 oder 2) ausgeschlossen sein. Wichtig ist nur, dass der Mangel im Zeitpunkt der Übergabe der Sache vorhanden war, auch wenn er sich wie in der Regel erst später zeigt.

> Beispiel: Nach Übergabe tritt die Verstopfung einer Abwasserleitung in Erscheinung. Ist deren Ursache ein schon im Zeitpunkt der Übergabe in die Leitung gelangter Gegenstand, ist ein Sachmangel gegeben.

Zeigt sich der Mangel innerhalb von 6 Monaten ab Übergabe, wird vermutet, dass der Mangel schon bei der Übergabe vorhanden war (§ 476). Ebenso ist gleichgültig, ob der Verkäufer den Mangel kennt oder nicht kennt.

115 Die Gewährleistungspflicht nach Kauf- oder Werkvertragsrecht ?:

Die Gewährleistungspflicht des Verkäufers für Mängel
- einer beweglichen Sache, oder
- eines unbebauten Grundstücks, oder
- eines mit einem bereits und nach der Fertigstellung nicht nur kurze Zeit bewohnten oder benutzten Gebäude, Wohnungs- oder Teileigentum bebauten Grundstücks (sogenannter Altbau)

Die danach bestehenden Gewährleistungsrechte des Käufers richtet sich nach Kaufrecht (§§ 434 ff.) und werden nachstehend unter Rn 117 ff. beschrieben.

Die Gewährleistungspflicht des Verkäufers eines Grundstücks,
- auf dem bei Vertragsabschluss der Neubau eines Gebäudes, Wohnungs- oder Teileigentums oder ein sanierter Altbau fertiggestellt war,
- **oder** auf dem der Verkäufer sich verpflichtet hat, ein Gebäude oder Wohnungs- oder Teileigentum für den Käufer neu herzustellen oder bestehende Gebäude so umzubauen, dass diese nach Umfang und Bedeutung mit Neubauten vergleichbar sind (Bauträgervertrag),

richtet sich für etwaige Mängel am Grundstück für Verkäufer und Käufer auch nach dem nachstehend unter Rn 117 ff. beschriebenen Gewährleistungsrecht, dagegen für etwaige Mängel am her- oder fertiggestellten Gebäude für Unternehmer (Bauträger) und Bauherr nach Werkvertragsrechts (§§ 633 ff.), das im 5. Kapitel unter Rn 360 ff. beschrieben wird. Neu in diesem Sinne wird auch ein Gebäude oder eine Wohnung angesehen, die nach der Herstellung erst kurze Zeit bewohnt oder vermietet war.

116 Eine Gewährleistungspflicht des Verkäufers ist in folgenden Fällen ausgeschlossen:

Fall 1: Der Käufer kennt den Mangel bei Abschluss des Kaufvertrages. Er erfuhr z. B. schon vor Vertragsabschluß von der Baubehörde, dass die Dachgeschosswohnung vom Verkäufer ohne Baugenehmigung ausgebaut worden ist, oder erwird vom Verkäufer spätestens bei Abschluss des Kaufvertrages auf diesen Umstand hingewiesen.

Fall 2: Der Käufer kennt den Mangel infolge grober Fahrlässigkeit nicht, ausgenommen der Verkäufer hat den Mangel arglistig verschwiegen oder eine Garantie für die Beschaffenheit der Immobilie übernommen.
Beispiel: Der Käufer besichtigt nach einem starken Regen die angebotene Wohnung und sieht, dass an allen Fenstersimsen der Westseite Nässe ist. Obwohl sich dem Käufer aufdrängen muss, dass möglicherweise diese Fenster undicht sind, fragt er nicht weiter nach. Fragt er dagegen nach und erhält vom Verkäufer zur Antwort, man habe beim Regen die Fens-

ter versehentlich offen gelassen, kann der Käufer Gewährleistungsrechte wegen undichter Fenster geltend machen.

<u>Fall 3</u>: Verkäufer und Käufer vereinbaren im Kaufvertrag einen Gewährleistungsausschluss. Beim Verkauf eines unbebauten Grundstücks oder eines nicht mehr neuen Gebäudes ist ein Ausschluss der Gewährleistungspflicht für Mängel – soweit nicht eine Garantie übernommen worden ist oder für arglistig verschwiegene Mängel – zulässig, sogar durch eine vorformulierte Bestimmung.

Beispiele für solche Vertragsklauseln: "Unter Ausschluss jeglicher Gewährleistung"; "wie besichtigt, unter Ausschluss jeglicher Gewährleistung".

Ein rechtswirksamer umfassender Gewährleistungsausschluss erfasst auch vor Vertragsschluss, z. B. im Internet, gemachte Äußerungen.

Beim Verkauf eines <u>neuen</u> Gebäudes oder <u>neuen</u> Wohnungs- oder Teileigentums ist ein Ausschluss der Gewährleistungspflicht dagegen in der Regel unzulässig und deshalb unwirksam. Als vorformulierte Klausel würde ein solcher Ausschluss den Käufer unangemessen benachteiligen (Rn 26). Auch sogar eine etwaige individuell vereinbarte Bestimmung über einen solchen Gewährleistungsausschluss ist nach der Rechtssprechung unwirksam, wenn der Käufer nicht durch eine ausführliche und eingehende Belehrung auf die einschneidenden Rechtsfolgen des Gewährleistungsausschlusses durch den Notar hingewiesen worden ist (Rn 103).

3. Die Gewährleistungsrechte des Käufers

Gewährleistungsrechte des Käufers bestehen nur, soweit die Gewährleistungspflicht des Verkäufers nach Rn 116 nicht ausgeschlossen ist.

Soweit nach Rn 116 eine Gewährleistungspflicht des Verkäufers nicht ausgeschlossen ist, bestehen für den Käufer folgende Gewährleistungsrechte (§ 437), wenn er eine mangelhafte Sache übergeben erhalten hat:
- Das Recht auf Nacherfüllung,
- das Recht zum Rücktritt oder zur Minderung des Kaufpreises,
- das Recht auf Schadenersatz oder Aufwendungsersatz.

<u>Das Recht auf Nacherfüllung</u> bedeutet, dass der Käufer <u>nach seiner Wahl</u>   117
- entweder die Beseitigung des Mangels
- oder die Lieferung einer mangelfreien gleichartigen und gleichwertigen Sache

verlangen kann (§ 439 Abs. 1).
Wenn eine Nacherfüllung wegen der Art des Mangels infrage kommt, muss der Käufer das Recht auf Nacherfüllung als <u>erstes</u> Gewährleistungsrecht geltend machen. Tut er das nicht und beseitigt er den Mangel selbst oder lässt

ihn beseitigen, muss er die ihm entstandenen Kosten selbst tragen und kann diese vom Verkäufer nicht erstattet verlangen, ausgenommen in dem Fall, dass eine Notmaßnahme erforderlich war, die der Verkäufer nicht rechtzeitig veranlassen konnte.

Die durch eine verlangte Mangelbeseitigung oder die Neulieferung einer mangelfreien Sache entstehenden Aufwendungen, insbesondere Transport-, Wege, Arbeits- und Materialkosten hat der Verkäufer zu tragen. Das gilt auch für sogenannte Mangelfolgekosten.

> Beispiel: V liefert dem Fliesenleger mangelhaften Kleber, mit dem dieser Fließen verklebt. Mangelfolgekosten sind die Aufwendungen, welche durch den erforderlichen Aus- und Wiedereinbau entstehen.

Für Fälle von Mangelfolgeschäden wurde im Gesetz zur Reform des Bauvertragsrechts für ab dem 1.1.2018 abgeschlossene Kaufverträge dem Verkäufer im Rahmen der von ihm verlangten Nachlieferung das Recht eingeräumt, dass er entweder

a) den Ausbau der mangelhaften und den Einbau der nachgebesserten oder gelieferten mangelfreien Sache selbst durchführt, oder

b) dem Käufer die hierfür erforderlichen Aufwendungen ersetzt.

Ziffer a) entfällt, wenn dem Aus- und Einbau ein berechtigtes Interesse des Käufers entgegensteht, oder wenn der Verkäufer nicht innerhalb einer vom Käufer bestimmten angemessenen Frist erklärt, dass er den Ein- und Ausbau vornehmen wird (§ 439 Abs. 3 BGB in der ab 1.1.2018 geltenden Fassung).

118 Die verlangte Art der Nacherfüllung kann der Verkäufer verweigern, wenn sie unmöglich oder dem Verkäufer nur mit unverhältnismäßigem Aufwand oder Mitteln möglich ist (§ 275).

> Beispiel: K erwirbt von V ein Wohnhaus und stellt beim Einschalten der Zentralheizung fest, dass der Heizkessel defekt ist. Eine von K verlangte Lieferung eines mangelfreien neuen Heizkessels kann V verweigern, wenn diese ihn erheblich mehr als eine den Mangel beseitigende Reparatur kosten würde.

Unmöglich ist die Lieferung einer neuen Sache in der Regel, wenn eine gebrauchte bewegliche Sache oder ein Grundstück oder Gebäude verkauft worden ist.

Erfüllt der Verkäufer das berechtigte und mögliche Nacherfüllungsverlangen des Käufers nicht, kann der Käufer ihn auf Erfüllung verklagen oder ihm eine angemessene Frist (in der Regel zwischen 1 und 4 Wochen) zur Nacherfüllung setzen und nach fruchtlosem Ablauf der Frist

> entweder vom Kaufvertrag zurücktreten (Rn 119), oder
> anstatt des Rücktritts Schadenersatz (Rn 120) oder
> eine Minderung des Kaufpreises (Rn 121) verlangen.

Macht er eines dieser nachstehenden Rechte geltend, kann er Nacherfüllung nicht mehr verlangen. Auch ohne Fristsetzung kann der Käufer diese rechte geltend machen, wenn eine Nacherfüllung unmöglich ist.

Das <u>Rücktrittsrecht</u> bedeutet, dass der Käufer durch eine Erklärung gegenüber dem Verkäufer den Kaufvertrag aufheben kann (§ 440). Die Folge ist, dass bereits erfolgte Leistungen zurückzugeben sind, der Käufer also einen schon gezahlten Kaufpreis und der Verkäufer das schon übergebene Grundstück zurückverlangen können. Ist der Käufer inzwischen schon Eigentümer, muss er dieses zurückübertragen (= zurückauflassen).
Zum Rücktritt ist der Käufer nur berechtigt, wenn der Mangel erheblich ist. Eine optisch kaum erkennbare Abweichung ohne Einwirkung auf den Gebrauchswert der Sache ist z. B. unerheblich, ein Mangel, dessen Beseitigung einen Betrag kostet, der 5 % des Kaufpreises übersteigt, ist dagegen erheblich.
Das Recht zum Rücktritt entfällt, wenn der Käufer das nachstehend beschriebene Minderungsrecht geltend macht.

119

Auch den Ersatz eines ihm <u>statt der Leistung entstandenen Schadens</u> oder der einen etwaigen Verzugschaden Neben oder statt einem Rücktritt kann der Käufer neben oder statt einem Rücktritt verlangen, z. B. die nach fruchtlosem Fristablauf für die Beseitigung des Mangels aufgewandten Kosten.

120

Das Recht zur <u>Minderung des Kaufpreises</u> bedeutet, dass die Gegenleistung des Käufers, also der Kaufpreis gemindert = herabgesetzt wird (§ 441). Die Höhe der Minderung hängt davon ab, in welchem Umfang der Mangel den Wert des Grundstücks herabsetzt.

121

> Beispiel: V verkauft sein nach seiner Zusicherung 30 Jahre alte Gebäude für 300.000 € an K. Es stellt sich heraus, dass das Gebäude schon 60 Jahre alt ist. Ein Sachverständiger schätzt den Wert des Gebäudes mit einem Alter von 30 Jahren auf 320.000 € und mit einem Alter von 60 Jahren auf nur 272.000 €, also 15 % weniger. Der Käufer kann den Kaufpreis daher um 15 % = 45.000 € auf 255.000 € mindern.

Für das Minderungsrecht müssen die gleichen Voraussetzungen wie für das unter Rn 119 beschrieben Rücktrittsrecht gegeben sein. Die Minderung kann aber auch im Falle eines unerheblichen Mangels geltend gemacht werden.
Auch hier entfällt das Minderungsrecht, wenn der Käufer das oben beschriebene Rücktrittsrecht geltend macht.
Auch die Schadenersatzansprüche können wie beim Rücktritt neben der Minderung geltend gemacht werden, allerdings nur, soweit der Schaden durch die Minderung nicht ausgeglichen wird.

4. Die Verjährung der Gewährleistungsrechte des Käufers (§ 438)

122 Die Ansprüche des Käufers auf Nacherfüllung (Rn 117 f.) und Schadenersatz(Rn 120) wegen einem <u>Rechtsmangel</u> (Rn 110) verjähren in 30 Jahren, wenn der Mangel also darin besteht, dass ein Dritter die Immobilie auf Grund eines dinglichen Rechts herausverlangen oder ein im Grundbuch eingetragenes Recht geltend machen kann: ein Nießbrauch, Wohnungsrecht, Grundpfandrechte, Grunddienstbarkeit, Vorkaufsrecht

Ansprüche des Käufers auf Nacherfüllung wegen eines <u>Sachmangels</u> verjähren in 5 Jahren, wenn der Mangel ein Bauwerk oder eine Sache betrifft, die für ein Bauwerk verwendet worden ist und den Mangel verursacht hat.

123 Alle übrigen Gewährleistungsansprüche des Käufers auf Schadenersatz oder verjähren in 2 Jahren, wenn der Verkäufer den Mangel arglistig verschwiegen hat, in 3 Jahren. Die Ansprüche auf Rücktritt und Minderung können nicht mehr geltend gemacht werden, wenn der Anspruch auf Nacherfüllung verjährt ist.

Zum Neubeginn und zur Hemmung der Verjährung gilt das unter Rn 31 f. beschriebene, zur Verjährung der Gewährleistungsansprüche beim Werkvertrag und Bauträgervertrag siehe Rn 360 ff..

E. Rechte und Pflichten zwischen Verkäufer / Käufer und Makler

Ein Immobilienmakler, der u. a. Grundstücke und grundstücksgleiche Rechte vermittelt, braucht dazu eine behördliche Erlaubnis nach § 34 c der GewO, in dem geregelt ist, unter welchen Voraussetzungen die Erlaubnis versagt oder entzogen werden kann. Das für den Wohnungsmakler geltende Bestellerprinzip will der Gesetzgeber auch auf den Immobilienmakler ausgedehnten, damit ein Käufer geringere Nebenerwerbskosten hat. Zum Verwalter einer GdWE als Makler siehe Rn 142 und 246 ff..

I. Der Maklervertrag

124 *1. Inhalt und Form des Maklervertrages*

Der Makler kann von seinem Auftraggeber eine Zahlung nur verlangen, wenn
- zwischen ihm und seinem Auftraggeber ein Maklervertrag zustande gekommen ist, **und**
- durch die Leistung des Maklers der vom Auftraggeber gewünschte Vertrag rechtswirksam abgeschlossen worden ist (Rn 134 ff.).

Beim Maklervertrag ist wesentlich, dass der Auftraggeber (Verkäufer, Käufer) dem Makler verspricht, diesem
- für den <u>Nachweis der Gelegenheit</u> zum Abschluss eines Kaufvertrages (= sogenannter Nachweismakler) oder/und
- für die <u>Vermittlung</u> eines solchen (= sogenannter Vermittlungsmakler)

einen „<u>Mäklerlohn</u>" zu zahlen (§ 652), der in der Regel <u>Provision</u> genannt wird. Vereinbart wird zur Höhe der Provision in der Regel ein bestimmter Prozentsatz des Kaufpreises + Umsatzsteuer. Wird die Höhe nicht festgelegt, gilt die in der betreffenden Gegend übliche Provision (§ 653), bei Immobilien häufig zwischen 3 und 5 % des Kaufpreises + Umsatzsteuer.

Ob der Makler nur als Nachweismakler tätig werden soll, oder auch als Vermittlungsmakler, hängt von der zwischen Auftraggeber und Makler getroffenen Vereinbarung ab. In der Regel will der Makler vermitteln, weil er als reiner Nachweismakler im Gegensatz zum Vermittlungsmakler den Verlauf der zum Vertragsabschluss zwischen Verkäufer und Käufer führenden Verhandlungen nicht beeinflussen kann.

Wird zur <u>Dauer des Vertrages</u> nichts vereinbart, läuft dieser auf unbestimmte Zeit und kann vom Auftraggeber oder vom Makler ohne Einhaltung einer Frist gekündigt werden. Bei festen Vertragszeiten können Auftraggeber und Makler während der Vertragszeit nur kündigen, wenn ein wichtiger Grund (§ 314) gegeben ist, wenn der Makler z. B. nichts für seinen Auftraggeber unternimmt oder diesem einen unseriösen Interessenten zuführt.

Die unter Rn 21 ff. beschriebenen Schranken gelten auch für den Maklervertrag. Ein nicht notariell beurkundeter Maklervertrag ist z. B. unwirksam, wenn in diesem eine Verpflichtung des Auftraggebers zum Verkauf oder zum Erwerb eines Grundstücks oder direkter Druck dazu festgelegt ist. Siehe dazu Rn 79 und zum Wuchers einer Provisionsvereinbarung Rn 22.

Zum Widerrufsrecht des Interessenten als Verbraucher beim Haustürgeschäft, z. B. im Falle einer Anbahnung des Vertrages durch Telefon oder Internet siehe Rn 10.

Eine <u>bestimmte Form</u> ist für den Maklervertrag nicht vorgeschrieben. Auch eine <u>mündliche</u> Vereinbarung ist also rechtswirksam. Sie kann durch eine ausdrückliche Erklärung oder stillschweigendes (konkludentes) Verhalten (Rn 9) getroffen werden. Bei welchen Sachverhalten nach der Rechtsprechung der Gerichte beim Fehlen eines schriftlichen Vertrages vom Zustandekommen eines mündlich und insbesondere stillschweigend abgeschlossenen Maklervertrages ausgegangen wird, und wer den Sachverhalt beweisen muss, wird unter Rn 125 beschrieben.

In der Regel werden die Bedingungen im Interesse beider Parteien in einem <u>schriftlichen</u> Vertrag festgelegt. Manchmal wird das Provisionsversprechen auch bei der Beurkundung des vorgesehenen notariellen Grundstückskaufvertrages in diesen aufgenommen, denn auch ein erst nach der Leistung des Maklers abgeschlossener Maklervertrag ist rechtswirksam.

Bei den Vertragsbedingungen im schriftlichen Vertrag handelt es sich meist um sogenannte „vorformulierte Vertragsbedingungen" (Rn 24 ff.), die für den Auftraggeber nicht überraschend, mehrdeutig oder unangemessen benachteiligend sein dürfen. Eine unwirksame Überraschungsklausel ist neben den unter Rn 25 genannten Beispielen z. B. eine vorformulierte Klausel, nach der dem Makler eine Provision auch dann zustehen soll, wenn kein Nachweis oder keine Vermittlung erfolgt, oder dass dem Makler auch für etwaige Folgegeschäfte eine Provision schulden soll.

125 *2. Das Zustandekommen eines mündlichen Maklervertrages*

Beim Abschluss eines mündlichen Maklervertrages unterscheidet man zwischen einer ausdrücklichen Erklärung und einem stillschweigenden Handeln des Auftraggebers:

Bei der <u>ausdrücklichen</u> Erklärung verspricht der Auftraggeber dem Makler z. B. ausdrücklich, dass er eine Provision an ihn bezahlen will, wenn er ihm den Kauf eines Einfamilienhauses zum Kaufpreis bis 350.000 € vermittelt. Bestreitet der Auftraggeber später seine Zusage, muss M diese beweisen.
Bei einem <u>stillschweigenden</u> Provisionsversprechen ergibt sich dieses aus dem Verhalten und Handeln des Auftraggebers, also aus seinem konkludenten Verhalten. Das müssen Umstände sein, aus denen sich die Bereitschaft des Auftraggebers ergibt, zur Bezahlung eines Entgelts für dessen Tätigkeit ergibt. Das ist immer der Fall, wenn dem Auftraggeber klar ist oder sein muss, dass die Maklerleistung unterbleiben würde, wenn er vom Makler verlangen würde, dass seine Leistung ohne Entgelt geschieht. Dazu folgende Fallgestaltungen:
<u>Fall 1</u>: Der Interessent wendet sich von sich aus mit einem Wunsch an den Makler, also nicht etwa auf ein Angebot des letzteren. Damit ist ein Maklervertrag zustande gekommen. Bestreitet der Auftraggeber später den Abschluss eines Maklervertrages, muss der Makler beweisen, dass der Auftraggeber von sich aus um seine Dienste gebeten hat.
<u>Fall 2</u>: Der Interessent wendet sich auf ein Angebot des Maklers an diesen, oder der Makler wendet sich an den Interessenten, z. B. auf eine Zeitungsanzeige desselben. Dann darf der Interessent davon ausgehen, dass der Makler im Auftrag des Vertragsgegners tätig wird. Auch wenn der Interessent sich die Tätigkeit des Maklers gefallen lässt, z. B. sich den Namen eines potenziellen Vertragspartners nennen und möglicherweise den beabsichtigten Kaufvertrag abschließt, kommt dadurch ein Maklervertrag nicht zustande.
<u>Fall 3</u>: Wenn wie im Fall 2 der Interessent sich auf ein Angebot des Malers an diesen oder der Makler sich auf eine Anzeige des Interessenten an

diesen wendet, kann ein Maklervertrag durch schlüssiges Verhalten auch noch zustande kommen: Wenn der Makler dem Interessenten <u>ausdrücklich</u> <u>deutlich</u> und <u>jeden Zweifel ausschließend</u> erklärt, dass er <u>auch von ihm</u> eine Provision verlangt und der Interessent dann in Kenntnis des Provisionsverlangens die Dienste des Maklers weiter in Anspruch nimmt. Der Hinweis kann sich z. B. aus einer Zeitungsanzeige, einer Offerte im Internet oder einem Exposé des Maklers ergeben. Die Erklärung muss aber so abgegeben werden, dass der Interessent von ihr auch Kenntnis nehmen kann.

> Beispiel: Der Makler schickt dem Interessenten ein Exposé, in dem steht, dass er bei Vermittlung des Kaufvertrages auch von ihm eine Vermittlungsprovision verlangt. Lässt sich dieser darauf die Dienste des Maklers gefallen, ist ein Maklervertrag zustande gekommen. Drückt der Makler dagegen das Exposé mit der schriftlichen Erklärung über sein Provisionsverlangen dem Interessenten bei der Besichtigung des Gebäudes in die Hand, ohne dass dieser die Erklärung auch wissentlich zur Kenntnis nimmt und führt er dann die Gebäudebesichtigung weiter durch, ist kein Maklervertrag zustande gekommen.

> Bestreitet der Auftraggeber im Fall 3, vom Provisionsverlangen des Maklers gewusst zu haben, muss der Makler zwei Tatsachen beweisen, <u>dass</u> er den Interessenten vor Leistung seiner Dienste auf das Provisionsverlangen hingewiesen hat, <u>und dass</u> dieser davon auch Kenntnis genommen hat.

An den Beweis, dass ein Maklervertrag durch schlüssiges Verhalten zustande gekommen ist, stellt die <u>Rechtssprechung sehr strenge Anforderungen</u>. Denn der Makler soll für klare Verhältnisse sorgen, damit der Kunde rechtzeitig von seinem Provisionsverlangen erfährt, bevor er sich weitere Dienste des Maklers gefallen lässt.

3. Alleinauftrag und Maklerdienstvertrag

Wenn ein wie unter Rn 124 f. geschilderter schriftlicher oder mündlicher Maklervertrag zustande gekommen ist, darf der Auftraggeber neben den etwaigen Bemühungen des beauftragten Maklers auch noch einen oder gar mehrere andere Makler in gleicher Weise beauftragen. Anders ist es, wenn er einen sogenannten "Maklerdienstvertrag" abschließt. Ein solcher ist gegeben, wenn er dem Makler einen <u>Alleinauftrag</u> erteilt. Dabei sind Klauseln üblich wie "Alleinauftrag", "Festauftrag", "Fest an die Hand". Damit verpflichtet sich der Auftraggeber, während der Vertragsdauer <u>nur</u> die Dienste dieses Maklers und nicht auch eines anderen in Anspruch zu nehmen. Die beim Alleinauftrag vereinbarte Laufzeit darf nicht unangemessen lange

126

sein. Üblich sind bei Grundstücksgeschäften 6 Monate. Je nach Interessenlage können auch bis zu 2 Jahren Laufzeit vereinbart werden.

Während der Laufzeit des Alleinauftrages werden die für den Makler beim einfachen Maklervertrag bestehenden Pflichten erweitert (Rn 127, 142) und die bestehenden Rechte des Auftraggebers eingeschränkt (Rn 131). Siehe dort auch alles nähere zum „qualifizierten Alleinauftrag.

II. Die Pflichten des Maklers gegenüber seinem Auftraggeber

1 Die Tätigkeitsverpflichtung des Maklers: Ja oder nein ?

127   Ist zwischen Auftraggeber und Makler wie unter Rn 124 f. beschrieben ein gewöhnlicher Maklervertrag zustande gekommen, ist der Makler <u>nicht verpflichtet</u>, sondern nur berechtigt, seinem Auftraggeber einen Interessenten nachzuweisen oder zu vermitteln. Allerdings hat er bei einer Untätigkeit kaum Chancen, eine Provision verdienen zu können. Ist aber im Vertrag vereinbart worden, dass der Makler zur Tätigkeit verpflichtet ist oder ist ein Alleinauftrag (Rn 126) vereinbart, macht sich der Makler dem Auftraggeber gegenüber sogar schadenersatzpflichtig, wenn er untätig bleibt und dem Auftraggeber dadurch ein Schaden entsteht. Die Verpflichtung des Maklers zur Tätigkeit besteht dafür, dass der Auftraggeber auf sein beim einfachen Maklervertrag (Rn 124 u. 125) bestehendes Recht verzichtet, neben dem Makler auch weitere Makler beauftragen zu können, während der Vertragszeit verzichtet und dem Makler so Konkurrenz vom Halse hält.

Welche Tätigkeit der Makler für seinen Provisionsanspruch dann leisten muss, finden Sie unter Rn 134 ff..

2. Treue-, Prüfungs- und Aufklärungspflicht des Maklers

128   Zwischen Auftraggeber und Makler besteht ein Treueverhältnis, das letzteren verpflichtet, das Interesse des Auftraggebers wahrzunehmen. Er darf deshalb Geschäftsgeheimnisse seines Auftraggebers nicht ausplaudern, oder muss diesem mitteilen, wenn er nicht mehr tätig sein will. Auch etwaige ihm bekante Zweifel an der Kreditwürdigkeit oder gar Zahlungsunfähigkeit des vorgesehenen Vertragsgegners muss er seinem Auftraggeber mitteilen. Angaben des potenziellen Vertragsgegners über das Objekt darf er zwar ungeprüft weitergeben, außer er erkennt, dass diese unrichtig sind.

Auf Grund seiner Aufklärungspflicht muss der Makler seinem Auftraggeber alle ihm bekannte tatsächliche und rechtliche Umstände mitteilen, die sich auf das Vertragsobjekt beziehen und auf den Entschluss des Auftraggebers zum Abschluss des beabsichtigten Vertrages von Bedeutung sein können, selbst wenn dann die Gefahr besteht, dass der Auftraggeber von seiner Absicht zum Vertragsabschluß Abstand nimmt.

Beispiel: Wenn der Makler erst zu erstellende Räume vermittelt und für diese noch keine Baugenehmigung oder nicht einmal ein Bebauungsplan vorliegt, muss er das seinem Auftraggeber sagen.

Wird der Makler zulässigerweise auch für potenzielle Vertragsgegner tätig, muss er auf eine Frage seines Auftraggebers darüber Auskunft erteilen.

3. Die Pflicht des Maklers zum Schadenersatz

Verletzt der Makler Pflichten gegenüber seinem Auftraggeber, ist er diesem zum Ersatz des Schadens verpflichtet, der diesem durch die Pflichtverletzung entsteht (§ 280). Ebenso kann eine Pflichtverletzung ein wichtiger Grund für die Kündigung eines befristeten Maklervertrages sein.   129

III. Allgemeine Pflichten des Auftraggebers

1. Die Pflicht zum Abschluss des vorgesehenen Vertrages ?

Eine Pflicht, das geplante Immobiliengeschäft überhaupt abzuschließen, besteht für den Auftraggeber nicht, weder durch einen Maklervertrag noch durch einen Alleinauftrag, selbst wenn der Makler einen oder mehrere zum Vertragsabschluß bereite Interessenten nachgewiesen oder vermittelt hat. Soll durch eine Bestimmung im Maklervertrag der Auftraggeber doch verpflichtet werden, eine Immobilie zu erwerben oder zu veräußern, oder sollte durch eine Vereinbarung auch nur Druck dazu ausgeübt werden, ist die betreffende Bestimmung oder Klausel im Vertrag unwirksam, ausgenommen sie ist notariell beurkundet worden (Rn 79).   130
Beispiele für solche unwirksamen Klauseln in Maklerverträgen:
"Der Auftraggeber hat die Provision auch dann zu bezahlen, wenn der Auftraggeber die Absicht aufgibt, ein Grundstück zu kaufen oder zu verkaufen"; - " der Auftraggeber hat ein Reugeld oder eine Vertragsstrafe für den Fall zu zahlen, dass ein Grundstückskaufvertrag nicht abgeschlossen wird"; - "Kommt es nicht zum Abschluss eines Vertrages, hat der Auftraggeber eine Unkostenpauschale in Höhe von .... € zu bezahlen".

2. Die Pflicht zur Unterlassung eigener Bemühungen ?

Der Auftraggeber darf nach Abschluss eines Maklervertrages auch selber nach von ihm gewünschten Kaufobjekten oder Kaufinteressenten suchen und mit einem etwa selbst gefundenen Vertragsgegner den beabsichtigten Immobiliekaufvertrag abschließen, ohne an den Makler Provision zahlen zu müssen, auch im Falle eines Alleinauftrags. Nur wenn er dem Makler einen Alleinauftrag erteilt hat, entfällt dieses Recht. Ausnahmsweise ist der Auftraggeber dann verpflichtet, einen selbst gefundenen Interessenten an den Makler zu verweisen, wenn das bei Vertragsabschluß **eindeutig** und **unmissverständlich** vereinbart worden ist. Eine solche entsprechende Bestim-   131 mung im Vertrag , den man einen „qualifizierten Alleinauftrag" nennt, ist nur rechtswirksam, wenn die Klausel individuell ausgehandelt ist (Rn 27).

3. Sorgfalts- und Treuepflichten des Auftraggebers

132   Für den Auftraggeber bestehen gegenüber dem Makler solche Pflichten:
• Der Auftraggeber muss sich so verhalten, dass der Makler nicht unnötig geschädigt wird, er muss den Makler also z. B. informieren, wenn er die Absicht zum Abschluss des beabsichtigten Vertrages aufgibt oder den Vertrag anderweitig abschließt, damit der Makler nicht unnötige weitere Aufwendungen, z. B. Zeitungsanzeigen veranlasst. • Der Auftraggeber darf dem Makler nicht einen Auftrag erteilen, obwohl er ernstlich gar nicht zum Verkauf oder zum Kauf eines Grundstücks bereit ist, nur um z. B. den erzielbaren Kaufpreis oder Wert zu erfahren. • Der Auftraggeber muss die vom Makler erhaltenen Informationen vertraulich behandeln, er darf z. B. vom Makler erfahrene Angebote nicht einem Dritten mitteilen, der das erlangte Wissen ausnützt und ein Geschäft abschließt.

4. Die Schadenersatzpflicht des Auftraggebers

133   Verletzt der Auftraggeber gegenüber dem Makler bestehende Pflichten, muss er diesem einen dadurch entstehenden Schaden ersetzen (§ 280).

IV. Die Zahlungspflichten des Auftraggebers

Hauptpflicht des Auftraggebers gegenüber dem Makler ist die Pflicht zur Zahlung der versprochenen Vergütung:

1. Der Mäklerlohn = Die Provision

134   Der Auftraggeber ist zur Zahlung der im rechtswirksamen Maklervertrag vereinbarten Provision (Rn 124) dann verpflichtet, wenn folgende 2 Voraussetzungen erfüllt sind:

1. Voraussetzung: das nach dem Maklervertrag vorgesehene Immobiliegeschäft, z. B. ein Grundstückskaufvertrag, muss rechtswirksam zustande gekommen sein.

2. Voraussetzung: Die vom Makler nach dem Vertrag zu erbringende Leistung (Nachweis oder Vermittlung) muss für den Vertragsabschluss mindestens mitursächlich gewesen sein.

Die 1. Voraussetzung ist erfüllt, wenn beim abgeschlossenen Vertrag folgende 4 Bedingungen gegeben sind:

a. Der Vertrag muss <u>mit dem Auftraggeber des Maklers</u> zustande kommen oder mit einer Person, mit der besonders enge persönliche oder ausgeprägte wirschaftliche Beziehungen bestehen, z. B. im Falle einer Ehe oder einer neu gegründeten Gesellschaft, bei welcher der Auftraggeber Geschäftsführer oder Mitgesellschafter ist. b. Der Vertrag muss über <u>das Objekt</u> abgeschlossen worden sein, <u>das Gegenstand</u> des Maklervertrages ist. Dabei spielt es keine Rolle, ob z. B. das ganze Gebäude Gegenstand des Vertrages ist, oder ob dieses etwa vor Vertragsschluss in Wohnungs- oder Teileigentum aufgeteilt und dann ein Vertrag über nur einen oder über alle Teile geschlossen wird. Dazu 2 Fallgestaltungen:

<u>Fall 1</u>: V beauftragt den Makler M, ihm einen Käufer für sein Zweifamilienhaus zu vermitteln. M vermittelt ihm den am Kauf interessierten K, der von V dann aber ein ganz anderes Haus kauft. Es besteht keine Provisionspflicht.

<u>Fall 2</u>: Eheleute suchen über den Makler K ein Zweifamilienhaus. M findet V, der sein Zweifamilienhaus verkaufen will. V teilt dann das Zweifamilienhaus in 2 Wohnungseigentum und verkauft eines an den Mann und das andere an die Frau. M kann die vereinbarte Provision verlangen.

c. Es muss der nach dem Maklervertrag <u>beabsichtigte</u> Vertrag abgeschlossen werden. Der Abschluss eines anderen Vertrages reicht für die Provisionsverpflichtung nur dann aus, wenn die Provisionsverpflichtung individuell (Rn 27) auch für den Fall des Zustandekommens eines anderen Vertrages vereinbart worden ist und der andere Vertrag dann wirklich gleichwertig ist, der beabsichtigte wirtschaftlich gewünschte Erfolg also erreicht worden ist. Keine Provisionspflicht besteht z. B., wenn das vom Makler angebotene Grundstück zu einem ganz erheblich geringeren Kaufpreis, z. B. um 50 % weniger verkauft wird, weil es für den Käufer nur unbebaut einen Wert hatte, oder es wird anstatt eines Kaufvertrages nur ein Mietvertrag oder Pachtvertrag abgeschlossen. Eine Provisionspflicht besteht aber z. B., wenn statt eines Grundstückskaufvertrages zwecks Umgehung der Spekulationssteuer (Rn 88) andere Verträge abgeschlossen werden, die auf eine spätere Übereignung des Grundstücks abzielen.

d. Der abgeschlossene Vertrag muss <u>rechtswirksam</u> sein. Das ist nicht der Fall, wenn der Vertrag wirksam angefochten (Rn 105 f.) wird, oder wenn eine Partei aufgrund eines vertraglichen Rücktrittsrechts (Rn 108) oder wegen eines Mangels (Rn 119) zurückgetreten ist. Dagegen entfällt die Rechtswirksamkeit des Vertrages nicht dadurch, dass eine Partei vom Vertrag zurücktritt, weil die andere ihre Verpflichtung nicht erfüllt.

136   Die zweite Voraussetzung ist, dass der Vertragsabschluß <u>durch die Leistung des Maklers</u> zumindest mitverursacht worden ist. Hier kommt es darauf an, welchen Auftrag der Makler hatte, den Auftrag zum Nachweis oder zur Vermittlung eines Interessenten für das abzuschließende Geschäft:

Hatte der Makler den Auftrag zum <u>Nachweis</u> der Möglichkeit des Vertragsabschlusses zu erbringen, reicht es aus, wenn der Auftraggeber vom Makler den Namen und die Anschrift eines dem Auftraggeber noch nicht bekannten aber zum Abschluss des gewünschten Geschäfts auch bereiten Vertragsgegner genannt erhalten hat. Der Auftraggeber muss in der Lage sein, mit diesem über den Vertragsabschluss verhandeln zu können. Nicht ausreichend ist, wenn der Auftraggeber z. B. nur die Möglichkeit bekommt, aus einer zur Verfügung gestellten Adressenliste einen möglichen Verkäufer zu ermitteln.

Hatte der Makler den Vertragsschluss auch <u>zu vermitteln</u>, muss der Makler auch vermittelnd tätig geworden sein, er muss also Verhandlungen zwischen den beiden Vertragsparteien, geführt haben. Hierzu reicht nicht aus, wenn der Makler dem Auftraggeber lediglich den Namen und die Anschrift des potenziellen Vertragspartners nennt und die Verhandlungen dem Auftraggeber und dem Vertragsgegner selbst überlässt. Auch wenn der Makler dem Auftraggeber nur ein Exposee übersendet, oder die Möglichkeit zur Besichtigung verschafft, reicht das für eine Vermittlung nicht aus,

Weder für einen Nachweis noch für eine Vermittlung reicht der Hinweis des Maklers, ein bestimmtes Grundstück werde verkauft oder könne in einer Zwangsversteigerung erworben werden, außer es wurde für diesen Fall eine Provision in einer individuellen Vereinbarung (Rn 27) festgelegt.

137   Wesentlich ist, dass der Makler seine Leistung erbracht hat, solange der Maklervertrag bestanden hat. Kommt es z. B. erst nach der Kündigung des Maklervertrages oder nach Ablauf der Vertragszeit zum Geschäft mit dem Interessenten, kann der Makler die vereinbarte Provision verlangen.

    Beispiel: V sucht über den Makler M einen Käufer für sein Haus. M verhandelt mit K und erreicht, dass dieser zum Kauf bereit ist. V kündigt M und verkauft dann nach Beendigung des Maklervertrages sein Haus an K. V schuldet M die Provision. Verkauft V aber an einen anderen nicht vom Makler vermittelten Interessenten, schuldet er keine Provision.

Andererseits kann die Ursächlichkeit der Maklerleistung auch unterbrochen werden, wenn z. B. der Auftraggeber oder der vom Makler nachgewiesene oder vermittelte Vertragsgegner die Absicht eines Vertragsabschlusses aufgibt und sich die Gelegenheit zum Abschluss des Geschäfts zerschlägt. Dann entfällt der Provisionsanspruch des Maklers. Wenn es nach Beendigung des Maklervertrages auf Grund geänderter Umstände doch noch zum

Vertragsabschluss zwischen dem Auftraggeber und dem nachgewiesenen Interessenten kommt, entsteht kein neuer Provisionsanspruch.

Beispiele: K bricht die Verhandlungen mit dem Auftraggeber ab und kauft von einem anderen Eigentümer ein anderes Grundstück; - Ein Jahr nach dem Ende des Maklervertrages kommt es zu neuen Verhandlungen zwischen K und V und zu Verkauf des ursprünglichen Grundstücks von V an K; - Zwischen Auftraggeber und nachgewiesenem Verkaufsinteressenten kommt es nicht zum Vertragsabschluss. Der Auftraggeber kann dessen Grundstück dann aber in der Zwangsversteigerung erwerben.

Andererseits kann die Provisionspflicht des Auftraggebers auch ohne die Ursächlichkeit der Maklerleistung in folgenden Fällen entstehen: **138**
- Der Auftraggeber hat dem Makler einen Alleinauftrag (Rn 126) erteilt und schließt mit einem von einem anderen Makler vermittelten Vertragspartner den Vertrag.
- Der Auftraggeber hat dem Makler einen qualifizierten Alleinauftrag (Rn 132) erteilt und also vertraglich individuell (Rn 27, 131) vereinbart, dass er mit Interessenten nicht selbst verhandeln darf und alle ihm bekannt gewordenen Interessenten an den Makler zu verweisen hat. Der Auftraggeber schließt dennoch direkt mit einem Dritten den Vertrag.

2. Andere Zahlungspflichten des Auftraggebers neben einer Provision

Der Aufwendungsersatz: Normalerweise kann der Makler keinen Ersatz für **139** für seine Aufwendungen verlangen, auch dann nicht, wenn es nicht zum Abschluss des beabsichtigten Geschäftes kommt, ausgenommen eine Zahlungspflicht des Auftraggebers ist zwischen Makler und Auftraggeber individuell (Rn 27) vereinbart worden, was heute üblich ist. Eine individuelle Vereinbarung kann auch für den Fall getroffen werden, dass der beabsichtigte Vertrag nicht zustande kommt.

Die Höhe der Aufwendungen des Maklers muss sich aber an den wirklichen Aufwendungen orientieren, nämlich an den Reise-, Annoncen-, Porto- und Telefonkosten, ohne Berücksichtigung der allgemeinen Unkosten des Maklers oder seines Zeitaufwandes. Unzulässig und deshalb unwirksam ist also eine Vereinbarung, nach der vom Auftraggeber als Aufwendungsersatz ein bestimmter Prozentsatz der Provision zu zahlen ist, z. B. 10 % der Provision oder mehr, oder eines Betrages, der die wirklichen Aufwendungen weit übersteigt.

Die Reservierungsvereinbarung ist eine Vereinbarung zwischen Makler und **140** Auftraggeber, nach welcher der Makler dem Auftraggeber ein zu vermittelndes Objekt für einen bestimmten Zeitraum reserviert, also keinem anderen seiner Kunden anbietet, wofür der Auftraggeber dem Makler eine auf die spätere Provision anzurechnende Vergütung zu zahlen hat. Auch eine solche Vertragsbestimmung ist rechtswirksam, wenn sie individuell vereinbart (Rn 27) worden ist. Außerdem darf die Vergütung nicht so hoch sein, dass auf den Auftraggeber Druck zum Kauf oder Verkauf des Grundstücks ausgeübt wird. Nach der Rechtsprechung liegt die Grenze bei 10 % der Maklerprovision. Zu einer Reservierungsvereinbarung zwischen dem Verkäufer einer Immobilie und Kaufinteressent siehe Rn 104.

141   Das <u>Reugeld</u> und die <u>Vertragsstrafe</u>: Solche Vergütungen muss der Auftraggeber dem Makler nur bezahlen, wenn die betreffende Zahlungsverpflichtung individuell und in rechtsgültiger Form vereinbart worden ist. Wird nämlich durch die Zahlungsverpflichtung Druck zum Kauf oder Verkauf eines Grundstücks ausgeübt, ist eine solche Vereinbarung nur rechtswirksam, wenn sie notariell beurkundet ist (Rn 79).

Beispiel: Makler und Auftraggeber vereinbaren, dass der Auftraggeber bei Nichtzustandekommen des vorgesehenen Kaufvertrages 10.000 € oder 25 % der vereinbarten Provision zu zahlen hat. Diese Vereinbarung ist nur wirksam, wenn sie notariell beurkundet worden ist.

Eine rechtsgültig in notariell beurkundeter Form vereinbarte unangemessen hohe Vertragsstrafe kann vom Gericht herabgesetzt werden.

3. Ausschluss der Maklervergütung

142   Normalerweise darf ein Makler zwar auch für den Geschäftsgegner des Auftraggebers tätig werden. Er kann also z. B. im Auftrag des Verkäufers und des Käufers einer Immobilie verhandeln. Zur Hinweispflicht siehe Rn 128. Diese Doppeltätigkeit des Maklers ist aber nach der Rechtsprechung in folgenden Fällen unzulässig und führt zum Provisionsverlust:
-    Die Doppeltätigkeit ist dem Makler verboten, wenn das im Maklervertrag ausdrücklich steht, oder wenn sich das Verbot aus dem Maklervertrag sonst ergibt, z. B. im Falle eines Alleinauftrags oder gar qualifizierten Alleinauftrags. Dann verliert der Makler den Anspruch auf Provision und Aufwendungsersatz, wenn er für beide Vertragsparteien tätig wird.
- • Dem Verwalter einer GdWE ist eine Maklertätigkeit für den Käufer ausgeschlossen, wenn als Verwalter solcher die Zustimmung zum Verkauf des Wohnungseigentums zu erteilen hat.

Seine Vergütungsansprüche verliert der Makler nach der Rechtssprechung außerdem dann, wenn er durch vorsätzliche gar arglistige oder dem Vorsatz nahekommende grob leichtfertige Verletzungen wesentlicher Vertragspflichten den Interessen seines Auftraggebers zuwiderhandelt, z. B. Schmiergeld annimmt, oder ein günstigeres Angebot an den Auftraggeber nicht weitergibt, um das für einen eigenen Zusatzgewinn auszunützen.

Eine Bezahlung der vom Makler verdienten Vergütung kann der Auftraggeber auch verweigern, wenn die Ansprüche des Maklers verjährt sind. Die Verjährungsfrist beträgt 3 Jahre.

3. KAPITEL

Rechte an einer Immobilie und Pflichten durch die Immobilie

Die Rechte und Pflichten an der unbeweglichen Sache „Immobilie" stehen dem Alleineigentümer allein oder den Miteigentümern oder Gesamthandeigentümern (Rn 46 f.) gemeinsam zu. Letztere müssen Rechte einvernehmlich, d. h. einstimmig geltend machen und Pflichten gemeinsam erfüllen.

A. Die Rechte des Eigentümers an seiner Immobilie

Der Immobilieneigentümer darf mit seiner unbeweglichen Sache Immobilie   143

> "nach Belieben verfahren und andere von jeder Einwirkung ausschließen, soweit nicht das Gesetz oder Rechte Dritter entgegenstehen" (§ 903).

Das heißt: Es ist ihm erlaubt, was ihm nicht allgemein nach einem Gesetz oder wegen eines Rechtes einer anderen Person verboten ist. Zu beachten hat der Eigentümer zunächst folgende gesetzliche Schranken:
*   Er darf sein Eigentumsrecht nicht <u>ausschließlich</u> zu dem Zweck ausüben, einen anderen zu schädigen;
*   Bei der Ausübung seiner Rechte hat er nach dem Grundsatz von "Treu und Glauben" (§ 242) zu handeln;
*   Und bei der Ausübung seiner Rechte darf er einem anderen nicht in einer gegen die guten Sitten verstoßenden Weise Schaden zufügen.

Das „nach Belieben verfahren" berechtigt zu einer Vielzahl möglicher Handlungen, von denen die wichtigsten nachstehend unter Berücksichtigung der diesen Rechten entgegenstehenden Gesetze beschrieben werden.

Zu den Besonderheiten beim <u>Miteigentum</u> siehe Rn 198 ff.. und beim <u>Wohnungseigentum</u> im 4. Kapitel unter Rn 271 ff. und 277 ff..

I. Die Nutzung einer Immobilie

Der Eigentümer darf sein Grundstück nutzen = *"gebrauchen"* und *"Früchte ziehen"*.

1. Das Gebrauchen

Dem Eigentümer steht in erster Linie das Recht zum Besitz der Immobilie zu,   144
also das Recht, die <u>tatsächliche Herrschaft</u> auszuüben. Zu den Arten von Besitz siehe Rn 43. Hat er keinen unmittelbaren Besitz, weil z. B. sein Mieter nach Beendigung des Mietverhältnisses die Räume nicht herausgibt oder

im Fall einer widerrechtlichen Entziehung des Besitzes, hat er das Recht, die Immobilie vom unrechtmäßigen Besitzer herauszuverlangen (§ 985).

Zum „Gebrauchen" gehört auch, die Immobilie zu benutzen, z. B. zum Wohnen oder zu geschäftlichen oder zu gewerblichen Zwecken, oder nicht zu benutzen, z. B. eine Wohnung leer stehen zu lassen, oder ein Grundstück zu bepflanzen oder zu bearbeiten, zu bebauen, zu verändern, auszubessern, zu verbessern, Anlagen oder Einrichtungen zu entfernen oder herzustellen, z. B. eine Überwachungsanlage im Klingeltableau.

145 Bei der Ausübung seines Gebrauchsrechts muss der Eigentümer bestehende Gesetze oder Rechte Dritter beachten: Der Besitz kann dem Eigentümer nach Landespolizeigesetzen durch eine Beschlagnahme zeitweise entzogen werden, wobei dem Eigentümer der durch die Beschlagnahme entstehender Schaden ersetzt werden muss.

> Beispiel: Eine Gemeinde beschlagnahmt eine leerstehende oder die von einem Räumungsschuldner bewohnte Wohnung zur Vermeidung einer Obdachlosigkeit.

Pflanzen zur Herstellung von Betäubungsmitteln (z. B. Mohn) dürfen nur mit vorheriger behördlicher Erlaubnis angebaut werden, beim Anbau von Tabak hat eine Anmeldung bei der Steuerbehörde zu erfolgen, ausgenommen beim Anbau von bis zu 100 Pflanzen für den eigenen Haushalt.

146 Bei der Bepflanzung eines Grundstücks und beim Bau oder Umbau von Gebäuden oder einer Änderung deren Nutzung müssen die nachbarrechtlichen Vorschriften des Bundes (§§ 907 ff.) und des betreffenden Landes und das Naturschutzgesetz eingehalten werden. Unter Beachtung dieser Gesetze darf der Eigentümer grundsätzlich auch:

- sein Grundstück ab- oder eingrenzen, z. B. durch Einfriedungen, Pflanzen, Hecken, Zäune, Mauern (Rn 168),
- auf dem Grundstück Bäume und Büsche pflanzen oder entfernen,
- sein Grundstück erhöhen oder vertiefen, soweit dadurch das Grundstück des Nachbarn nicht rechtswidrig beeinträchtigt wird (Rn 160 f.).

147 An Vorschriften zur Ausführung bestimmter Arbeiten, die nicht oder nur zu bestimmten Zeiten erledigt werden dürfen (z. B. Feuer, Grillen, Betrieb eines offenen Kamins) gibt es z. B.:

- Die Sonn- und Feiertagsverordnung;
- Satzungen von Gemeinden;
- Die seit 1987 geltende Rasenmäherverordnung ;
- Die Verordnungen zum Verbot vom Pflanzenschutz- oder Schädlingsbekämpfungsmitteln;
- Außerdem gibt es in den Ländern Abfallbeseitigungsgesetze, welche die Verwertung von Gartenabfällen vorschreiben. Abfälle sind so zu beseitigen, dass das Wohl der Allgemeinheit nicht beeinträchtigt, die Gesund-

heit von Menschen nicht gefährdet, und Tiere, Wild, Vögel, Fische, Gewässer, Boden, Nutzpflanzen nicht schädlich beeinflusst werden.

Außerdem können die Gebrauchsrechte des Eigentümers dadurch eingeschränkt sein, dass der Eigentümer einem Dritten ein Recht, z. B. ein Erbbaurecht (Rn 185), eine Dienstbarkeit Rn 193 ff.), Mietrechte, Pachtrechte oder ein Nutzungsrecht nach DDR-Recht (Rn 51) eingeräumt hat.

2. *"Früchte ziehen"* (§ 953) bedeutet:

Der Eigentümer darf seinen Garten nutzen, Pflanzen, Früchte oder Bodenbestandteile entfernen, diese verbrauchen oder verwerten. Er kann Nutzungsentgelte von Dritten verlangen und einnehmen, z. B. Miete, Pacht.

148

Eingeschränkt kann das Recht zur Fruchtziehung durch das Naturschutzgesetz sein, das die Zerstörung, Beseitigung oder Störung von Naturdenkmalen, z. B. alter Bäume, verbietet. Außerdem können dem Eigentümer zustehende Nutzungsentgelte von einem Gläubiger im Wege der Zwangsvollstreckung gepfändet werden. Für solche Ansprüche haften dann in erster Linie die sogenannten Grundpfandrechte, deren Inhaber durch eine Zwangsverwaltung eine teilweise oder zeitweise Einschränkung dieses Rechts erreichen können, bei welcher der Eigentümer während der Beschlagnahmezeit das Recht zur Einziehung des Mietzinses zugunsten des betreffenden Gläubigers verliert..

II. Das Recht zur Bebauung und die dabei bestehenden Pflichten

Eine bauliche Anlage ist eine mit dem Erdboden verbundene und aus Baustoffen oder Bauteilen hergestellte Anlage: ein Gebäude, Schwimmbad, Parkplatz, Stellplatz, Mauer, eine Befestigung der Erdoberfläche, z. B. für einen Tennisplatz. Bei der Herstellung oder Veränderung einer solchen oder bei einer Änderung der Nutzung eines bebauten oder unbebauten Grundstücks hat der Eigentümer oder Bauherr die Vorschriften des BauGB, der LBO seines Landes und einen etwa bestehenden Bebauungsplan seiner Gemeinde zu beachten. Im BauGB sind die Voraussetzungen für die Bebaubarkeit eines Grundstücks festgelegt (§§ 29 ff. BauGB). In den LBO der Länder ist geregelt, für welche baulichen Anlagen oder Nutzungen eine Genehmigung beantragt werden muss und welche Vorschriften bei der Durchführung eines Bauvorhabens eingehalten sein müssen. In einem Bebauungsplan (§§ 8 ff. BauGB) können die Gemeinden für ihr Gebiet die Art und das Maß der baulichen Nutzung eines Grundstücks festlegen, ebenso auch Vorschriften für Grenzeinrichtungen, z. B. eines Zaunes, einer Mauer, Hecke.

149

In Ausnahmefällen kann auch eine Pflicht zur Bebauung eines Grundstücks bestehen (Rn 181).

1. Genehmigung für bauliche Maßnahmen und Nutzungsänderungen

150 Eine bauliche Maßnahme ist die Errichtung oder Änderung oder die Nutzungsänderung einer baulichen Anlage. Eine Nutzungsänderung ist es, wenn eine bauliche Anlage oder ein unbebautes Grundstück zu anderen Zwecken als bisher genutzt werden soll, z. B. eine Garage als Pferdestall, oder als Verkaufsraum, eine Werkstatt als Wohnraum, oder eine Wohnung zu geschäftlichen oder gewerblichen Zwecken.

Eine bauliche Anlagen herstellen oder ändern, sie z. B. umbauen, darf man in der Regel erst, wenn eine Genehmigung beantragt und diese von der Baurechtsbehörde erteilt worden ist. Keine Genehmigung braucht man für nur untergeordnete oder unbedeutende Anlagen. Das sind im Land von Baden-Württemberg z. B. Gebäude ohne Aufenthaltsräume, Toiletten oder Feuerstellen bis 15 cbm umbauten Raum; - Schwimmbecken innerhalb der geschlossenen Ortslage mit einem Fassungsvermögen bis zu 50 cbm; - Blitzschutzanlagen; - Aufschüttungen oder Abgrabungen bis zu einem Rauminhalt von 200 cbm und einem Höhenunterschied von 2 m.

Bei einer geplanten Nutzungsänderung ist eine Genehmigung erforderlich, wenn für die neue Nutzung weitergehende Anforderungen als bisher gestellt werden. Eine Werkstatt oder Büroräume müssen z. B. andere Erfordernisse aufweisen als Wohnräume. Andererseits muss in Gemeinden mit großer Wohnungsnot das Gesetz gegen die Zweckentfremdung beachtet werden, wenn solche zu anderen als zum Wohnen genutzt werden sollen.

2. Die Bebaubarkeit eines Grundstücks

151 Das Recht zur Durchführung eines Bauvorhabens auf seinem Grundstück hat der Eigentümer oder mit seinem Einverständnis ein Dritter, wenn das beabsichtigte Vorhaben auf seinem Grundstück zulässig ist. Durch eine Bauvoranfrage kann der Eigentümer vor Einreichung eines Bauantrages die Zulässigkeit klären lassen, die davon abhängt, wo das Grundstück liegt, ob für dieses ein Bebauungsplan (§§ 8 ff. BauGB) besteht oder nicht.

Besteht ein Bebauungsplan, ist die Bebauung des Grundstücks zulässig, wenn die folgenden beiden Voraussetzungen gegeben sind:
- Die geplante Maßnahme darf den Festlegungen des Bebauungsplanes nicht widersprechen, z. B. muss eine vorgeschriebene ein- oder zweigeschossige Bauweise eingehalten werden usw..
- Die Erschließung des Grundstücks muss gesichert sein, es muss z. B. einen Zugang zur öffentlichen Straße und eine Entwässerungsmöglichkeit bestehen.

Besteht kein Bebauungsplan, hängt die Zulässigkeit einer geplanten Baumaßnahme davon ab, ob das Grundstück innerhalb oder außerhalb der "im Zusammenhang bebauten Ortsteile" liegt. Welche Grundstücke des Gemeindegebiets innerhalb oder außerhalb der im Zusammenhang bebauten Ortsteile liegen, kann jede Gemeinde in einer Satzung festlegen (§ 34 Abs. 4 BauGB).

Die Bebauung eines <u>innerhalb</u> der im Zusammenhang bebauten Ortsteile liegenden Grundstücks ist zulässig, wenn die beiden folgenden Voraussetzungen gegeben sind (§ 34 BauGB):
- Das Bauvorhaben muss sich nach Art und Maß der baulichen Nutzung und Bauweise in die Eigenart der näheren Umgebung einfügen.
  Beispiele: Liegt das Grundstück inmitten von Einfamilienhäusern, darf kein Hochhaus gebaut werden; - in einem reinen Wohngebiet darf keine Schlosserei gebaut werden.
- Die Erschließung des Grundstücks (Zugang und Entwässerungsmöglichkeit) ist gesichert.

Die Bebauung eines nicht unter einen Bebauungsplan fallenden <u>außerhalb</u> der im Zusammenhang der bebauten Ortsteile, also im "Außenbereich" liegenden Grundstücks ist nur zulässig, wenn u. a. folgende Voraussetzungen gegeben sind (§ 35 BauGB):
- Es muss eine ausreichende Erschließung gesichert sein, das Bauvorhaben muss bestimmten Zwecken dienen, z. B. einem landwirtschaftlichen Betrieb, zu Wohnzwecken für einen Landwirt, der seinen Betrieb übergibt, dem Fernmeldewesen, der Stromerzeugung, der Abwasserwirtschaft.
- Dem Bauvorhaben dürfen keine öffentlichen Belange entgegenstehen, z. B. darf es nicht einem für das Gebiet bestehenden Flächennutzungsplan widersprechen, keine schädlichen Umwelteinwirkungen hervorrufen, nicht unwirtschaftliche Aufwendungen für Straßen und Versorgungseinrichtungen erforderlich machen, die Wasserwirtschaft nicht gefährden, Belange des Naturschutzes und der Landschaftspflege nicht beeinträchtigen, das Orts- oder Landschaftsbild nicht verunstalten. Insbesondere darf das Bauvorhaben nicht eine Splittersiedlung entstehen lassen, verfestigen oder erweitern.

3. *Der Bauantrag*

muss vom Bauherrn bei der für das Grundstück zuständigen Baurechtsbehörde (Gemeinde, Landratsamt) schriftlich gestellt werden. Die dafür bestehenden Vorschriften stehen in der LBO des betreffenden Landes. Mit dem Bauantrag müssen alle zur Beurteilung erforderlichen Unterlagen, die sogenannten <u>Bauvorlagen</u>, eingereicht werden, worauf die Baurechtsbehörde prüft, ob die für eine Genehmigung erforderlichen Voraussetzungen gegeben sind, also
- ob das Grundstück bebaubar ist;
- ob das geplante Bauvorhaben den Vorschriften der betreffenden LBO entspricht, z. B. seine Anordnung auf dem Grundstück, über Abstands-

152

flächen, Anforderungen an die baulichen Anlagen, nämlich Gestaltung, Standsicherheit, Erschütterungs- , Wärme-, Schallschutz, gegen Feuchtigkeit, Brand, Verkehr, Baustoffe, Bauteile, Wände, Decken, Dächer, Treppen, Aufzüge, Rettungswege, haustechnische Anlagen, Feuerungsanlagen, Aufenthaltsräume, Wohnungen, Stellplätze, Garagen, Ställe;

- ob für das Bauvorhaben die nach der betreffenden LBO für die Einhaltung öffentlichrechtlicher Vorschriften und Anordnungen verantwortlichen Personen vorhanden sind, nämlich:

  - Ein <u>geeigneter Planverfasser</u> z. B. ein Architekt oder - soweit der Architekt nicht sachkundig ist - ein Sachverständiger oder Statiker. Ausnahmen davon gibt es nach den LBOen bei kleinen Wohngebäuden und anderen kleinen gewerblichen Gebäuden oder Garagen;

  - Ein <u>geeigneter Unternehmer</u> = Baufachbetrieb, ausgenommen das Bauvorhaben soll in Eigenleistung und Nachbarschaftshilfe erstellt werden, wobei dann aber mindestens ein Facharbeiter mit Sachkunde beteiligt sein muss;

  - Ein <u>geeigneter Bauleiter</u>. Auch hier gelten bei kleinen oder geringfügigen Bauvorhaben Ausnahmen, z. B. für ein Gartenhaus, eine Schutzhütte oder Kleingarage.

Die Geeignetheit hängt insbesondere von der Größe oder Schwierigkeit des Bauvorhabens ab (Hochhaus, großes Wohnhaus, Fabrikgebäude).

4. Die Baugenehmigung

153 Wenn alle geschilderten Vorschriften eingehalten sind, muss der Bauantrag von der Baurechtsbehörde mit oder ohne Auflagen genehmigt werden. Bei rechtswidriger Versagung der Genehmigungen kann für den Bauherrn ein Amtshaftungsanspruch bestehen (§ 839). Andrerseits können bei Erteilung der Baugenehmigung Eigentümer von Nachbargrundstücken – nicht etwa von Mietern - Anfechtungsklage beim Verwaltungsgericht erheben, wenn sie durch die Genehmigung in ihren Rechten verletzt werden, wenn z. B. öffentlich rechtlich festgelegte Abstände nicht eingehalten werden. Zu beachten ist aber, dass Baulinien oder –grenzen nur dann eine nachbarschützende Wirkung haben, wenn das vom Planungsträger bei der Festsetzung so gewollt war. Dagegen muss die Baurechtsbehörde Private Rechte Dritter, z. B. Vereinbarungen zwischen Nachbarn, nicht berücksichtigen. Hier muss sich der Dritte gegen den Bauherrn erforderlichenfalls im Zivilrechtsweg (Rn 385 ff.) wehren.

Ist die Genehmigung rechtskräftig oder vollziehbar, bekommt der Bauherr von der Baurechtsbehörde einen Baufreigabeschein oder einen Teilfreigabeschein für einen bestimmten Bauabschnitt und darf dann mit der Ausführung des Bauvorhabens beginnen. Ist mit den Arbeiten nicht innerhalb einer bestimmten Frist, in der Regel drei Jahre, begonnen worden, verliert die Baugenehmigung ihre Rechtswirkung. Zum Verfahren siehe auch Rn 405.

Die Baurechtsbehörde hat auch das Recht und die Pflicht, nach Fertigstellung des Rohbaus und bei der Schlussabnahme die Einhaltung der öffentlichen Vorschriften und Anordnungen zu überprüfen.

5. Das Recht auf Entschädigung nach §§ 39 ff. BauGB

In bestimmten Fällen kann der Eigentümer eines Grundstücks von der Gemeinde eine Entschädigung verlangen (§§ 39 ff. BauGB), nämlich: 154

- Wenn der Eigentümer im Vertrauen auf die Geltung eines Bebauungsplanes zur Vorbereitung der Nutzungsmöglichkeit seines Grundstücks Aufwendungen gemacht hat und der Bebauungsplan danach geändert, ergänzt oder aufgehoben wird und die Aufwendungen des Eigentümers dadurch an Wert verlieren.

  Beispiel für solche Aufwendungen: Kosten für Bodenuntersuchung; - Planungskosten beim Architekten.

- Werden im Bebauungsplan Flächen für den Gemeindebedarf, für den Wohnbedarf bestimmter Personengruppen, für Verkehrsflächen, Versorgungsflächen, Grünflächen oder Flächen für Gemeinschaftsanlagen festgesetzt, kann der Eigentümer unter bestimmten Voraussetzungen eine Entschädigung oder die Übernahme dieser Flächen gegen Entschädigung verlangen.

III. Die Verwaltung der Immobilie

Der Eigentümer darf seine Immobilie verwalten, also alle Maßnahmen zur Erhaltung, Verbesserung und Nutzung der Immobilie treffen:

1. Die Regelung von Nutzung und Früchte ziehen

Der Eigentümer darf bestimmen, wie seine Immobilie genutzt oder benutzt   155
wird. Er darf sie an Dritte überlassen, z. B. vermieten, verpachten. Dem WoBindG unterliegende (öffentlich geförderte) Wohnungen darf der Eigentümer nur an einen nach diesem Gesetz Berechtigten zur Miete überlassen. Bei der Verpachtung von landwirtschaftlichen Grundstücken müssen die für die Landpacht geltenden Vorschriften beachtet werden, nach denen eine Anzeigepflicht beim Landwirtschaftsamt besteht, das unter Umständen auch eine Vertragsänderung verlangen kann.

Darunter fällt auch, dass der Eigentümer das Grundstück vom Nutzer oder unmittelbaren Besitzer (Rn 43) herausverlangen kann (§ 985), ausgenommen der Besitzer ist zum Besitz des Grundstücks berechtigt ist, wie z. B. der Mieter während der Mietzeit oder der Dienstbarkeitsberechtigte. Bei der Kündigung einer Wohnung sind die zum Schutze des Mieters bestehenden Vorschriften des BGB (§§ 549 ff.) zu beachten.

2. Die Verwertung der Immobilie

156   Darunter fällt insbesondere das Recht des Eigentümers, seine Immobilie zu belasten, wegzugeben oder zu behalten.

Belasten bedeutet, eine "Last" übernehmen oder jemanden ein Recht an der Immobilie einräumen.

Zu den Lasten gehört die nach den Bauordnungen der Länder mögliche Baulast. Sie wird nicht im Grundbuch eingetragen, allenfalls in das bei den Gemeinden geführte Baulastenbuch. Näheres zur Baulast siehe Rn 184.

Auch ein Nutzungsrecht in Form eines Erbbau- oder Erbpachtrechtes kann der Eigentümer einem Dritten einräumen, ferner bestimmte Rechte wie ein Vorkaufsrecht, Wiederkaufsrecht, Ankaufsrecht oder eine Dienstbarkeit. Ebenso kann der Eigentümer einem Gläubiger zur Absicherung dessen Forderung gegen ihn dingliche Rechte einräumen, z. B. eine Hypothek, Grundschuld oder Rentenschuld. Zu diesen Rechten finden Sie alles nähere unter Rn 189 ff.. Alle diese Rechte werden im Grundbuch des Eigentümers für das belastete Grundstück unter Abteilung II oder III eingetragen.

Einem Verkauf oder einer Schenkung können Genehmigungs- oder Zustimmungserfordernisse (Rn 85, 224) entgegenstehen. Verlieren kann der Eigentümer seine Immobilie bei einer Enteignung, die aber nur zum Wohle der Allgemeinheit unter Entschädigung des Eigentümers zulässig ist, wenn das Grundstück zur Erfüllung öffentlicher Aufgaben benötigt wird, oder z. B. bei einer Umlegung oder Flurbereinigung. Außerdem kann der Eigentümer das Eigentum an seinem Grundstück durch eine Zwangsversteigerung (Rn 413 ff.) oder durch ein gegen ihn durchgeführtes Insolvenzverfahren verlieren. Andererseits gibt es auch Fälle, in denen der Eigentümer von einer staatlichen Behörde die Übernahme seines Grundstücks verlangen kann, z. B. nach einem Denkmalschutzgesetz oder Naturschutzgesetz.

Will der Eigentümer sein Grundstück in zwei oder mehrere Grundstücke teilen, ist dazu meist eine Genehmigung der Gemeinde (Rn 39) erforderlich.

Zum Verwaltungsrecht der Miteigentümer eines Grundstücks siehe Rn 198 ff. und der Wohnungs- und Teileigentümer Rn 225 ff..

IV. Die Abwehr rechtswidriger Einwirkungen auf die Immobilie

Über vom Eigentümer hinzunehmende Einwirkungen auf sein Grundstück erfahren Sie alles bei den Duldungspflichten unter Rn 174 ff. Hier geht es darum, welche Rechte dem Eigentümer gegen rechtswidrige Beeinträchtigungen seines Eigentums zustehen. Sie sind je nach Art und Umfang einer Beeinträchtigung verschieden:

1. Die Entziehung oder Störung des Besitz- und Eigentumsrechts

Rechtswidrige Eingriffe in die Rechte des Eigentümers an seiner Immobilie 157
sind eine völlige Entziehung des Besitzes oder Störungen desselben.

Unter eine <u>völlige Entziehung</u> des Besitzes fällt beispielsweise:
>   Jemand zieht in eine leere Wohnung des Eigentümers ein (Hausbeset-
>   zung); - der Zugang zur Immobilie oder eines Teils derselben wird un-
>   möglich gemacht.

Eine <u>teilweise Besitzentziehung</u> oder zumindest eine rechtswidrige Störung
ist z. B. gegeben:
>   Ein dazu nicht Berechtigter stellt sein Fahrzeug auf dem Grundstück des
>   Eigentümers ab; - jemand leitet Wasser auf das Nachbargrundstück, z. B.
>   durch eine Dachrinne oder Betonrinne; - ein kranker Baum des Nach-
>   barn fällt auf das Grundstück des Eigentümers; - der Nachbar errichtet
>   einen Zaun oder eine Mauer in einem gesetzwidrigen Abstand zur
>   Grundstücksgrenze oder pflanzt dort Bäume oder Sträucher; - Haustiere
>   oder fremde Personen betreten das Grundstück des Eigentümers oder
>   lagern Sachen ab. Zum etwaigen Betretungsrecht Dritter siehe Rn 176.

Gegen eine <u>drohende</u> Besitzbeeinträchtigung darf sich der Eigentümer sogar mit Gewalt wehren (§ 859 Abs. 1).
>   Beispiel: Der Eigentümer kommt dazu, wie jemand gerade im Begriff ist,
>   in eine leere Wohnung seines Hauses einzuziehen. Er darf sich dem mit
>   Gewalt widersetzen; - jemand will in einen Garten eindringen. Der Ei-
>   gentümer darf ihn mit Gewalt daran hindern.

Die Gewaltanwendung darf aber nicht über das gebotene Maß hinausge-
hen, man darf also jemand nicht krankenhausreif schlagen, nur weil er über
einen Rasen läuft.

Wenn eine Entziehung oder Beeinträchtigung des Besitzes an der Immobilie
<u>gerade erst eingetreten</u> ist, darf der Eigentümer sich **sofort** nach der Besitz-
entziehung mit Gewalt wieder in den uneingeschränkten Besitz seines
Grundstücks setzen (§ 859 Abs. 3).
>   Beispiel: A sieht, wie ein Fremder ein Fahrzeug auf dem A gehörenden
>   Abstellplatz abstellt, abschließt und weggeht. A darf das Fahrzeug durch
>   den Abschleppdienst wegfahren lassen. Bemerkt A jedoch erst nach
>   Stunden (in einem gerichtlich entschiedenen Fall nach mehr als 4 Stun-
>   den), dass ein fremdes Fahrzeug auf seinem Platz abgestellt ist, darf er
>   das Fahrzeug nicht mehr abschleppen lassen, sondern eine mögliche ob-
>   rigkeitliche Hilfe (Polizei, Gericht) in Anspruch nehmen.

Ebenso ist eine Selbsthilfe zulässig, wenn "obrigkeitliche Hilfe" nicht zu er-
langen ist und ohne ein sofortiges Eingreifen der Anspruch des Eigentümers
vereitelt oder wesentlich erschwert wäre (§ 229).

Beispiel: A will seinen Wagen aus der Garage holen, um mit dem Autoreisezug nach Italien zu fahren. Er darf das rechtswidrig geparkte Fahrzeug entfernen oder entfernen lassen, um rechtzeitig den Autoreisezug zu erreichen.

2. Eindringende Wurzeln und überhängende Zweige

158   Wenn Wurzeln von Bäumen oder Sträuchern des Nachbargrundstücks in sein Grundstück eindringen, darf der Eigentümer diese im Wege der Selbsthilfe abschneiden und behalten, ausgenommen, die eingedrungenen Wurzeln beeinträchtigen sein Grundstück nicht (§ 910 Abs., S. 1). Er kann aber vom Nachbarn verlangen, dass er die Wurzeln auf seine Kosten beseitigt, ebenso in sein Grundstück überhängende Zweige, die soweit zurückgeschnitten werden müssen, dass sie bei der nächsten Wachstumsphase nicht wieder über die Grenze reichen. Selbst zurückschneiden darf der Eigentümer Zweige aber im Gegensatz zu Wurzeln erst, wenn er den Nachbarn zunächst vergeblich zur Beseitigung aufgefordert hat.

Behalten darf der Eigentümer auf sein Grundstück gefallene Früchte (§ 911). Nicht zurückschneiden darf man Wurzeln oder Äste eines Baumes, wenn das nach Baumschutzsatzungen oder dem Naturschutzgesetz verboten ist.

3. Überbau und Überbaurente (§ 912 ff.)

159   Ein besonderer Fall einer rechtswidrigen Störung des Eigentums ist ein „Überbau", wenn jemand bei der Errichtung eines Gebäudes über die Grenze teilweise das Nachbargrundstück bebauen lässt, ohne dass der Nachbar damit einverstanden war, oder wenn eine Mauer oder ein Gebäude zum Nachbargrundstück hin über die Grenze hinaus erweitert wird oder sich hinüberneigt, z. B. wenn auf eine an der Grenze stehende Hausmauer eine 15 cm dicke in das Nachbargrundstück hineinragende Dämmung angebracht wird.

Die Beseitigung eines solchen Überbaus kann der beeinträchtigte Eigentümer vom Nachbarn verlangen, wenn eine der beiden nachstehenden Voraussetzungen gegeben ist:

(1) Der Nachbar hat das Grundstück des Eigentümers vorsätzlich oder grob fahrlässig überbaut. Grob fahrlässig handelt z. B. der Bauherr, wenn er im Bereich der Grundstücksgrenze baut und sich nicht vorher, gegebenenfalls mit Hilfe eines Vermessungsingenieurs vergewissert, wo die Grenze verläuft. Ebenso ist bei einer späteren Änderung des Gebäudes eine grobe Fahrlässigkeit gegeben, weil der Eigentümer eines Grundstücks wissen muss, wo die Grenze ist. Auch vorsätzliches oder grob fahrlässiges Handeln seines Architekten muss sich der überbauende Nachbar zurechnen lassen, nicht dagegen ein alleiniges Verschulden des Bauunternehmers.

Beispiel: Bauherr oder Architekt klären den Bauunternehmer über den Grenzverlauf nicht richtig auf; - Bauherr oder Architekt weisen die mit den Bauarbeiten beauftragten Personen an, die 30 cm breite Grenzmauer auf der Grenze und also teilweise auf dem Nachbargrundstück zu errichten.

(2) Der beeinträchtigte Eigentümer <u>widerspricht vor oder sofort nach</u> einer Überbauung. Sofort bedeutet, dass nach objektiv erkennbarer Überbauung so rechtzeitig widersprochen wird, dass der Überbau noch ohne erhebliche Zerstörung beseitigt werden kann. In diesem Fall ist es gleichgültig, ob die Überbauung verschuldet worden ist oder nicht.

Beispiel: A beauftragt seinen Bauunternehmer mit der behördlich genehmigten Herstellung einer Garage entlang der Grenze zum Grundstück des B. Vor Beginn der Arbeiten lässt A durch einen Vermessungsingenieur den genauen Grenzverlauf feststellen. Der Bauunternehmer entfernt ohne Wissen des A die angebrachten Grenzzeichen und stellt das Fundament für die Grenzmauer auf dem Grundstück des B her. Wenn B den Fehler sofort nach Arbeitsbeginn bemerkt und dem Überbau widerspricht, muss er den Überbau nicht dulden, selbst wenn weder Nachbar noch dessen Architekt ein Verschulden trifft. Bemerkt B den Überbau dagegen erst nach einem oder zwei Tagen, wenn die Grenzmauer schon fast fertig ist, oder widerspricht er erst dann, muss er den Überbau dulden, ausgenommen es ist ein Verschulden des Nachbarn oder seines Architekten wie unter (1) gegeben.

Ist keine der beiden Voraussetzungen gegeben, muss der Eigentümer des überbauten Grundstücks den Überbau dulden, kann aber vom jeweiligen Eigentümer des Nachbargrundstücks eine Überbaurente verlangen (§ 912 Abs. 2), die jeweils jährlich im voraus zu zahlen ist. Zu bemessen ist diese nach einer angemessenen Verzinsung des Verkehrswertes der überbauten Fläche. Außerdem kann der beeinträchtigte Eigentümer jederzeit verlangen, dass der Nachbar ihm die überbaute Fläche zu dem Betrag abkauft (§ 915), der dem Wert der überbauten Fläche im Zeitpunkt des Überbaus entspricht. Ab Eigentumsüberschreibung an der Fläche entfällt dann die Überbaurente.

4. Vertiefung oder Erhöhung des Grundstücks

Der Eigentümer kann sein Grundstück vertiefen oder absenken, soweit das nach den Baugesetzen des Bundes und der Länder zulässig ist, z. B. durch ein Bohrloch, eine Abgrabung oder einen Aushub. Er muss aber durch entsprechende Maßnahmen dafür sorgen, dass ein anderes - auch ein etwa nicht unmittelbar angrenzendes - Grundstück dadurch weder in der Waagrechten noch in der Senkrechten seine Stütze verliert, z. B. durch eine

160

Spundwand (§ 909). Die Maßnahmen müssen gewährleisten, dass das andere Grundstück sowohl während der Vertiefungsarbeiten als auch während einer weiteren Dauer der Vertiefung nicht die Stütze verlieren kann. Welche wirksame Maßnahme er treffen will, entscheidet der Vertiefende.

Verliert ein Grundstück durch eine unzulässige oder sogar behördlich zugelassene Vertiefung eines anderen Grundstücks seine Stütze, kann der Eigentümer des beeinträchtigten Grundstücks vom Störer die Beseitigung und Schadenersatz verlangen, z. B. die Kosten für die Wiederherstellung des vorher bestehenden Zustands, also der Wiederherstellung der Standfestigkeit eines Gebäudes oder für einen etwa erforderlichen Wiederaufbaus.

161   Für den Fall einer Erhöhung des Grundstücks enthält das BGB keine ausdrückliche Regelung wie bei der Vertiefung. Dagegen finden sich dazu entsprechende Vorschriften in den Nachbarrechtsgesetzen der Länder. Nach der Rechtssprechung kann der Eigentümer sein Grundstück erhöhen, wenn das in einem genügend großen Abstand zum Nachbargrundstück geschieht, oder wenn er Vorkehrungen gegen eine Schädigung des Nachbargrundstücks durch Absturz oder Pressung getroffen hat. Welche wirksame Vorkehrungen zu treffen sind, entscheidet der Erhöhende.

5. Schäden durch abstürzende Teile oder gefahrdrohende Anlagen

162   Droht einem Grundstück die Gefahr, dass es durch Absturz eines Gebäudes oder Werkes des Nachbargrundstücks oder durch Teile eines solchen beeinträchtigt wird, kann der Eigentümer des gefährdeten Grundstücks verlangen, dass der Nachbar oder Besitzer des anderen Grundstücks die zur Abwendung der Gefahr erforderlichen Vorkehrungen trifft (§ 908). Er muss also die Beeinträchtigung hier nicht abwarten. Ist diese eingetreten, kann der Eigentümer die Beseitigung der Beeinträchtigung oder im Falle eine Verschuldens des Störers einen entstandenen Schaden erstattet (§§ 836 f.) verlangen.

Beispiele: Steine, Dachziegel, Kaminteile, abbrechende Mauerteile, Fensterläden fallen vom Nachbargrundstück auf das Grundstück des Eigentümers.

163   Ebenso kann der Eigentümer eines Grundstücks verlangen, dass auf dem Nachbargrundstück keine Anlagen hergestellt oder gehalten werden (§ 907), bei denen mit Sicherheit vorauszusehen ist, dass durch deren Bestand oder Benutzung unzulässige Einwirkungen auf sein Grundstück erfolgen.

Beispiele: Sprengstofffabrik; - Bedürfnisanstalt.

Sind bei der Herstellung der Anlage jedoch die vorgeschriebenen Grenzabstände oder andere vorgeschriebene Schutzmaßregeln eingehalten oder erfüllt, kann der Eigentümer erst dann verlangen, dass die Anlage nicht mehr gehalten wird, wenn eine unzulässige Einwirkung auch eingetreten ist.

6. Die Einwirkung von Immissionen (§ 906)

Unter Immissionen versteht man von außen auf ein Grundstück einwirken-
de sogenannte "unwägbarer Stoffe", z. B. Gase, Dämpfe, Gerüche, Rauch,
Ruß, Staub, Wärme, Erschütterungen, Geräusche, Einstrahlungen und ähnliche Einwirkungen. Ob der Eigentümer solche Immissionen verbieten kann,
hängt hauptsächlich davon ab, ob sie die Benutzung seines Grundstücks
wesentlich oder nur unwesentlich beeinträchtigen.

In jedem Fall, ob sie sein Grundstück nun wesentlich oder nur unwesentlich
beeinträchtigen, kann der Eigentümer Immissionen immer verbieten, wenn
solche seinem Grundstück durch eine besondere Leitung zugeführt werden
(§ 906 Abs. 3), oder wenn sie nach den Bedingungen der Baugenehmigung
verboten sind.

> Beispiel: Vom Nachbargrundstück werden Rauch oder Gase durch ein
> Rohr zugeführt; - in der Genehmigung zur Nutzung eines Gebäudes für
> Ballettunterricht ist festgelegt, dass die Fenster während des Unterrichts
> geschlossen bleiben müssen. Der Nachbar kann darauf bestehen, dass
> die Fenster auf jeden Fall während einem Ballettunterricht geschlossen
> bleiben, auch wenn er durch Geräusche bei offenem Fenster nur unwe-
> sentlich beeinträchtigt wäre.

Ansonsten kann der Eigentümer Immissionen dann nicht verbieten, wenn
sie sein Grundstück nur unwesentlich beeinträchtigen. Ob das der Fall ist,
hängt vom Empfinden eines verständigen Durchschnittsbenutzers des
betreffenden Grundstücks ab, ob z. B. bei einem Wohngrundstück das
Wohnen durch die Immission an Annehmlichkeit verliert oder ein Grundstück an Wert verliert. Außerdem wird eine unwesentliche Beeinträchtigung
in der Regel angenommen, wenn in Gesetzen oder Verordnungen festgelegte Grenz- oder Richtwerte für solche Einwirkungen eingehalten werden
(§ 906 Abs. 1, S. 2 und 3).

Auch wesentlich beeinträchtigende Immissionen kann der Eigentümer nicht
verbieten, wenn solche durch eine ortsübliche Nutzung entstehen oder
durch wirtschaftlich zumutbare Maßnahmen nicht verhindert werden können (§ 906 Abs. 2, S. 1). Wenn der Eigentümer solche wesentlich beeinträchtigende Immissionen nicht verbieten kann, muss der die Immissionen
verursachende Nachbar eine Ausgleichzahlung leisten, wenn der Eigentümer „über das zumutbare Maß hinaus beeinträchtigt" wird (§ 906 Abs. 2.).

> Beispiele aus der Rechtssprechung für eine wesentliche Beeinträchti-
> gung, bei der eine Ausgleichszahlung festgelegt wurde: Ein Rückstand
> von Unkrautvertilgungsmitteln im Niederschlagswasser; - Erheblicher
> Laub-, Blüten- oder Samenbefall, z. B. 14 L Blüten einer Birke im Früh-
> jahr, oder 24 Abfallsäcke Nadeln jährlich von einer Kiefer; - 13 Stunden
> erforderliche Reinigungsarbeit an einer Dachrinne im Jahr; - Das Grund-
> stück wird durch zulässige Rammarbeiten oder einen Brand auf dem

Nachbargrundstück geschädigt; - Erhebliche Bauarbeiten, wenn z. B. in der Stadtmitte ein Haus abgerissen und neu erstellt wird, weshalb Nachbarn mehrere Monate keinen Zugang oder eine versperrte Sicht auf ihr Geschäft hinnehmen müssen.

Im zuletzt genannten Beispiel wurde dem beeinträchtigten Eigentümer z. B. eine Entschädigung in Höhe von 50 % des ihm entgangenen Gewinns zugesprochen. Weitere Beispiele für zu duldende Immissionen finden Sie auch unter Rn 177.

In allen anderen Fällen, in denen ein Grundstück durch Immissionen <u>wesentlich beeinträchtigt</u> wird, die <u>nicht</u> bei einer ortsüblichen Nutzung entstehen oder durch andere Maßnahmen verhindert werden können, kann der Eigentümer die Immissionen verbieten. Ein Eigentümer, der mehrfach von Bienen gestochen wurde und eine Allergie gegen Bienen hat, kann z. B. nach einer Gerichtsentscheidung einen Bienenstand auf dem Nachbargrundstück verbieten, weil eine Verlegung des Bienenstandes wirtschaftlich zumutbar ist.

7. Grenzzeichen, Grenzanlagen, Grenzbaum, Grenzeinrichtungen

165 Fehlt an einer Grundstücksgrenze ein <u>Grenzzeichen</u> oder ist dieses nicht mehr erkennbar, kann der Eigentümer vom Eigentümer des benachbarten Grundstücks die Mitwirkung an der Wiederherstellung der Grenzzeichen nach dem für die Grundstücke geltenden Abmarkungsverfahren verlangen (§ 919 f.). Die entstehenden Kosten haben die Eigentümer zu gleichen Teilen zu tragen. Eine Ausnahme davon gilt dann, wenn die Eigentümer über die Kosten eine andere Vereinbarung treffen oder wenn ein Eigentümer schuldhaft ein Grenzzeichen entfernt oder unkenntlich gemacht hat.

166 <u>Grenzanlagen</u> sind von den Eigentümern aneinander angrenzenden Grundstück irgendwann gemeinsam geschaffene Einrichtungen, die dem Vorteil beider Grundstücke dienen, z. B. ein Zwischenrain, Rain, Winkel, Graben, eine Mauer, Hecke, Planke. Diese dürfen von beiden Eigentümern benutzt werden (§ 921 f.). Das gilt also für eine Grenzmauer, die auf der Grenze steht, nicht dagegen für eine Mauer, die der Eigentümer auf seinem Grundstück bis an die Grenze hin erstellt hat. Auch ein Weg kann eine gemeinsame Grenzanlage sein, wenn er auf beiden Grundstücken liegt oder sich wenigstens teilweise über die Grenze erstreckt. Ebenso kann eine auf beiden Grundstücken stehende Giebelmauer eine Grenzanlage sein. Soweit und solange einer der Nachbarn auf die Nutzung der Giebelwand verzichtet, darf der andere z. B. eine Maßnahme zur Wärmedämmung der Wand durchführen.

Beispiel: Das 2 Stockwerke hohe Gebäude des A und das 4 Stock hohe Gebäude des B trennt eine gemeinsame Giebelmauer. A nutzt diese nur

2 Stockwerke hoch. B darf dann die Giebelwand an der Außenseite über dem Gebäude des A dämmen.

Eine gemeinsame Grenzanlage darf ein Eigentümer aber nicht gegen den Willen des Nachbarn schaffen. Ohne Einverständnis beider Eigentümer kann eine Grenzmauer also nicht auf die Grenze sondern nur auf das eigene Grundstück entlang der Grenze gesetzt werden.

Ein mit seinem Stamm auf der Grenze stehender Baum oder Strauch ist ein Grenzbaum (§ 923). Bei ihm kommt es nicht darauf an, ob er von den Nachbarn gemeinsam gepflanzt worden ist. Trägt er Früchte, gehören diese oder das Holz, wenn er gefällt wird, beiden Nachbarn zu gleichen Teilen. Jeder Nachbar kann in der Regel verlangen, dass der Baum oder Strauch entfernt wird.   167

Grenzeinrichtungen, also z. B. Einfriedungen, Mauern, Zäune oder Hecken usw. darf der Eigentümer auf seinem Grundstück schaffen und pflanzen, wenn er dabei die in den Nachbarrechtsgesetzen der Länder vorgeschriebenen Abstände einhält. Nach dem Baden-württembergischen Nachbarrechtsgesetz gilt z. B. für innerhalb der geschlossenen Ortslage geschaffene Grenzeinrichtungen, dass tote Einfriedungen (Mauern, Zäune) direkt an der Grenze nur bis 1,50 m hoch sein dürfen. Bei einer in Hanglage gepflanzten Hecke wird deren Höhe vom größeren Grundstück aus gemessen. Sind sie höher, müssen sie um das Mehrmaß von der Grenze entfernt sein. Hecken bis zu einer Höhe von 1,80 m müssen 50 cm von der Grenze weg gepflanzt werden, wobei der Abstand von der Grenze zur Pflanze gemessen wird, wo sie aus dem Boden kommt. Soll die Hecke höher werden, müssen die Pflanzen um das Mehrmaß weiter weg.   168

Andererseits kann der Eigentümer von seinem Nachbarn verlangen, eine Einfriedung oder Pflanzen zur entfernen, die unter Verletzung vorgeschriebener Abstände hergestellt oder gepflanzt worden sind.

8. Zulässige Maßnahmen gegen rechtswidrige Beeinträchtigungen

Selbstverständlich kann der Eigentümer auf seinem Grundstück alle Maßnahmen ergreifen, um dieses vor einer Beeinträchtigung zu schützen. Er kann sein Grundstück mit einer nach dem Nachbarrechtsgesetz seines Landes und nach einem etwa bestehenden Bebauungsplan zulässigen Grenzeinrichtung versehen, z. B. mit einer Mauer, Bepflanzung oder einem Zaun. Eine Zufahrt oder einen Zugang kann er verschließen.   169

Ist eine nicht hinzunehmende Beeinträchtigung seines Eigentums eingetreten und dauert sie fort, kann der Eigentümer außer den unter Rn 157 f. geschilderten Selbsthilferechten vom Störer auf dessen Kosten die Beseitigung der Störungsursache und Wiederherstellung des alten Zustands verlangen (§ 1004), z. B. die Beseitigung eines Überbaus (Rn 159) oder einer gefahrdrohenden Anlage (Rn 162) oder von Immissionen (Rn 164) oder die Wie-   170 derherstellung der Standfestigkeit seines Grundstücks nach Vertiefungsarbeiten (Rn 160). Geschieht das trotz Setzung einer angemessenen Frist nicht, kann der Eigentümer die Arbeiten auf Kosten des Störers durchführen lassen und Schadenersatz sowie erforderliche Vorkehrungen (Rn 162) verlangen, in der Regel erforderlichenfalls durch eine Leistungsklage (Rn 386).

171   Droht eine rechtswidrige Einwirkung, insbesondere wenn eine schon einmal eingetretene rechtswidrige Einwirkung <u>erneut</u> einzutreten droht, kann der Eigentümer gegen den Störer Unterlassung verlangen (§ 1004 Abs. 1, S. 2) und dazu erforderlichenfalls eine Unterlassungsklage (Rn 387) erheben oder eine einstweilige Verfügung (Rn 390) beantragen. Eine Klage ist in der Regel unnötig, wenn der Störer vorher eine mit einer Vertragsstrafe bewehrte Unterlassungserklärung abgibt.

> Beispiel: Der Hund des A hält sich immer wieder auf dem Grundstück des B auf. B kann von A Unterlassung verlangen.

Anders ist das bei Katzen, deren Eigenart es ist, dem Halter nicht wie Hunde aufs Wort zu folgen. Allerdings muss die von einer großen Anzahl auf dem Nachbargrundstück gehaltener Katzen (im Falle eines Gerichtsurteils 17 Katzen) ausgehende Störung nicht geduldet werden.

172   Geschieht die rechtswidrige Beeinträchtigung durch eine schuldhafte Handlung (Rn 34), muss der Störer dem Eigentümer auch den durch die schädigende Handlung entstehenden Schaden ersetzen (§ 823). Dieser wird bei der Beschädigung von Bäumen oder Sträuchern nach der sogenannten „Methode Koch" berechnet.

> Beispiele: Ein Kraftfahrer schädigt mit dem Pkw ein Gebäude oder eine Mauer, einen Zaun, Baum, Sträucher, den Rasen usw.; - durch Bauarbeiten auf dem Nachbargrundstück werden Setzrisse am Grundstück des Eigentümers verursacht; - Dem Eigentümer oder dem Wegeberechtigten wird durch ein abgestelltes Fahrzeug die Ausfahrt versperrt, wodurch Kosten für ein Taxi oder für eine Abschleppung aufgewendet werden müssen; - Die Gemeinde baut einen Abwasserkanal mit zu geringem Querschnitt, so dass einem Eigentümer wegen eines Rückstaus ein Schaden an seinem Gebäude entsteht. Die Gemeinde haftet aber für den Schaden nur teilweise (z. B. zu 1/2, oder zu 3/4), wenn der Eigentümer z. B. entgegen seiner nach der Gemeindesatzung bestehenden Verpflichtung kein Rückschlagventil eingebaut hat; - Die Gemeinde genehmigt ein Bauvorhaben, das gegen nachbarschützende Vorschriften verstößt, z. B. Nichteinhaltung von Baugrenzen oder Baulinien. Der geschädigte Nachbar kann von der Gemeinde Schadenersatz verlangen.

In diesen Fällen muss der Eigentümer im Streitfall beweisen, dass die Handlung des Schädigers den Schaden verursacht hat.

Auch in Fällen ohne schuldhaftes rechtswidriges Handeln kann dem Grundstückseigentümer Schadenersatz oder eine sonstige Entschädigung zustehen, wenn z. B. sein Grundstück infolge eines Notstandes (Rn 174) geschädigt wird, oder bei einer Beschlagnahme des Grundstücks (Rn 145), oder bei einem enteignungsgleichen Eingriff oder bei wesentlich beeinträchtigender jedoch ortsüblicher Immissionen (Rn 164).

Gegen einen unberechtigten Besitzer seines Grundstücks stehen dem Eigentümer neben dem Herausgabeanspruch (Rn 155) u.a. auch ein Anspruch auf Herausgabe von Nutzungen zu, der verschieden berechnet wird, je nach dem ob der Besitzer den Besitz gutgläubig, unentgeltlich oder bösgläubig erworben hat (§§ 987 ff.).

V. Die Verjährung der Rechte des Immobilieneigentümers

Für alle Ansprüche, die dem Eigentümer bei drohenden Schäden durch abstürzende Teile oder gefahrdrohende Anlagen (Rn 162), zur Wiederherstellung von Grenzzeichen (Rn 165) oder der Standfestigkeit des Grundstücks (Rn 161), der Beseitigung eines Grenzbaumes (Rn 167) oder auf Abkauf einer überbauten Fläche (Rn 159) zustehen, gibt es keine Verjährung (§ 924). Soweit der Eigentümer die Herausgabe seiner im Besitz eines Dritten befindlichen Immobilie verlangen kann (§ 985), beträgt die Verjährungsfrist für seinen Anspruch auf Herausgabe 30 Jahre (§ 197).
Für einen Anspruch des Eigentümers auf Aufhebung eines dinglichen Rechts gegen einen Dritten oder auf eine Gegenleistung für die Begründung oder Übertragung eines dinglichen Rechts (Rn 42 ff.) gilt eine Verjährungsfrist von 10 Jahren (§ 196).
Für alle in den Nachbarrechtsgesetzen der Länder geregelte Ansprüche des Eigentümers, z. B. die Frist für den Anspruch auf Beseitigung eines zu nahe an die Grenze gepflanzten Baumes oder Strauches, sind die verschiedenen Verjährungsfristen in den betreffenden Landesgesetzen geregelt.
Für alle oben nicht genannten Ansprüche des Eigentümers, also auf Beseitigung von anderen Einwirkungen (Rn 157), auf Unterlassung (Rn 171) oder Schadenersatz gilt die Regelverjährungsfrist von 3 Jahren (§ 195). Diese gilt auch für einen Anspruch der Wohnungseigentümergemeinschaft gegen den Mieter eines Wohnungseigentümers wegen Beschädigung von gemeinschaftlichem Eigentum, während ein solcher Anspruch eines Wohnungseigentümers gegen seinen Mieter schon in 6 Monaten verjähren kann.

B. Die Pflichten des Grundstückseigentümers

Hier geht es nicht um Verpflichtungen aus schuldrechtlichen Verträgen mit Dritten, z. B. Mietern oder Pächtern, die in den Ratgebern „Rechte und Pflichten des Vermieters und Mieters von Wohnräumen bzw. Geschäftsräumen" beschrieben werden. Soweit Dritten vom Eigentümer zu erfüllende dingliche Rechte an einer Immobilie zustehen, erfahren Sie unter Rn 184 ff.. Auf Grund seines Immobilieneigentums treffen den Eigentümer folgende Pflichten:

I. Die Pflicht zur Duldung von Einwirkungen auf die Immobilie

Der Eigentümer muss nach privat- und öffentlichrechtlichen Vorschriften z. B. eine Reihe von Einwirkungen auf sein Grundstück dulden:

1. Die Duldung einer Notstandshandlung

174   Der sogenannte Notstand (§ 904) bedeutet, dass der Eigentümer eine Einwirkung auf sein Grundstück dulden muss, wenn diese notwendig ist, um eine gegenwärtige Gefahr für ein anderes Rechtsgut (Leben, Gesundheit, Eigentum, Vermögen) zu beseitigen und ein an diesem entstehender Schaden gegenüber dem am Grundstück eintretenden Schaden unverhältnismäßig hoch wäre. Dabei wiegt die Gefahr für Leben immer und die Gefahr für Gesundheit in der Regel auch höher als ein Sach- oder Vermögensschaden, z. B. darf zur Rettung eines bei einem Unfall Verletzten ein Grundstück benutzt werden oder ein einsturzgefährdetes Haus muss vom Grundstück des Nachbarn aus unterfangen werden. Bei der vom Eigentümer zu duldenden Einwirkung kann es sich um die Benutzung, Beschädigung oder sogar der Zerstörung des Grundstücks oder Teilen davon handeln.
Wer durch die Notstandshandlung begünstigt wird, muss dem Eigentümer des in Anspruch genommenen Grundstücks seinen Schaden ersetzen.

2. Die Duldung eines Notweges

175   Wenn einem Grundstück die zu seiner ordnungsgemäßen Benutzung notwendige Verbindung zu einem öffentlichen Weg fehlt, müssen der oder die Eigentümer des Nachbargrundstücks oder der Nachbargrundstücke solange eine zur Herstellung einer Verbindung zum öffentlichen Weg notwendige Benutzung ihrer Grundstücke als Notweg (§ 917) dulden, bis ein Zugang zu einem öffentlichen Weg geschaffen ist.

> Beispiel: Das Grundstück des A liegt an der Straße vor dem Grundstück des B, das keine Verbindung zu einem öffentlichen Weg hat. A muss dulden, dass B oder andere berechtigte Nutzer dessen Grundstücks, z. B. dessen Mieter, über das Grundstück von A gehen und fahren, um das Grundstück von B nutzen zu können. Wird später ein zum Grundstück des B führender öffentlicher Weg gebaut, entfällt das Notwegrecht.

Bei einem Streit über den Umfang und die Richtung des Notweges werden die näheren Festlegungen vom Gericht getroffen. Das Notwegrecht bedeutet aber nicht, dass der Berechtigte z. B. Fahrzeuge abstellen darf. Der verpflichtete Nachbar muss auch keinen Weg herstellen. Er muss nur dulden, dass der Notwegberechtigte einen Weg herstellt oder unterhält. Auch ein notwendiger Kanal (z. B. Abwasserkanal) oder eine Leitung (z. B. Wasserzuleitung) können Inhalt eines Notwegrechtes sein.

Beseitigt der Eigentümer eines Grundstücks die bisherige Verbindung seines Grundstücks zu einem öffentlichen Weg durch eine willkürliche Handlung, entsteht kein Notwegrecht (§ 918 Abs. 1).

> Beispiel: A bebaut sein Grundstück so, dass er für den hinteren Teil seines Grundstücks keinen Zugang mehr zum öffentlichen Weg hat. Ihm steht kein Notwegrecht über das Nachbargrundstück für den hinteren Teil seines Grundstücks zu.

Geht die Verbindung durch eine Veräußerung eines Grundstückteiles verloren, besteht ein Notwegrecht nur über den verbleibenden Grundstückteil.

> Beispiel: A veräußert den hinteren Teil seines mit der Vorderseite an der Straße liegenden Grundstücks an B. B hat dann ein Notwegrecht nur über den A bleibenden Grundstückteil (§ 918 Abs. 2), nicht über das Nachbargrundstück eines anderen Eigentümers.

Der Notwegberechtigte ist verpflichtet, dem Duldungsverpflichteten eine Notwegrente (§ 917 Abs. 2) zu bezahlen. Ihre Höhe richtet sich nach dem Nachteil des Duldungspflichtigen, nicht nach dem Vorteil des Berechtigten, also nach der Minderung des Verkehrswertes, die das ganze Grundstück des Verpflichteten durch den Notweg erfährt.

3. Die Duldung anderer Betretungsrechte Dritter

Andere Personen dürfen gegen den Willen des Eigentümers dessen Grundstück nur auf Grund einer gerichtlichen Anordnung (Gerichtsvollzieher, Polizeibeamte) oder im Fall des Gemeingebrauchs betreten. Letzterer bedeutet, dass ein Grundstück von jedermann ohne besondere Zulassung

> "gemäß einer sich aus einem Gesetz oder einer Widmung ergebenden Zweckbestimmung unter Beachtung der Gemeinverträglichkeit"

benutzt werden darf. Eine Widmung ist gegeben, wenn der Bund, ein Land oder eine Gemeinde ein Grundstück, eine Straße oder einen Weg der Öffentlichkeit zur Benutzung (z. B. zum Fahren, Gehen, Parken) übergibt. An einem solchen Grundstück besteht dann Gemeingebrauch mit der Folge, dass die Rechte des Eigentümers gegenüber dem Recht zum Gemeingebrauch zurücktreten. Beispielsweise gilt für Wälder nach dem Bundeswaldgesetz, dass das Betreten zum Zwecke der Erholung auf eigene Gefahr zulässig ist. Radfahren, Reiten sowie die Benutzung mit Krankenrollstühlen darf im Wald nur auf Straßen und Wegen erfolgen.

Es gibt auch noch das sogenannte Hammerschlags- und Leiterrecht des Nachbarn, wenn dieser eine an der Grenze stehende Anlage, z. B. eine Mauer nur vom Nachbargrundstück aus ausbessern kann. In Landesnachbarrechtsgesetzen ist meist vorgeschrieben, dass die Ausübung dieses nachbarlichen Betretungsrechtes eine bestimmte Zeit, z. B. 2 Wochen vor der beabsichtigten Ausübung angekündigt werden muss.

4. Die Duldung anderer Einwirkungen auf die Immobilie

177 Auf den Raum über oder den Erdkörper unter der Oberfläche des Grundstücks muss der Eigentümer eine Einwirkung dulden, wenn sie in einer solchen Höhe oder Tiefe geschieht, dass der Eigentümer kein Interesse an deren Ausschließung hat (§ 905 S. 2).

> Beispiel: Der Eigentümer kann nicht verbieten, dass sein Grundstück von Luftfahrzeugen überflogen wird; - Der Eigentümer kann nicht verbieten, dass der Berg unter seinem Grundstück untertunnelt wird.

Ist der Grundstückseigentümer Stromabnehmer, muss er die Verlegung einer Stromleitung auf seinem Grundstück dulden, auch wenn die Leitung in einem öffentlichen Weg verlegt werden könnte (§ 8 Abs. 1, S. 2 der allgemeinen Verordnung über die Versorgung mit Elektrizität).

Ebenso muss der Grundstückseigentümer auf dem Nachbargrundstück zulässige Bauvorhaben dulden, selbst wenn er Aussicht, Licht oder Sonneneinstrahlung verliert oder wenn Funk- oder Fernsehwellen abgehalten werden. Der beeinträchtigte Eigentümer kann also nicht verlangen, dass er seine Antenne an die des Nachbarn anschließen darf.

Soweit eine Bepflanzung des Nachbargrundstücks mit Bäumen und Sträuchern nicht gegen das für das Grundstück geltende Nachbarrechtsgesetz verstößt, muss der Eigentümer die Bepflanzung dulden. Nach dem baden-württembergischen Nachbarrechtsgesetz müssen z. B. Bäume und Sträucher je nach Art und Zahl innerhalb der geschlossenen Ortslage zwischen 0,5 und 8 m von der Grenze entfernt gepflanzt werden. Siehe dazu auch Rn 168.

Auch Immissionen (Rn 164), die das Grundstück nicht oder nur unwesentlich beeinträchtigen, muss der Eigentümer dulden (§ 906 Abs. 1, S. 1). Ob eine Beeinträchtigung unwesentlich ist, kommt immer auf den einzelnen Fall an. Die nachstehenden eine Duldungspflicht bestätigenden Beispiele aus der Rechtsprechung sind also Einzelfallentscheidungen:

- Laub-, Blüten- und Samenbefall im Herbst oder wenn der Befall von einem Naturdenkmal ausgeht; - Misthaufen in Gegenden mit landwirtschaftlichen Betrieben; - Müllbehälter oder Komposthaufen in einem Garten; - Rauch von zugelassenen Heizungsanlagen, wenn er nicht mittels eines Rohres auf das Nachbargrundstück geleitet wird.
- Lichtreklame, Straßenbeleuchtung; - Bienenstand, Bienenflug (siehe auch Rn 164); - Schmutz von Schwalben, die beim Nachbarn nisten; - sittliches Empfinden nicht verletzende nach außen wahrnehmbare Nutzung des Nachbargrundstücks; - wild abfließendes Niederschlagswasser.

- Geduldet werden müssen auch Geräusche von Fahrzeugen, Gartengeräten, oder von Bauarbeiten; ebenso Geräusche, die bei der Nutzung auf dem Nachbargrundstück befindlicher genehmigter Stellplätze ausgehen, ferner sonstige Geräusche, Unterhaltung und Musik in normaler Lautstärke. Letztere ist nicht zu dulden, wenn sie deutlich wahrnehmbar ist und der Nachbar zum Mithören gezwungen wird; von einem Tennisplatz in einer Wohngegend ausgehende Geräusche müssen nach einem Gerichtsurteil bei einer Lautstärke von 60 dB und nachts 45 dB allenfalls werktags 4 Stunden (zwischen 9 und 13 Uhr oder 15 und 19 Uhr) und sonntags 1 Stunde (zwischen 9 und 13 Uhr) geduldet werden. Ein in einer Wohngegend nur 4 m von der Grundstücksgrenze entfernt betriebener Tennisplatz braucht nicht geduldet werden, wenn das Schlafzimmer des Nachbarn von der Grenze nur 3,20 m entfernt ist. Das Quaken von Fröschen im Gartenteich des Nachbarn muss dann nicht geduldet werden, wenn dieses über dem zulässigen Geräuschpegel liegt und eine naturschutzrechtliche Genehmigung zur Beseitigung erreicht werden kann.

II. Öffentliche Lasten und Anschlusszwänge

1. Öffentlichen Lasten und Pflichten   178

Zu den vom Eigentümer seines Grundstücks zu tragenden Lasten gehören alle durch Gesetz, Verordnung oder Satzung festgelegten Beiträge für eine Immobilie, z. B. Grundstücks- und Gebäudesteuern, kommunale Abgaben, Erschließungskosten, Anliegerbeiträge, Anliegerbaukosten, Gebühren für Müllabfuhr, Kanalanschluss, Wasserversorgung und Entwässerung, Schornsteinfeger, Gebäudebrandversicherung, Beiträge aus Flurbereinigungsverfahren. Manche Lasten kann der Eigentümer auf Dritte abwälzen, z. B. die Grundsteuer, die Gebühren für Müllabfuhr, Wasser, Entwässerung als Betriebskosten auf seine Mieter. Öffentliche Pflichten beruhen ebenfalls auf Gesetzen usw.. Als Beispiele seine genannt:
Nach den LBOen verschiedener Länder müssen in zum Schlafen vorgesehenen Räumen und Zugangsräumen zu diesen Rauchmelder installiert sein; - Wer eine Wasserversorgungsanlage betreibt und an Dritte Wasser liefert, muss die Vorschriften der Trinkwasserverordnung beachten und z. B. alle 3 Jahre Wasser und Leitungen auf Keimfreiheit untersuchen lassen; - Nach der Energiesparverordnung 2014 kann der Eigentümer zu Dämmungsarbeiten an seinem Haus oder zur Erneuerung der Heizungsanlage verpflichtet sein; - Verkäufer von Grundstücken und Vermieter von Wohnungen müssen als Eigentümer bei Anzeigen in kommerziellen Medien (Zeitungen, Internet) Angaben über einen etwa vorhandenen Energieausweis machen.

2. Anschlusszwänge

179 Satzungen der Gemeinden sehen in der Regel vor, dass Grundstücke an ein durch oder über die Gemeinde betriebenes Versorgungswerk angeschlossen werden müssen, z. B. an die Wasserversorgung, Abwasserversorgung, Müllentsorgung.

III. Die Verkehrssicherungspflicht

180 Der Eigentümer muss vorsorgen, dass sein Grundstück und Gebäude einschließlich aller Zugänge ohne Gefährdung von zur Benutzung befugten Personen (z. B. Mieter, Besucher, Briefträger, spielende Kinder) gefahrlos betreten werden können. Dazu gehören Schneeräum- und Streupflicht.

Beispiele: Die Steilwand einer Sandgrube ist abzuschranken; - Gegen Dachlawinen sind Schneefanggitter anzubringen, wenn solche nach einer Verordnung oder nach den örtlichen Verhältnissen zum Schutze von Passanten erforderlich sind, z. B. wenn die Dachneigung 45 Grad oder mehr beträgt; - Zur Sicherung von Treppen sind erforderlichenfalls Geländer anzubringen; - Teppiche oder Läufer, insbesondere auf Treppen sind richtig zu befestigen; - Gefährliche Stellen sind auch vor unbefugtem Betreten durch Kinder abzusichern; - Gewächse und Bäume müssen in regelmäßigen Abständen – gegebenenfalls durch sachkundige Personen – kontrolliert werden, ob von diesen eine Gefährdung ausgeht.

Die Verkehrssicherungspflicht des Eigentümers besteht an den ihm gehörenden Grundstücksflächen und Zugängen. An allen nicht im Privateigentum stehenden Gehwegen und an der Straße trifft die Verkehrssicherungspflicht die wegebaupflichtige Behörde, z. B. an der Gemeindestraße die Gemeinde. Diese kann nach Landesgesetz durch eine Satzung die Schneeräum- und Streupflicht auf die Eigentümer und Erbbauberechtigten der angrenzenden Grundstücke abwälzen. Auch bei einer Abwälzung der Verpflichtung bleibt die Gemeinde jedoch verpflichtet, die nach der Satzung Verpflichteten auch zur Erfüllung der Pflichten anzuhalten und diese notfalls selbst auszuführen. Andererseits kann der Eigentümer die auf ihn abgewälzte Verpflichtung auf seine Mieter, Pächter, den Hausverwalter oder Hauswart übertragen. Seine Verpflichtung beschränkt sich dann darauf, die Betreffenden zu überwachen, auf den er seine Verpflichtung übertragen hat, und zu prüfen, ob diese ihre Verpflichtung etwa aus gesundheitlichen Gründen nicht erfüllen können. Zur Verkehrssicherungspflicht beim Wohnungseigentum siehe Rn 224.

IV. Die Pflicht zur Bebauung oder Veräußerung eines Grundstücks

1. Die Pflicht zur Bebauung

In der Regel ist der Eigentümer nicht verpflichtet, ein bebaubares Grund-   181
stück auch zu bebauen. Nach dem BauGB kann die Gemeinde aber den Eigentümer eines innerhalb eines Bebauungsplanes liegenden und zur Bebauung vorgesehenen Grundstücks durch einen Bescheid verpflichten, das
Grundstück entsprechend den Festsetzungen des Bebauungsplanes innerhalb einer zu bestimmenden angemessenen Frist zu bebauen (§ 176
BauGB). Ein solcher Bescheid ist zulässig, wenn die alsbaldige Durchführung der Bebauung aus städtebaulichen Gründen oder wegen Wohnbedarfs
erforderlich ist. Die Gemeinde soll damit erreichen können, dass erschlos-
sene Grundstücke, z. B. Baulücken, auch baulich genutzt werden, bevor
weitere Grundstücke erschlossen werden müssen.
Die Verpflichtung darf nur auferlegt werden, wenn die Bebauung für den
Eigentümer wirtschaftlich zumutbar ist. Zu den Rechtsmitteln gegen einen
solchen Bescheid siehe Rn 405.

Wenn eine Gemeinde Bauland verkauft, lässt sie im notariellen Vertrag
meist ein Rücktritts- oder Wiederkaufsrecht für den Fall festlegen, dass der
Käufer das Grundstück nicht innerhalb eines bestimmten Zeitraums bebau-
en sollte.

2. Die Pflicht zur Veräußerung eines Grundstücks

Eine solche Verpflichtung besteht außer beim Entzug des Eigentums durch   182
den Staat bei der Enteignung und Zwangsvollstreckung nur dann, wenn der
Eigentümer eine solche Verpflichtung rechtswirksam vereinbart hat, also z.
B. einem anderen ein Wiederkaufs- oder Ankaufsrecht eingeräumt hat. Zur
Veräußerungspflicht eines Wohnungs- oder Teileigentum siehe Rn 263.

V.   Die Pflicht zum Schadenersatz (§ 836)

Der Immobilieneigentümer ist einem anderen zum Schadenersatz dann ver-   183
pflichtet, wenn der Schaden durch eine ihm als Grundstückseigentümer zu-
rechenbare schuldhafte Pflichtverletzung entstanden ist.
   Beispiele: Der Eigentümer streut den eisglatten Zugang zur Haustüre
   nicht, weshalb der Briefträger fällt und das Bein bricht; - der Eigentümer
   leitet nicht zu duldende Immissionen oder gar giftige Stoffe auf das
   Nachbargrundstück, weshalb der Boden entfernt werden muss; - der Eigentümer erneuert an seinem Gebäude eine längst verrostete Dachrinne
   nicht, die herunter fällt und einen Passanten verletzt.

C. Rechte Dritter an der Immobilie eines anderen

Es geht hier nicht um schuldrechtliche Rechte, von denen es viele geben kann, insbesondere im Falle einer Vermietung oder Verpachtung einer Immobilie, sondern um dingliche Rechte an der Immobilie.

1. Die Baulast

184   Die Übernahme einer Baulast geschieht durch den Eigentümer eines Grundstücks gegenüber der Baurechtsbehörde und bedeutet, dass der Eigentümer gegenüber der Baubehörde freiwillig eine Verpflichtung zu einem Tun oder Unterlassen in Bezug auf sein Grundstück übernimmt, sich z. B. verpflichtet, einen 3 m breiten Streifen seines Grundstücks nicht zu bebauen, damit so eine Zufahrt des Nachbarn über sein Grundstück gesichert ist. An die in einer Baulast übernommene Verpflichtung ist auch ein späterer Erwerber des Grundstücks gebunden. Die Baulastübernahme bedeutet aber nicht, dass der Übernehmer sich gegenüber dem durch die Baulast Begünstigten zur unentgeltlichen Duldung verpflichtet. Siehe auch Rn 156.

2. Das Erbbaurecht an einem Grundstück

185   Auf Grund eines vom Eigentümer eines Grundstücks nach der Erbbauverordnung vom 15.1.1919 einer anderen Person eingeräumten Erbbaurechts darf diese auf dem belasteten Grundstück ein Gebäude errichten. Diese Möglichkeit ist geschaffen worden, damit Grundstückseigentümer (meist der Staat oder Gemeinden) Bauplätze zur Verfügung stellen können, wenn sie das Eigentum an ihren Grundstücken nicht für immer weggeben wollen, oder wenn Bauwillige nicht auch noch einen teuren Bauplatz bezahlen können. Solange das Erbbaurecht besteht, fallen Eigentum am Grundstück und Eigentum am Gebäude auseinander. Eigentümer des Gebäudes ist der Erbbauberechtigte, Eigentümer am Grundstück bleibt der bisherige.
Das Erbbaurecht kann belastet, vererbt oder veräußert werden.
Die Einräumung eines Erbbaurechtes erfolgt durch einen notariell zu beurkundenden Vertrag. Das Recht endet nach einer im Vertrag vereinbarten Zeit, z. B. nach 60, 90 oder 100 Jahren. Solange muss der Erbbauberechtigte an den Eigentümer des Grundstücks den vereinbarten Erbbauzins bezahlen. Nach Ablauf der vereinbarten Zeit fällt das Eigentum am Gebäude dem Grundstückseigentümer zu, der in der Regel dann eine Entschädigung an den Erbbauberechtigten zahlen muss.

3. Das Vorkaufsrecht

186   Ein dingliches Vorkaufsrecht an einer bestimmten Immobilie (§§ 1094 ff.) ermöglicht dem Vorkaufsberechtigten, in einen zwischen dem Verkäufer der Immobilie und einem Dritten abgeschlossenen rechtswirksamen Kaufvertrag an Stelle des Dritten als Käufer einzutreten. Vorkaufsberechtigt kann eine

bestimmte Person oder der jeweilige Eigentümer eines anderen Grundstücks sein. Es gibt vertragliche und gesetzliche Vorkaufsrechte:

Ein vertragliches Vorkaufsrecht entsteht durch eine notariell zu beurkundende Bestimmung in einem Vertrag zwischen Eigentümer einer Immobilie und Vorkaufsberechtigtem. Abgesichert wird das Vorkaufsrecht durch eine Eintragung im Grundbuch des belasteten Grundstücks.

Das Vorkaufsrecht kann für nur einen oder für alle Verkaufsfälle eingeräumt werden und bindet im letzteren Falle also nicht nur den Eigentümer, der das Vorkaufsrecht vereinbart hat, sondern auch alle späteren Eigentümer der Immobilie, solange das Vorkaufsrecht im Grundbuch eingetragen ist.

Der Vorkaufsberechtigte kann das Recht erst und nur dann ausüben, wenn der Eigentümer des mit dem Vorkaufsrecht belasteten Grundstücks mit einem Dritten einen rechtswirksamen Grundstücks**kauf**vertrag abgeschlossen hat (§ 463), dessen Inhalt der Verkäufer oder Käufer dem Vorkaufsberechtigten mitteilen muss (§ 469). Der Vorkaufsberechtigte kann dann innerhalb von 2 Monaten gegenüber dem Verkäufer erklären, dass er von seinem Vorkaufsrecht Gebrauch macht. Diese Erklärung bedarf keiner besonderen Form, kann also schriftlich, ja sogar mündlich erfolgen. Mit Zugang der Erklärung beim Verkäufer kommt zwischen dem Verkäufer und dem Vorkaufsberechtigtem ein Kaufvertrag zu den zwischen Verkäufer und Käufer vereinbarten Bedingungen zustande.

> Beispiel: A verkauft sein mit einem Vorkaufsrecht zugunsten C belastetes Mehrfamilienhaus an B. Dieser verpflichtet sich im Kaufvertrag, eine Grundschuldverpflichtung des A über 100.000 € zu übernehmen, A ein unentgeltliches lebenslängliches Wohnungsrecht an der Erdgeschosswohnung einzuräumen und 450.000 € an A zu zahlen. C übt sein Vorkaufsrecht aus. Er muss die Grundschuld übernehmen, 450.000 € an A bezahlen und diesem das Wohnungsrecht einräumen.

Das Vorkaufsrecht gilt nicht für andere Eigentumsübertragungen durch den Eigentümer, z. B. bei einen Tausch, einer Schenkung oder im Falle eines gesetzlichen Eigentumsübergangs durch Erbfolge, oder bei einem Verkauf des Grundstücks an den zukünftigen Erben des Eigentümers (§ 470) oder bei einer Zwangsversteigerung oder Insolvenz (§ 471).

Das nur für einen Verkaufsfall eingeräumte Vorkaufsrecht erlischt, wenn der Vorkaufsberechtigte sein Recht beim ersten Verkaufsfall nicht ausübt, oder wenn das Grundstück auf Grund einer das Vorkaufsrecht nicht auslösenden Veräußerung, z. B. durch Tausch oder Schenkung auf einen anderen übertragen worden ist. Das für mehrere Verkaufsfälle bestellte Vorkaufsrecht erlischt nur, wenn es ausgeübt wird oder im Falle einer Zwangsversteigerung, wenn es nicht in das geringste Gebot aufgenommen worden ist (Rn 417).

Gesetzliche Vorkaufsrechte werden nicht im Grundbuch eingetragen und sind also aus dem Grundbuch nicht ersichtlich. Sie ergeben sich aus bestimmten gesetzlichen Vorschriften, z. B. das Vorkaufsrecht eines Mieters an einem nach seinem Einzug geschaffenen Wohnungseigentum (§ 577), oder zugunsten bestimmter juristischen Personen des öffentlichen Rechts, z. B. das Vorkaufsrecht einer Gemeinde nach §§ 24 ff. BauGB. Letztere darf ihr Vorkaufsrecht aber nur ausüben, wenn das zum Wohl der Allgemeinheit gerechtfertigt ist. Es reicht nicht aus, wenn die Gemeinde das Vorkaufsrecht zur Bodenbevorratung ausüben will.

Für das gesetzliche Vorkaufsrecht gilt zunächst auch das, was oben für das vertragliche Vorkaufsrecht ausgeführt worden ist. Von den Unterschieden ist zu nennen, dass eine Gemeinde z. B. nur den Verkehrswert des Grundstücks bezahlen muss, wenn der in dem das Vorkaufsrecht auslösenden Kaufvertrag vereinbarte Kaufpreis in erkennbarer Weise den Verkehrswert des Grundstücks überschreitet (§ 28 BauGB).

Trotz Bestehens eines Vorkaufsrechts darf der Eigentümer des belasteten Grundstücks über sein Grundstück anderweit verfügen, also auch belasten. Nur dann sind nach der Eintragung des Vorkaufsrechts im Grundbuch eingetragene Belastungen dem Vorkaufsberechtigten gegenüber bei Eintritt des Verkaufsfalls nicht wirksam, wenn die Belastung in der Absicht erfolgt ist, das Vorkaufsrecht zu umgehen.

> Beispiel: A räumt B ein Vorkaufsrecht an seinem Zweifamilienhaus ein. Später will A das Haus seinem Freund C verkaufen. Damit B an einem Erwerb des Grundstücks kein Interesse haben soll, räumt A zunächst der Ehefrau des C den lebenslänglichen unentgeltlichen Nießbrauch an seinem Haus ein und verkauft dann das mit dem Nießbrauch belastete Grundstück an C. Die Nießbrauchbelastung ist gegenüber B unwirksam, wenn B vom Vorkaufsrecht Gebrauch macht.

Ein bestehendes Vorkaufsrecht kann auch nicht dadurch vereitelt werden, dass sich der Eigentümer beim Verkauf seines mit einem Vorkaufsrecht belasteten Grundstücks im notariellen Kaufvertrag ein Rücktrittsrecht für den Fall vorbehält, dass der Vorkaufsberechtigte sein Vorkaufsrecht ausüben wird. Eine solche Bestimmung wäre gegenüber dem Vorkaufsberechtigten unwirksam (§ 465). Überhaupt sind nach einem Urteil des BGH Klauseln in Kaufverträgen gegenüber dem Vorkaufsberechtigten unwirksam, wenn sie Regelungen betreffen, die "durch ihren Gesamtcharakter oder die Art und Weise ihres Zustandekommens das Gepräge der Sittenwidrigkeit erhalten".

4. Schuldrechtliche Rechte zum Erwerb einer Immobilie

187   Ein Wiederkaufsrecht (§§ 497 ff.) ist das Recht des Verkäufers, die von ihm verkaufte Immobilie vom Käufer später wieder zurückzukaufen. Die Vereinbarung bedarf auch der notariellen Beurkundung. Das Wiederkaufsrecht

kann durch eine Vormerkung im Grundbuch gesichert werden. Falls der Wiederkaufpreis nicht vereinbart ist, muss der Verkäufer beim Wiederkauf im Zweifel den beim Verkauf erhaltenen Kaufpreis bezahlen.

Wiederkaufsrechte pflegen manche Gemeinden beim Verkauf von Bauplätzen unter der Bedingung zu vereinbaren, dass der Bauplatz nicht binnen einer bestimmten Frist bebaut wird. Die Frist, binnen der das Wiederkaufsrecht ausgeübt werden darf, darf höchstens 30 Jahre betragen (§ 503).

Ein <u>Ankaufsrecht</u> ist das Recht einer Person, ein bestimmtes Grundstück zu 188
einem bestimmten Preis zu erwerben. Die Vereinbarung bedarf auch der notariellen Beurkundung. Das Ankaufsrecht kann durch auch eine Vormerkung im Grundbuch gesichert werden. Es hat ähnliche Wirkungen wie ein notariell beurkundetes befristetes Verkaufsangebot (Rn 78).

5. Grundpfandrechte

sind die Hypothek (§§ 1113 ff.), Grundschuld (§§ 1191 ff.), Rentenschuld 189
(§§ 1199 ff.) und Reallast (§§ 1105 ff.). Diese Rechte kann der Grundstückseigentümer zu Gunsten einer Person einräumen (bestellen), um damit bestimmte Verpflichtungen gegenüber der Person abzusichern. Bei Hypothek, Grundschuld und Rentenschuld sind das <u>Geldverpflichtungen</u>, bei der Reallast auch andere Verpflichtungen, z. B. Lieferung und Leistung von <u>Kost, Logis, Pflege,</u> = sogenannte Leibgeding- oder Altenteilverpflichtungen.

Die Belastungen bedeuten für den Gläubiger (= Inhaber des Grundpfandrechtes), dass er sich wegen seiner Forderung aus dem Grundstück im Wege der Zwangsverwaltung oder Zwangsversteigerung (Rn 412 f.) befriedigen darf, falls der Schuldner der Forderung - das kann der Eigentümer des Grundstücks oder ein Dritter sein - ihn nicht befriedigt, z. B. durch Zahlung.

Die am häufigsten vorkommenden Grundpfandrechte Hypothek und Grundschuld kommen in zwei Formen vor: als <u>Buch</u>hypothek bzw. <u>Buch</u>grundschuld und als <u>Brief</u>hypothek bzw. <u>Brief</u>grundschuld. Erstere werden nur im Grundbuch eingetragen. Bei der letzteren wird neben der Eintragung im Grundbuch noch ein Hypotheken- bzw. Grundschuldbrief ausgestellt, damit der Gläubiger das Grundpfandrecht leichter auf einen anderen übertragen kann.

Der <u>Unterschied</u> zwischen Hypothek und Grundschuld ist folgender: 190
Die <u>Hypothek</u> sichert immer eine <u>bestimmte</u> Forderung und ist von dieser Forderung abhängig. Wenn der Gläubiger der Hypothek seine Forderung aus der Hypothek gerichtlich geltend macht, muss er also nachweisen, dass seine Forderung gegen den Schuldner auch noch besteht.

Eine Hypothek kann auch im Wege der Zwangsvollstreckung zwangsweise im Grundbuch eingetragen werden. Man nennt diese Hypothek eine Sicherungszwangshypothek (Rn 410).

Beispiel: Der Grundstückseigentümer A schuldet der Bank 5.000 €. Wenn die Bank bei Gericht einen gerichtlichen Schuldtitel (Rn 406) über die 5.000 € erwirkt, weil A nicht zahlt, kann sie unter dessen Vorlage beim Grundbuchamt eine Sicherungszwangshypothek auf dem Grundstück des A über 5.000 € + Zinsen und Kosten eintragen lassen.

Die <u>Grundschuld</u> dagegen sichert <u>keine bestimmte</u> Forderung und ist nicht von einer zu sichernden Forderung abhängig. Die zu sichernde Forderung kann deshalb jederzeit ausgewechselt werden. Deshalb stimmen die Höhe des eingetragenen Grundschuldbetrages und der Zinsen und der abgesicherten Forderung in der Regel nicht überein. Die Vereinbarung zwischen dem Grundstückseigentümer und dem Gläubiger der Forderung über deren Absicherung durch die Grundschuld nennen insbesondere Banken eine "Zweckerklärung". Zur Höhe der Zinsen siehe auch Rn 22.
Eine Grundschuld kann der Eigentümer des Grundstücks auch für sich selbst bestellen. Sie heißt dann "Eigentümergrundschuld" (§ 1196).

Die <u>Rentenschuld</u> sichert nicht eine bestimmte Geldsumme, sondern in regelmäßigen <u>zu wiederkehrenden Terminen zu zahlende</u> Geldsummen.

191 Die Hypothek entsteht durch eine <u>Einigung</u> zwischen Grundstückseigentümer und Gläubiger (Bestellung der Hypothek), die in notariell beglaubigter Form (Rn 17) gegenüber dem Grundbuchamt abzugeben ist, und durch <u>Eintragung im Grundbuch</u>. Hinzukommen muss noch, dass die zu sichernde <u>Forderung entstanden ist</u>, da die Hypothek von dieser abhängig ist. Soll die Hypothek ein von Gläubiger zu gewährendes Darlehen sichern, entsteht die Hypothek also erst, wenn der Gläubiger das Darlehen auch ausbezahlt hat. Andererseits geht die Hypothek unter, wenn das Darlehen zurückbezahlt ist. Es entsteht dann eine "Eigentümergrundschuld (§ 1163).

Beispiel: Die Bank verpflichtet sich, dem Grundstückseigentümer B ein Darlehen in Höhe von 100.000 € zu gewähren. B bestellt zur Sicherung des Darlehens eine Hypothek in Höhe von 100.000 € auf seinem Grundstück. Solange die Bank das Darlehen noch nicht ausbezahlt hat, entsteht die Hypothek nicht. Zahlt andererseits B später das Darlehen zurück, geht die Hypothek automatisch unter (bzw. es entsteht dann eine Eigentümergrundschuld für den Eigentümer B).

Für das Entstehen der Grundschuld <u>gilt das gleiche</u> wie für die Hypothek. Da sie von einer Forderung nicht abhängig ist, entsteht sie aber auch ohne dass eine Forderung besteht. Sie bleibt bestehen, auch wenn die sie sichernde Forderung nicht mehr besteht.

Beispiel: Im obigen Beispiel bestellt A statt einer Hypothek eine Grundschuld.. Diese entsteht nicht erst mit Auszahlung des Darlehens und bleibt auch nach Rückzahlung des Darlehens bestehen. Der Grundstückseigentümer kann sie dann aber herausverlangen.

Die Übertragung der Buchhypothek oder Buchgrundschuld vom Gläubiger   192
auf einen anderen Gläubiger (§ 1153) erfolgt durch eine dem Grundbuchamt in beglaubigter Form (Rn 17) vorzulegende Einigung über die Abtretung der Hypothek bzw. der Grundschuld und die Eintragung des neuen
Gläubigers im Grundbuch (§ 873).

Bei der Briefhypothek bzw. -grundschuld kann die Übertragung außerhalb
des Grundbuchs, also ohne Eintragung des neuen Gläubigers erfolgen. Die
Übertragung erfolgt hier so: Der alte Gläubiger tritt die Briefhypothek einschließlich der gesicherten Forderung bzw. die Briefgrundschuld in einer
schriftlichen (Rn 16) Abtretungserklärung an den neuen Gläubiger ab und
übergibt diesem den Hypotheken- bzw. Grundschuldbrief. (§ 1154).

Der Schuldner einer durch ein Grundpfandrecht gesicherten Forderung
kann sich dieser nicht dadurch entziehen, dass er das Eigentum am belasteten Grundstück auf eine andere Person überträgt. Der Gläubiger kann in
diesem Fall vom neuen Eigentümer zwar keine Rückzahlung seiner durch
das Grundpfandrecht gesicherten Forderung verlangen. Er kann jedoch wie
unter Rn 412 ff. beschrieben sich im Wege der Zwangsverwaltung oder
Zwangsversteigerung aus dem Grundstück befriedigen. Die Folge ist, dass
der neue Eigentümer die Forderung bezahlen wird, wenn er das jetzt ihm
gehörende Grundstück nicht durch eine Zwangsversteigerung verlieren will.

6. Dienstbarkeiten

Darunter versteht man Rechte Dritter, vom Eigentümer eines Grundstücks
ein Dulden oder Unterlassen verlangen zu können. Es gibt eine Grunddienstbarkeit, ein Nießbrauch, eine beschränkte persönliche Dienstbarkeit
und ein Dauerwohn- oder -nutzungsrecht.

Bei der Grunddienstbarkeit (§§ 1018 -1029) räumt der Eigentümer eines   193

Grundstücks dem jeweiligen Eigentümer eines anderen Grundstücks das
Recht ein, sein Grundstück in bestimmter Art und Weise zu benutzen, oder
er verpflichtet sich, auf seinem Grundstück bestimmte Handlungen nicht
vorzunehmen. Das mit der Dienstbarkeit belastete Grundstück nennt man
das "dienende" Grundstück, und das andere das "herrschende" Grundstück.
Die Dienstbarkeit muss immer einen **Vorteil** für den Eigentümer des herrschenden Grundstücks sein.

> Beispiele: Der Eigentümer des Grundstücks A räumt dem jeweiligen Ei-
> gentümer des benachbarten Grundstücks B das Recht ein, die Abwasser-
> leitung für das Grundstück B durch das Grundstück A zu verlegen; - oder
> dass der Eigentümer des Grundstücks A bestimmte Fenster eines auf
> seinem Grundstück befindlichen Gebäudes immer geschlossen hält.

Eine häufig vorkommende Grunddienstbarkeit ist ein sogenanntes <u>Wegerecht</u>, das den jeweiligen Eigentümer eines Grundstücks berechtigt, über eine bestimmte Fläche eines anderen Grundstücks „zu gehen und zu fahren". Ist nur ein „Fahrrecht" vereinbart, beinhaltet das auch ein „Gehrecht" und „Wenderecht". Andererseits berechtigt ein Fahrrecht nicht, dass z. B. ein Fahrzeug abgestellt oder sogar geparkt werden darf.
Ein für ein Wohngrundstück vereinbartes Wegerecht gilt auch für Hausgenossen, Besucher und Mieter. Ein für ein gewerblich genutztes Grundstück vereinbartes Wegerecht gilt auch für das beschäftigte Personal, Kunden, Lieferanten, Handwerker usw..

Keine Grunddienstbarkeit ist möglich, wenn es um die Duldung von Photovoltaikanlagen geht, deren Strom einem Energieversorger verkauft werden soll, weil dann der Vorteil nicht für das herrschende Grundstück besteht. Dann ist nur eine persönlich beschränkte Dienstbarkeit möglich.

Der <u>Umfang</u> einer als Geh- und Fahrrecht vereinbarten Dienstbarkeit kann sich im Laufe der Zeit ändern, wenn sich die Nutzung des herrschenden Grundstücks ändert und die Änderung bei der Bestellung des Wegerechts vorhersehbar war.

> Beispiele: Das Wegerecht für einen landwirtschaftlichen Betrieb erfasst auch eine stärkere Ausübung infolge Umstellung von Ackerbau auf Viehzucht; - eine stärkere Ausübung wird auch erfasst, wenn das herrschende Grundstück infolge zusätzlicher Bebauung stärker genutzt wird, oder infolge einer intensiveren Vermietung oder Änderung der Nutzungsart, z. B. gewerblich anstatt privat.

Der Umfang eines Wegerechts ändert sich nicht, wenn eine bei Bestellung des Rechts unvorhersehbare Änderung der Nutzung erfolgt, z. B. eine Umstellung einer Landwirtschaft zur Fabrik. Allerdings kann der Eigentümer des dienenden Grundstücks unter besonderen Voraussetzungen eine Verlegung der Ausübungsstelle verlangen..

Die <u>Grunddienstbarkeit entsteht</u> durch eine notariell zu beglaubigende Einigung zwischen dem Eigentümer und dem Berechtigten und durch die Eintragung der Dienstbarkeit im Grundbuch. In der Regel geht der Einigung und Eintragung eine vertragliche Vereinbarung zwischen dem Verpflichteten und dem Berechtigten voraus, die keiner besonderen Form bedarf, also auch mündlich getroffen werden kann. Aus dieser Vereinbarung entsteht dann die Verpflichtung zur Bestellung der Dienstbarkeit.

> Beispiel: Der Eigentümer des Grundstücks A vereinbart mit dem Eigentümer des Grundstücks B mündlich, dass der jeweilige Eigentümer des Grundstücks B einen bestimmten Teil des Grundstücks A als Zufahrt benutzen darf. A ist dann verpflichtet, zusammen mit B die Einigung notariell beglaubigen und das Recht eintragen zu lassen.

Benötigt der Dienstbarkeitsberechtigte zur Genehmigung einer vorhersehbaren baulichen Nutzung seines Grundstücks eine Baulastübernahme, kann der Eigentümer des dienenden Grundstücks auch zu deren Übernahme verpflichtet sein.

Der Eigentümer kann auch für sich selbst an seinem Grundstück eine sogenannte „Eigentümergrunddienstbarkeit" bestellen, z. B. zum Betrieb einer Photovoltaikanlage, die er als Anlagebetreiber dann auch im Falle einer Grundstücksveräußerung weiterhin nutzen kann.

Die Grunddienstbarkeit erlischt, wenn sich der Eigentümer des dienenden und der Eigentümer des berechtigten Grundstücks über das Erlöschen des Rechts einigen (§ 873), oder wenn für den Eigentümer des herrschenden Grundstücks kein Vorteil mehr gegeben ist (§ 1919), wenn z. B. die Ausübung der Dienstbarkeit aus tatsächlichen oder rechtlichen Gründen dauernd unmöglich ist.

Beispiele: Der Grundstückseigentümer A hat das Recht, auf einem B gehörenden Weg zu gehen und zu fahren. Der B gehörende Weg wird von der Gemeinde durch Widmung zu einem öffentlichen Weg erhoben. Da A jetzt auf Grund seines Rechtes zum Gemeingebrauch (Rn 176) zur Benutzung des Weges berechtigt ist, hat er durch die Dienstbarkeit keinen Vorteil mehr; - das Leitungsrecht eines Stromversorgers muss gelöscht werden, wenn eine Leitung über das belastete Grundstück nicht mehr realisiert werden kann, weil z. B. Strommasten aus öffentlich-rechtlichen Gründen nicht mehr zulässig sind.

Ein Nießbrauch (§§ 1030 - 1089) ist gegeben, wenn der Eigentümer eines   194
Grundstücks einer oder mehreren *Personen* auf bestimmte Zeit oder lebenslänglich das Recht einräumt, bestimmte Nutzungen seines Grundstücks, eines Teil seines Grundstücks oder an seinem Miteigentumsanteil ziehen darf. Der Nießbrauchsberechtigte darf z. B. für die Dauer des Nießbrauchs das Grundstück nutzen, also „Gebrauchen" und „Früchte ziehen" (Rn 144 ff.). Er muss also eine auf dem Grundstück befindliche Wohnung nicht unbedingt selbst bewohnen sondern kann sie auch vermieten. Vermietet der Eigentümer die Wohnung des Nießbrauchsberechtigten, weil dieser sich dauernd in einem Pflegeheim aufhält, muss er die erhaltene Miete auf verlangen des Berechtigten an diesen auskehren.

Der Nießbrauchsberechtigte muss die von ihm genutzte Immobilie in ihrem wirtschaftlichen Bestand erhalten (§ 1041). Durch eine normale Abnutzung entstehende Schäden muss er aber nicht beseitigen (§ 1050).

Ist vereinbart, dass der Nießbrauchsberechtigte Wohnnebenkosten und darauf Vorschüsse bezahlen muss, über die der Eigentümer abrechnen muss, gilt für diesen auch die für das Wohnmietverhältnis festgelegte Ausschlussfrist von 12 Monaten (§ 556).

Auch den Nießbrauch kann der Eigentümer als „Eigennießbrauch" für sich selbst bestellen. Er wird im Falle einer Grundstücksveräußerung von Bedeutung. Der neue Eigentümer ist dann von der Nutzung seines Grundstücks ausgeschlossen solange der Nießbrauch besteht.

Für die Entstehung und das Erlöschen eines Nießbrauchs gilt zunächst das gleiche wie für die Grunddienstbarkeit unter Rn 193 beschrieben worden ist. Da der Nießbrauch einer Person eingeräumt wird, ist dieses Recht nicht vererbbar und nicht auf andere übertragbar, sondern endet spätestens beim Tod des Berechtigten.

195   Eine persönlich beschränkte Dienstbarkeit (§§ 1090 - 1093) besteht darin, dass der Eigentümer auf seinem Grundstück nicht wie bei der Grunddienstbarkeit dem jeweiligen Eigentümer eines anderen Grundstücks sondern einer oder mehreren bestimmten Personen ein Recht einräumt, wenn also eine Duldung einer Photovoltaikanlage oder ein Wegerecht z. B. nicht dem jeweiligen Eigentümer eines Grundstücks sondern einer bestimmten Person eingeräumt wird. Häufiger Gegenstand einer persönlichen Dienstbarkeit sind sogenannte Wohnrechte.

   Beispiel: Der Eigentümer des Gebäudegrundstücks A räumt Herrn B das Recht ein, die Wohnung im 1. Stock des Gebäudes (unentgeltlich oder entgeltlich) auf bestimmte Zeit (oder lebenslänglich) zu bewohnen.

Wenn es nicht anders vereinbart wird oder der Eigentümer damit einverstanden ist, darf der Berechtigte die Wohnung bei einem auf seine Person beschränkten Wohnrecht anders als bei einem Nießbrauch nur selbst mit seinen Angehörigen, auch einem Lebensgefährten bewohnen, auch leer stehen lassen, jedoch nicht durch Dritte bewohnen lassen, also z. B. an andere vermieten. Das gilt auch, wenn der Wohnberechtigten auf Dauer, z. B. wegen Unterbringung in einem Pflegeheim, die Wohnung nicht mehr nutzen kann. Vermietet in diesem Fall der Eigentümer die Wohnung, muss er die erhaltene Miete nicht – wie im Falle eines Nießbrauchs (Rn 194) – an den Wohnrechtsberechtigten auskehren. Anders ist es bei einem in einem sogenannten Altenteilsvertrag vereinbarten Wohnrecht.

Die unter Rn 194 geschilderte im Mietrecht festgelegte Ausschlussfrist gilt auch für den Eigentümer des belasteten Grundstücks zugunsten des Wohnrechtsberechtigten. Denn dieser muss neben den verbrauchsabhängigen Kosten auch die verbrauchsunabhängigen Betriebskosten bezahlen, auch wenn er sein Wohnrecht nicht ausübt.

Für die Entstehung und das Erlöschen einer beschränkten persönlichen Dienstbarkeit gilt das gleiche wie für den Nießbrauch unter Rn 194 beschrieben worden ist.

Ein <u>Dauerwohnrecht</u> oder <u>Dauernutzungsrecht</u> (§§ 31- 42 WEG) besteht dann, wenn der Eigentümer eines Grundstücks einer bestimmten Person das Recht einräumt, eine bestimmte Wohnung eines auf dem Grundstück stehenden Gebäudes zu bewohnen oder in anderer Weise zu nutzen. Dieses Recht ist eine Art einer beschränkten persönlichen Dienstbarkeit mit dem Unterschied, dass es vererbbar und in der Regel auf andere Personen übertragbar ist und nicht beim Tod des Berechtigten erlischt.   196

7. Die Verjährung bei dinglichen Rechten Dritter

Für einen etwaigen Anspruch eines Dritten gegen den Immobilieneigentümer auf Duldung eines Notwegrechtes (Rn 175) oder aus einer Grunddienstbarkeit gibt es keine Verjährung (§ 924).   197

Soweit ein Dritter auf Grund eines dinglichen Rechts an einer Immobilie eine Herausgabe verlangen kann, z. B. ein Nießbrauchberechtigter oder ein Wohnrechtsberechtigter, verjährt der Herausgabeanspruch in 30 Jahren (§ 197).

Für einen Anspruch eines Dritten auf Begründung oder Übertragung eines dinglichen Rechts oder auf eine Gegenleistung für eine Aufhebung eines solchen Rechts gilt die Verjährungsfrist von 10 Jahren (§ 196).

Für allen anderen Ansprüche eines Dritten gegen den Eigentümer gilt die Regelverjährungsfrist von 3 Jahren (§ 195).

Ist ein Anspruch durch eine das Grundstück belastende Hypothek oder Grundschuld gesichert, kann der Gläubiger seine Befriedigung aus dem Grundpfandrecht auch dann verlangen, wenn der Anspruch bereits verjährt ist (§ 216).
> Beispiel: Ein auf dem Grundstück des A eingetragene Grundschuld sichert eine Darlehensforderung der Bank B. Auch wenn die der 3 – jährigen Verjährung unterliegende Darlehensforderung verjährt ist, darf B sich aus der Grundschuld befriedigen.

D. Rechte und Pflichten unter Miteigentümern

Wenn das Eigentum an einer Sache mehr als einer Person zusteht, kommt je nach dem zwischen diesen Personen bestehenden Rechtsverhältnis sogenanntes Bruchteilseigentum = Miteigentum (Rn 46) oder Gesamthandeigentum (Rn 47) infrage. Soweit für Rechte und Pflichten von Gesamthandeigentümern bei der Gütergemeinschaft wegen der Rechtswirkungen einer   198

Ehe und bei der Erbengemeinschaft wegen erbrechtlicher Regelungen Besonderheiten bestehen, werden diese im Ratgeber "Rechte und Pflichten in der Familie und beim Erbfall" beschrieben. Hier sollen noch die Rechte und Pflichten zwischen Miteigentümern (§§ 741 ff.) und im 4. Kapitel diejenigen zwischen Wohnungs- und Teileigentümern erörtert werden.

I. Veräußerung und Belastung

199 Jeder Miteigentümer ist in der Regel berechtigt, über seinen Miteigentumsanteil zu verfügen, ihn also zu verkaufen, zu verschenken, zu vererben oder zu belasten, z. B. mit einer Hypothek oder einer Grundschuld.

Der Rechtsnachfolger, also z. B. der Käufer oder Erbe des Miteigentumsanteils, tritt mit dem Erwerb des Anteils an die Stelle des bisherigen Miteigentümers. Die Veräußerung eines Miteigentumsanteiles durch einen im Güterstand der Zugewinngemeinschaft lebenden Ehegatten kann unzulässig sein. Näheres hierzu in "Rechte und Pflichten in der Familie und beim Erbfall".

200 Bei einem Verkauf des Anteils haben der oder die anderen Miteigentümer kein gesetzliches Vorkaufsrecht, so dass also ein Fremder durch eine Anteilsveräußerung in die Gemeinschaft kommen kann. Die Miteigentümer können aber durch eine notariell beurkundete Vereinbarung ein vertragliches Vorkaufsrecht für den Fall des Verkaufs festlegen, genauso wie andere Beschränkungen eines Verkaufs oder einer Belastung.
Andererseits kann aber auch ein Gläubiger eines Miteigentümers im Wege der Zwangsvollstreckung dessen Miteigentumsanteil an der Immobilie mit einer Sicherungszwangshypothek belasten. Über die Verwertungsmöglichkeiten des Gläubigers und deren Einfluss auf die ganze Immobilie siehe bei der Zwangsversteigerung unter Rn 413.
Dagegen kann eine Verfügung, z. B. eine Veräußerung oder Belastung der ganzen Immobilie, also des ganzen gemeinsamen Eigentums der Miteigentümer nur geschehen, wenn alle Miteigentümer einverstanden sind. Ein Mehrheitsbeschluss darüber reicht nicht.

II. Nutzung und Verwaltung

1. Das Recht zur Nutzung und Verwaltung der gemeinsamen Immobilie

201 Jeder Miteigentümer darf das Grundstück oder Gebäude gebrauchen (Rn 144 ff.), soweit dadurch nicht das gleichermaßen bestehende Gebrauchsrecht des anderen oder der anderen Miteigentümer beeinträchtigt wird (§ 743 Abs. 2). Gehört z. B. A und B je zur Hälfte ein Gebäude, darf A nicht gegen den Willen von B das ganze Haus bewohnen.

Jedem Miteigentümer steht ein der Größe seines Miteigentumsanteiles entsprechender Anteil an den Früchten zu (§ 743 Abs. 1). Gehören A, B und C z. B. je zu 1/3 ein Mietshaus, erhält jeder 1/3 der Mieteinnahmen.

Haben die Miteigentümer vereinbart, dass einer oder mehrere einen im gemeinschaftlichen Eigentum stehenden abgegrenzten Gartenteil unter Ausschluss der anderen nutzen darf, gelten insoweit im Innenverhältnis auch die nachbarrechtlichen Vorschriften des BGB und der betreffenden LBO.

Das Recht zur Verwaltung (Rn 155 f.) der Immobilie steht den Miteigentümern gemeinsam zu (§ 744 Abs. 1). Ohne vorherige Zustimmung des oder der anderen Miteigentümer darf ein Miteigentümer jedoch die zur Erhaltung des Grundstücks <u>notwendigen</u> Maßregeln treffen (§ 744 Abs. 2).   202
> Beispiel: Das Dach des A und B gehörenden Hauses ist undicht geworden. A oder B können ohne Zustimmung des anderen die Reparatur des Schadens in Auftrag geben.

Für zwar <u>nicht notwendige</u> aber zweckmäßige Maßnahmen gilt das nicht.
> Beispiel: A darf nicht ohne vorherige Zustimmung des B Rollladen oder Bäder oder Duschen in das gemeinsame Gebäude einbauen lassen.

Zur Verwaltung gehört auch die unten unter Rn 203 beschriebene Regelung der Nutzung.

2. Das Recht und die Pflicht zur Regelung der Nutzung und Verwaltung des gemeinschaftlichen Eigentums

Die Miteigentümer können mit <u>Stimmenmehrheit</u> eine der Beschaffenheit des Grundstücks oder Gebäudes entsprechende ordnungsgemäße Verwaltung und Benutzung beschließen (§ 745 Abs. 1, S. 1).   203
> Beispiel: Die Miteigentümer beschließen mit Stimmenmehrheit, dass Wohnungen in dem ihnen gemeinsam gehörenden Wohnhaus vermietet werden, z. B. an einen Dritten, oder auch an einen der Miteigentümer; - sie beschließen, welche Reparaturen und wie solche ausgeführt werden sollen; - sie beschließen die Kündigung eines Rechtsverhältnisses mit einem Dritten, z. B. eines Mietverhältnisses.

Beim Gewicht einer Stimme ist – anders als in der Regel bei einer Wohnungseigentümergemeinschaft (Rn 240) - die <u>Größe des Anteils</u> entscheidend (§ 745 Abs. 1, S. 2). Wenn also einem Miteigentümer mehr als 50 % Bruchteilsanteil zusteht, hat dieser allein die Mehrheit.

Nicht mit Stimmenmehrheit sondern nur <u>einstimmig</u>, also durch eine Vereinbarung können beschlossen werden:

- Eine wesentliche Veränderung des Grundstücks oder Gebäudes, wenn also z. B. Wohnungen in einem Wohngebäude zu Büros oder zu einem Einzelhandelsgeschäft umgebaut werden sollen.
- Das Recht des einzelnen Miteigentümers auf einen seinem Anteil entsprechenden Teil der Nutzung (Gebrauchen und Früchte ziehen, Rn 144 - 148) kann ohne seine Zustimmung nicht beschränkt werden.
  Beispiel: Es kann nicht mit Mehrheit beschlossen werden, dass ein Miteigentümer weniger als der ihm nach seinem Miteigentumsanteil zustehende Anteil an den Mietzinseinnahmen erhalten soll.

Vereinbarungen und Beschlussfassungen der Miteigentümer gelten auch für Sonderrechtsnachfolger, also z. B. für einen Käufer (§ 746). Dabei kommt es nicht darauf an, ob der neue Miteigentümer die Vereinbarungen oder Beschlüsse kennt.

III. Kosten und Lasten

204 Jeder Miteigentümer hat nach dem Verhältnis seines Anteils die Lasten des Grundstücks und die Kosten der Erhaltung, der Verwaltung und der gemeinschaftlichen Benutzung zu tragen (§ 748).
Zu den Lasten siehe Rn 178. Kosten der Erhaltung sind alle Aufwendungen für notwendige Erhaltungsmaßnahmen und für die durch Mehrheitsbeschluss oder Vereinbarung veranlassten weitere Maßnahmen.
Leistet ein Miteigentümer an den Lasten und Kosten der Immobilie mehr als seinem Anteil entspricht, kann er vom anderen oder den anderen Miteigentümern einen entsprechenden Ausgleich verlangen.

IV. Die Auseinandersetzung der Eigentumsgemeinschaft

1. Das Recht auf Aufhebung der Gemeinschaft

205 Hier gilt zunächst der Grundsatz: Jeder Miteigentümer kann jederzeit die Aufhebung der Gemeinschaft verlangen (§ 748 Abs. 1). Dieses Recht kann aber durch eine ausdrückliche oder stillschweigende Vereinbarung, also mit Einverständnis aller Miteigentümer eingeschränkt werden. Einer bestimmten Form bedarf diese Vereinbarung nicht, sie ist also auch mündlich wirksam. Ein Ausschluss des Aufhebungsrechts durch eine stillschweigende Vereinbarung wird z. B. zwischen Ehegatten angenommen, wenn ihnen die von ihnen benutzte eheliche Wohnung gemeinsam gehört. Soll eine Vereinbarung aber auch für einen Sonderrechtsnachfolger, also z. B. für einen Käufer des Miteigentumsanteils gelten, muss sie im Grundbuch eingetragen sein.

Inhalt einer solchen Vereinbarung kann auch sein, dass die Aufhebung der Gemeinschaft erst nach Ablauf einer bestimmten Kündigungsfrist, oder erst nach Ablauf einer bestimmten Zeit, z. B. nach 5 Jahren, oder erst nach dem

Tod einer bestimmten Person oder eines Miteigentümers verlangt werden kann, oder aber auch für immer ausgeschlossen sein soll.

> Beispiel: A und B gehört je zur Hälfte ein Zweifamilienhaus. Sie regeln die Benutzung und schließen die Auseinandersetzung für immer aus.

Ist die Auseinandersetzung nur auf eine bestimmte Zeit ausgeschlossen worden, endet die bestimmte Zeit im Zweifel auch mit dem Tod eines Miteigentümers (§ 750).

> Beispiel: Die Miteigentümer A und B haben die Auseinandersetzung auf 5 Jahre ausgeschlossen. Nach 3 Jahren stirbt B. Verlangen A oder die Erben des B dann die Aufhebung, kann der andere die Aufhebung nur verhindern, wenn er nachweisen kann, dass trotz des Todes von B die Auseinandersetzung auf 5 Jahre ausgeschlossen sein sollte.

Auch wenn das Recht auf Aufhebung auf bestimmte Zeit oder für immer ausgeschlossen worden ist, kann jeder Miteigentümer aber dann die Aufhebung der Eigentumsgemeinschaft verlangen, wenn ein wichtiger Grund gegeben ist (§ 749 Abs. 2). Dieses Aufhebungsrecht aus wichtigem Grund kann auch durch eine Vereinbarung nicht ausgeschlossen werden. Was unter einem wichtigen Grund zu verstehen ist, ist Frage des Einzelfalles. Es müssen nicht vorhersehbar gewesene Umstände sein, welche dem die Aufhebung verlangenden Miteigentümer die Verbindung mit dem oder den anderen Miteigentümern unzumutbar machen. Beispiel für einen wichtigen Grund ist z. B. ein vollkommen zerstörtes Vertrauensverhältnis zwischen den Miteigentümern. Kein wichtiger Grund ist in der Regel dagegen ein größerer Wohnungsbedarf eines Miteigentümers oder bei Lebensgefährten eine Beendigung ihrer Lebensgemeinschaft.

Ebenso kann ein Gläubiger des Miteigentümers trotz ausgeschlossenem Aufhebungsrecht die Aufhebung der Gemeinschaft verlangen, wenn er auf Grund eines rechtskräftigen vollstreckbaren Schuldtitels den Miteigentumsanteil seines Schuldners gepfändet hat (§ 751 S. 2). Zur Aufhebung der Eigentumsgemeinschaft beim Wohnungs- oder Teileigentum finden Sie alles nähere unter Rn 212 und 263.

2. Rechte und Pflichten der Miteigentümer bei der Auseinandersetzung

Wenn die Eigentumsgemeinschaft nach Bruchteilen auseinander zusetzen ist, gelten folgende gesetzliche Regeln (§§ 752 ff.), soweit die Art und Weise der Auseinandersetzung zwischen den Miteigentümern nicht anders vereinbart ist:

Verwertung der Immobilie durch Verkauf zur Tilgung von Verbindlichkeiten: 206
Zunächst sind die von der Eigentumsgemeinschaft für das gemeinschaftliche Eigentum eingegangenen Verbindlichkeiten zu tilgen. Jeder Miteigentümer kann verlangen, dass die Verbindlichkeiten aus dem gemeinschaftli-

chen Eigentum berichtigt werden. Wird das verlangt und ist deshalb die Verwertung des gemeinschaftlichen Eigentums erforderlich, geschieht das so: Die Miteigentümer <u>versuchen eine Einigung</u> über den freihändigen Verkauf oder die Übernahme der Immobilie durch einen oder mehrere Miteigentümer. Sind nicht **alle** Miteigentümer mit einer solchen Lösung einverstanden, muss die Verwertung der Immobilie durch eine Zwangsversteigerung des Grundstücks (Rn 413 ff, insbes. 421) und durch Teilung des nach Tilgung der Verbindlichkeiten verbleibenden Erlöses (§ 753) erfolgen. Reicht der Erlös zur Tilgung nicht aus, müssen die Miteigentümer entsprechend ihrer Anteile den Rest aufbringen.

207   <u>Anderweitige Teilung des Miteigentums:</u>

Ist ein Verkauf des gemeinschaftlichen Eigentums zur Tilgung der Verbindlichkeiten nicht erforderlich, weil z. B. keine offenen Verbindlichkeiten bestehen, oder weil die zur Schuldentilgung erforderlichen Mittel von den Miteigentümern vorgeschossen werden, gilt für die Auseinandersetzung:

- Ist z. B. die Teilung eines <u>unbebauten Grundstücks</u> in so viele <u>gleiche</u> und <u>gleichwertige</u> Teile möglich und zulässig wie Miteigentümer vorhanden sind, ist das Grundstück zu teilen (§ 752). Bei einem Baugrundstück müssen auch die einzelnen Teile einzeln bebaubar sein. Die gleichen Teile werden unter den Miteigentümern verlost.

  Eine solche Teilung ist nur selten möglich, weil in der Regel aus einem Grundstück nicht gleiche und gleichwertige Grundstücke durch eine Teilung gebildet werden können. Außerdem muss eine etwa erforderliche Genehmigung (Rn 39) erreicht werden können.

  Bei einem den Miteigentümern gehörenden Gebäude ist eine Teilung normalerweise nicht möglich. Wenn Wohnungseigentum bzw. Teileigentum gebildet werden soll, ist das nur mit Einverständnis aller Miteigentümer zulässig.

Ist eine reale Teilung der gemeinschaftlichen Immobilie wie in aller Regel nicht möglich, gilt folgendes:
- Einigen sich nicht **alle** Miteigentümer auf eine bestimmte Verwertung der Immobilie, kann jeder Miteigentümer wie unter Rn 206 beschrieben die Versteigerung des Grundstücks beantragen. Dabei kann unter den Miteigentümern vereinbart werden, dass das Grundstück nur unter den Miteigentümern versteigert werden darf. Auch darüber müssen aber alle Miteigentümer einverstanden sein.

Für in Zugewinngemeinschaft lebende Ehegatten können Besonderheiten gelten, die in den Ratgebern "Rechte und Pflichten in der Familie und beim Erbfall" und „Rechte und Pflichten von Ehegatten und Lebensgefährten bei Trennung und Scheidung" beschrieben werden.

4. KAPITEL

Die besonderen Rechte und Pflichten beim Wohnungseigentum

A. Wohnungseigentum und die Wohnungseigentümergemeinschaft

Unter „Wohnungseigentum im weiteren Sinne" versteht das WEG   208

> das „Wohnungseigentum im engeren Sinne„
> <u>und</u>
> das „Teileigentum" (Rn 49).

Letztere beiden unterscheiden sich beim Nutzungszweck der dem jeweiligen Miteigentümer als <u>Sondereigentum</u> gehörenden aufgeteilten Räume eines auf dem gemeinsamen Grundstück stehenden oder noch herzustellenden Gebäudes. Sind die Räume für Wohnzwecke vorgesehen, ist <u>Wohnungseigentum im engeren Sinne</u> gegeben, wenn sie zu anderen Zwecken genutzt werden sollen, nennt man sie <u>Teileigentum</u>.

<u>Sondereigentum</u> an den genannten Räumen kann nur geschaffen werden, wenn die Räume „in sich abgeschlossen" sind (§ 3 Abs. 2 WEG). Darüber muss dem Grundbuchamt bei der Eintragung des Wohnungs- oder Teileigentums im Grundbuch eine sogenannte „Abgeschlossenheitsbescheinigung" der Baurechtsbehörde vorliegen. Nicht erforderlich für die Schaffung von Wohnungs- oder Teileigentum ist eine Zustimmung der im Grundbuch eingetragenen Grundpfandgläubiger.

<u>Für beide Arten</u>, also für Wohnungseigentum und Teileigentum gelten die gleichen Rechte und Pflichten. Deshalb soll im weiteren wie auch im WEG immer vom Wohnungseigentum die Rede sein, gemeint sind dabei aber immer beide Arten, Wohnungseigentum und Teileigentum, ausgenommen es geht um ihre verschiedene Nutzungsart.

1. Begriff, Entstehung und Übertragung von Wohnungseigentum

Für die Schaffung von Wohnungseigentum gibt es 2 Wege:

<u>1. Weg:</u> Der Eigentümer eines Grundstücks teilt sein Grundstück in Wohnungs- und Teileigentum, indem er gegenüber dem Grundbuchamt in notariell beglaubigter Form eine "<u>Teilungserklärung</u>" abgibt (§ 8 WEG). Siehe dazu Rn 216. Die Erklärung beinhaltet, dass das Eigentum am Grundstück in ideelle Miteigentumsanteile (Rn 46, 198) bestimmter Größe aufgeteilt wird. Der einzelne ideelle Miteigentumsanteil <u>wird</u> dann mit dem Sondereigentum an bestimmten Räumen eines auf dem Grundstück bestehenden oder noch zu errichtenden Gebäudes <u>verbunden</u>.   209

Beispiel: Der Eigentümer eines Dreifamilienhauses teilt das Eigentum am Grundstück in 3 Miteigentumsanteile zu 4/10 - tel, 4/10 - tel und 2/10 - tel. Einer der Miteigentumsanteile wird mit dem Sondereigentum an der Wohnung im Erdgeschoss verbunden, der zweite mit dem Sondereigentum an der Wohnung im 1. Obergeschoss und der dritte Anteil mit dem Sondereigentum an der Wohnung im Dachgeschoss.

210 2. Weg: Gehört ein Grundstück bereits mehreren Personen als Miteigentümer zu bestimmten ideellen Anteilen (Rn 46), können sie eine Beschränkung ihrer Miteigentumsanteile am Grundstück dahingehend vereinbaren, dass das jeweilige Miteigentum mit dem Sondereigentum an bestimmten Räumen eines auf dem Grundstück bestehenden oder noch zu errichtenden Gebäudes verbunden wird (§ 3 WEG). Mit dieser Vereinbarung (Rn 216) müssen **alle** Miteigentümer einverstanden sein. Außerdem muss die Vereinbarung unter gleichzeitiger Anwesenheit der Vertragschließenden wie bei der Auflassung (Rn 97) notariell beurkundet werden (§ 4 Abs. 2 WEG).

Beispiel: A und B gehört ein Zweifamilienhaus je zu 1/2. Sie beschränken ihre Miteigentumsanteile dahingehend, dass der Miteigentumsanteil des A mit dem Sondereigentum an der einen Wohnung und der Miteigentumsanteil des B mit dem Sondereigentum an der anderen Wohnung verbunden werden.

211 Das Wohnungseigentum entsteht erst, wenn das Grundbuchamt das Recht in das Wohnungsgrundbuch (Rn 53) eingetragen hat. Voraussetzung für die Eintragung ist eine vorzulegende Abgeschlossenheitsbescheinigung. Der Aufteilung des bestehenden oder erst herzustellenden Gebäudes wird ein sogenannter Aufteilungsplan zugrunde gelegt, in dem Lage, Größe und Nutzungsart der zum Sondereigentum gehörenden Räume und der gemeinschaftlichen Gebäudeteile beschrieben werden.

Sind Wohnräume im Zeitpunkt der Entstehung von Wohnungseigentum im Besitz eines Mieters, steht diesem beim erstmaligen Verkauf des Wohnungseigentums in der Regel ein Vorkaufsrecht zu (§ 577).

212 Auf andere übergehen oder verloren werden kann Wohnungseigentum zunächst wie das Eigentum an einer anderen Immobilie, also z. B. durch Vererbung, Veräußerung, Enteignung oder Zwangsversteigerung. Zur Bewertung von Wohnungseigentums siehe Rn 61 ff.

Untergehen kann das Wohnungseigentum nicht dadurch, dass einer oder mehrere Miteigentümer die Aufhebung der Gemeinschaft (Rn 205 f.) verlangen. Denn dieses Recht ist sowohl für den einzelnen Wohnungseigentümer als auch für eine Mehrheit der Wohnungseigentümer in jedem Fall ausgeschlossen (§ 11 WEG). Dagegen kann das Wohnungseigentum untergehen, wenn alle Beteiligten sich über die Aufhebung des Sondereigentums einigen (§ 9 Abs. 2 Nr. 2 WEG). Beteiligte sind außer Wohnungseigentü-

mern diejenigen, welche an einem einzelnen Wohnungseigentum ein dingliches Recht haben, z. B. Grundschuld, Hypothek, Nießbrauch, Wohnrecht.
Außerdem geht das Wohnungseigentum unter, wenn alle Miteigentumsanteile in der Hand eines Eigentümers vereinigt werden und dieser die Schlie-
ßung der Wohnungsgrundbücher beantragt (§ 9 Abs. 1 Nr. 3 WEG), und
auch dann, wenn alle zu Sondereigentum gehörenden Räume völlig zerstört
sind und alle Wohnungseigentümer einen Antrag stellen.

2. Das Wohnungseigentum und die GdWE

Das Wohnungseigentum des einzelnen Miteigentümers setzt sich einerseits
aus dem bestimmten ideellen Miteigentumsanteil am Grundstück und den
gemeinschaftlichen Räumlichkeiten und Gebäudeteilen und andererseits
aus dem damit verbundenen Sondereigentum an bestimmten Räumen zusammen, also aus gemeinschaftlichem Eigentum und Sondereigentum.

Zum Sondereigentum (§ 5 WEG) gehören in der Satzung (Rn 216) festge-   213
gelegte Wohn- oder Geschäftsräume und deren Bestandteile, nämlich alle
Teile dieser Räume, die verändert, beseitigt oder eingefügt werden können,
ohne dass dadurch das gemeinschaftliche Eigentum oder ein auf einem
Sondereigentum beruhendes Recht eines anderen Wohnungseigentümers
unzulässig beeinträchtigt oder das Äußere des Gebäudes verändert wird.

> Beispiele für zum Sondereigentum gehörende Bestandteile: Nichttra-
> gende Zwischenwände, Fenstersimse, der einem Wohnungseigentum
> vorgelagerte Balkon, Bodenbeläge, Estrich als Gehschicht, Wand- und
> Deckenputz bzw. Verkleidungen, Innentüren, Einbauschränke, Sanitär-
> gegenstände, Heizkörper und dazu gehörende Anschlussleitungen, E-
> lektrospeicheröfen, im Sondereigentum verlegte Versorgungsleitungen
> ab Abzweigung von der Hauptleitung. Die äußere Umhüllung des Son-
> dereigentums ist dagegen gemeinschaftliches Eigentum.

Der Nutzungszweck des Sondereigentums ergibt sich aus der Bezeichnung
der betreffenden Räume als „Wohnung" oder „nicht zu Wohnzwecken dienenden Räumen" (§ 1 WEG). Bindend für die Nutzungsmöglichkeit des
Sondereigentums ist nicht eine Angabe im Aufteilungsplan (Rn 211), sondern was in die Satzung der Gemeinschaft (Rn 216) steht, in der auch der
Gebrauch der zum Sondereigentum gehörenden Räume geregelt sein kann
(Rn 271 ff.).
Zu unterscheiden ist das Sondereigentum von einem Sondernutzungsrecht,
das einem Wohnungseigentümer in der Satzung am gemeinschaftlichen Eigentum eingeräumt werden kann.

Zur Schaffung von Sondereigentum durch Unterteilung eines Sondereigentums siehe Rn 274.

214 Zum <u>gemeinschaftlichen Eigentum</u> gehören das Grundstück und alle nicht zu einem Sondereigentum gehörende Räume und Gebäudeteile, die für den Bestand oder die Sicherheit des Gebäudes erforderlich sind, ferner Anlagen und Einrichtungen, die dem gemeinschaftlichen Gebrauch der Wohnungseigentümer dienen, selbst wenn sie sich im Bereich des Sondereigentums eines Wohnungseigentümers befinden. So ist eine Hebeanlage für mehrere verschiedene Doppelstockgaragen gemeinschaftliches Eigentum, während die ausschließlich für <u>eine</u> Doppelstockgarage vorhandene Hebeanlage Sondereigentum ist. Gemeinschaftliches Eigentum sind z. B.:

Dach, Außenwände, Decken, Böden einschließlich Isolierschicht, auch bei Balkonen, Schall- und Wärmeschutz; - Fenster und Fensterrahmen (auch bei Doppelfenstern), Außenjalousien, Fensterläden, Rollläden, Wohnungsabschlusstüre einschließlich Schloss; - Zählerkasten, ins Sondereigentum führende Wasserleitungen bis zur ersten dem Sondereigentümer zur Verfügung stehenden Absperrvorrichtung, Zählereinrichtungen für Wasser, Heizungsanlage einschließlich entsprechender Wärmezähler; - Auch eine Fläche, die einziger Zugang zu Versorgungseinrichtungen des Hauses ist, oder der Zugang durch ein Hinterhaus zu einem gemeinschaftlich gehörenden Garten.

215 In der GdWE (§ 10 Abs. 6 WEG) sind miteinander verbunden:
• Alle im Grundbuch für das Grundstück eingetragene Miteigentümer (Wohnungs- oder Teileigentümer), und
• alle noch nicht eingetragene Miteigentümer, die das Wohnungseigentum direkt vom Bauträger erworben haben, wenn sie bereits im Besitz der zu ihrem Sondereigentum gehörenden Räume sind <u>und</u> wenn für sie schon eine Auflassungsvormerkung im Grundbuch eingetragen ist.

Die GdWE ist rechtsfähig (Rn 5, 15). Für diese, für die Wohnungseigentümer und für den Verwalter gelten in der nachgenannten Reihenfolge folgende Bestimmungen oder Vorschriften:
(1) In erster Linie die zwingenden, also die nicht abänderbaren Vorschriften des WEG (Rn 21);
(2) Dann die zulässigen und also rechtswirksamen Regelungen in der Teilungserklärung, bzw. Vereinbarung, Satzung usw. (Rn 216 - 218);
(3) Dann die von den Eigentümern mit der erforderlichen Stimmenmehrheit getroffenen rechtswirksamen Beschlüsse (Rn 240 ff.);
(4) Soweit nach (2) oder (3) nichts anderes festgelegt ist, gelten dann die übrigen Bestimmungen des WEG, und
(5) zuletzt die Vorschriften des BGB über die Gemeinschaft (§§ 741 ff.).

3. „Teilungserklärung" „Vereinbarung" „Satzung"

Die in der „Teilungserklärung" (Rn 209) oder „Vereinbarung" (Rn 210) ent- 216
halten Regelungen und Bestimmungen, die manchmal auch als „Tei-
lungsvereinbarung", „Teilungsanordnung", „Gemeinschaftsordnung", oder
„Satzung" bezeichnet werden, sind sozusagen die „Verfassung" der GdWE..
Diese Regelungen sind gemeint, wenn in den weiteren Ausführungen von
der Satzung oder von der Vereinbarung der Wohnungseigentümer oder der
GdWE die Rede ist. Inhalt der Satzung sind Bestimmungen über die Rechte
und Pflichten der GdWE, der einzelnen Wohnungseigentümer und des
Verwalters. Soweit die Satzung keine Bestimmung enthält, gelten die Vorschriften des WEG.
Die Satzungsbestimmungen gelten automatisch auch für alle später im Wege der Gesamtrechtsnachfolge z. B. als Erbe in die Gemeinschaft eintretende Wohnungseigentümer. Für einen Sonderrechtsnachfolger (= Käufer, Be-
schenkter, Ersteher in der Zwangsversteigerung) gilt eine Regelung der Satzung dagegen nur, wenn diese als Inhalt des Sondereigentums im Grundbuch eingetragen ist (§ 10 Abs. 2 WEG). Auf diese Weise ist sichergestellt,
dass es z. B. für einen Käufer keine Überraschungen geben kann. Er kann
sich vor Erwerb des Wohnungseigentums durch Einsicht in das Grundbuch
über die für ihn geltenden Satzungsreglungen informieren.
Entsteht Streit darüber, ob eine Regelung in der Satzung rechtswirksam ist,
kann das auf eine Klage durch das Gericht festgestellt werden (Rn 389).
Zu einer möglichen Änderung der Satzung siehe Rn 219 f., zu den Beschlüssen der GdWE Rn 240 ff. und zum Anspruch eines Wohnungseigentümers auf Änderung der Satzung Rn 261.

4. Die zwingenden Vorschriften des WEG

Die folgenden zwingenden Vorschriften im WEG können weder der das 217
Wohnungseigentum schaffende Eigentümer noch die Wohnungseigentümer
durch eine Vereinbarung ändern, z. B. die Bestimmungen:
- dass für die Sicherheit oder für die gemeinschaftlichen Einrichtungen erforderliche Gebäudeteile nicht dem Sondereigentum eines Wohnungseigentümers zugewiesen werden dürfen (§ 5 Abs. 2 WEG);
- dass eine Veräußerung oder Belastung von Sondereigentum ohne den
  Miteigentumsanteil nicht zulässig ist (§ 6 Abs. 1 WEG);
- dass die Gemeinschaft nicht aufgehoben werden kann, ausgenommen
  das Gebäude ist ganz oder teilweise zerstört und eine Verpflichtung
  zum Wiederaufbau besteht nicht (§ 11 Abs. 1 WEG);
- dass eine etwa erforderliche Zustimmung zur Veräußerung eines Wohnungseigentums auch ohne wichtigen Grund verweigert werden darf (§
  12 Abs. 2 WEG);

- dass die Wohnungseigentümer nicht zur Verwaltung gehörende Aufgaben, z. B. eine Veräußerung eines Teils des Grundstücks nicht durch Beschlüsse regeln können;
- dass die Wohnungseigentümer durch Stimmenmehrheit die Aufhebung einer nach der Satzung bestehenden Veräußerungsbeschränkung beschließen können (§ 12 Abs. 4, S. 2 WEG);
- dass die Wohnungseigentümer nach § 16 Abs. 3 und 4 WEG hinsichtlich bestimmter Kosten und deren Verteilung andere Regelungen treffen können (§ 16 Abs. 5 WEG);
- dass ein Wohnungseigentum auch bei Vorliegen der dafür vorgeschriebenen gesetzlichen Voraussetzungen nicht entzogen werden darf (§ 18 Abs. 4 WEG);
- dass ein Verwalter zu bestellen ist (§ 20 Abs. 2 WEG);
- dass die Wohnungseigentümer Maßnahmen zur Modernisierung oder Anpassung des gemeinschaftlichen Eigentümers an den Stand der Technik unter den in § 22 Abs. 2, S. 1 WEG genannten Voraussetzungen beschließen können;
- dass ein schriftlicher Beschluss auch dann gelten soll, wenn er nicht einstimmig gefasst wird (§ 23 Abs. 3 WEG);
- dass der Verwalter bei der ersten Bestellung auf höchstens 3 Jahre und bei jeder weiteren Bestellung auf höchstens 5 Jahre bestellt werden darf, und über eine weitere Bestellung desselben Verwalters frühestens 1 Jahr vor Ablauf seiner Amtszeit beschlossen werden darf (§ 26 WEG);
- dass die für den Verwalter in § 27 Abs. 1 bis 3 WEG festgelegten Aufgaben und Befugnisse nicht beschränkt oder ausgeschlossen werden dürfen (§ 27 Abs. 4 WEG).

Eine Regelung in der Satzung, die gegen eine solche zwingende Vorschrift verstößt, ist unwirksam (§ 134), ebenso wenn sie gegen ein anderes Gesetz oder die guten Sitten verstößt (Rn 21 f.), oder wenn einem Wohnungseigentümer ein unentziehbares und unverzichtbares Individualrecht entzogen oder eine weder sich aus dem Gesetz oder der Satzung ergebende Pflicht aufgebürdet werden soll. Ein Beispiel finden Sie unter Rn 260.

5. Beispiele für übliche rechtswirksame Bestimmungen in einer Satzung

218   Die üblicherweise in Satzungen stehenden oder später vereinbarte Regelungen sind je nach Art der Wohnanlage und der Anzahl möglicher Wohnungseigentümer verschieden. Beispielsweise sollen üblichen Regelungsthemen aus dem WEG genannt werden:

(1) Die Festlegung, dass über Angelegenheiten, welche die Wohnungseigentümer an und für sich nur durch eine Vereinbarung (Rn 216) regeln dürfen, von der GdWE auch durch einen Mehrheitsbeschluss entscheiden können (§ 23 WEG) = eine sogenannte Öffnungsklausel.

(2) Regelungen, wie der Wohnungseigentümer sein Sondereigentum oder das gemeinschaftliche Eigentum nur gebrauchen darf (§ 15 WEG), dass z. B. die Wohnung nur durch den Eigentümer oder seine Angehörigen bewohnt werden darf, - dass die Wohnung nicht an einen wechselnden Personenkreis vermietet werden darf, also nicht an Asylanten, - dass Räume nur von zu einem betreuungsbedürftigen Personenkreis gehörenden Personen genutzt werden dürfen, wobei zu beachten ist, dass nach der Rechtssprechung des BGH dem Sondereigentümer aber der Abschluss eines Betreuungsvertrages nicht auf länger als 2 Jahre aufgezwungen werden darf, - dass keine Haustierhaltung erlaubt ist, ausgenommen bei Nichtvorliegen einer konkreten Belästigung (Erlaubt ist dann aber eine Kleintierhaltung, z. B. Goldhamster o. ä. oder ein erforderlicher Blindenhund), - dass Räume eines Teileigentums nur als Büro oder als Laden oder als Arztpraxis benutzt werden dürfen, - dass ein Konkurrenzverbot einzuhalten ist, - dass Reparaturen nur durch Handwerker durchgeführt werden dürfen.

(3) Eine Bestimmung über die Verteilung der Nutzungen, Lasten und Kosten (§ 16 WEG), etwa nach Nutzungsfläche statt nach der Größe des Miteigentumsanteils, - oder eine Bestimmung, nach der einem Wohnungseigentümer oder mehreren unter Ausschluss der anderen ein Sondernutzungsrecht an Teilen des gemeinschaftlichen Eigentums eingeräumt wird, z. B. an einem Gartenteil, einem Stellplatz oder an einer Garage.

(4) Eine Regelung der Verwaltung (§ 21 WEG), über besonderer Aufwendungen und den Wiederaufbau für den Fall einer Zerstörung des Gebäudes (§ 22 WEG).

(5) Die Festlegung einer Veräußerungsbeschränkung (§ 12 WEG), etwa „Die Veräußerung, Vermietung und Belastung des Wohnungseigentums bedarf der Zustimmung der anderen Wohnungseigentümer" (oder des Verwalters, oder eines Dritten). Siehe dazu auch Rn 224, 252, 262.

(6) Regelungen über die Eigentümerversammlung,, etwa über deren Einberufung, über den Vorsitz, über die Vertretung eines Wohnungseigentümers, dass der Wohnungseigentümer sich in der Eigentümerversammlung, z. B. nur durch den Ehegatten, einen anderen Wohnungseigentümer oder den Verwalter vertreten lassen darf, oder wer außer dem Wohnungseigentümer an der Versammlung teilnehmen darf.

(7) Eine Bestimmung über eine etwaige Erweiterung der Aufgaben und Befugnisse des Verwalters über die in § 27 WEG hinaus festgelegten.

(8) Eine Bestimmung, nach der jede bauliche Veränderung innerhalb des Sondereigentums einer Zustimmung der Wohnungseigentümer bedarf, oder eine Regelung, nach welcher der einzelne Wohnungseigentümer die Instandsetzung und –haltungspflicht am gemeinschaftlichen Eigentum trägt (Rn 280), z. B. an Fenstern, Wohnungseingangstüren oder Balkonen.

B. Die Rechte und Pflichten der GdWE

Als rechtsfähige Person nimmt die GdWE am Rechtsverkehr teil, sie kann Rechte erwerben und Pflichten eingehen, übt die gemeinschaftlichen Rechte aus und nimmt die gemeinschaftlichen Pflichten wahr (§ 10 Abs. 4 S. 1 und 3 WEG). Die erforderlichen Maßnahmen werden von den Wohnungseigentümern in der Regel in sogenannten Wohnungseigentümerversammlungen getroffen (Rn 238 ff.).

I. Allgemeine Rechte und Pflichten der GdWE

1. Das Recht der GdWE, vom WEG oder der Satzung abweichende Regelungen festzulegen

Unter Beachtung der unter Rn 216 f. genannten Schranken kann die GdWE die für sie geltende Satzung und im WEG stehenden Bestimmungen durch „Vereinbarungen" oder Beschlüsse ändern oder neue Regelungen festlegen, wenn ein sachlicher Grund dafür gegeben ist.

219 Die Satzung kann an und für sich nur durch eine rechtswirksame Vereinbarung geändert werden, was voraussetzt, dass mit der betreffenden Regelung **alle** Wohnungseigentümer einverstanden sind, nicht nur etwa die in einer Versammlung gerade anwesenden. Eine bestimmte Form ist für die Regelung nicht vorgeschrieben. Eine mündlich getroffene Vereinbarung gilt also genauso wie eine schriftliche oder gar notariell beurkundete. Soll die neue Regelung jedoch auch für spätere Erwerber gelten, muss sie notariell beglaubigt und im Grundbuch eingetragen werden. Außerdem muss die Zustimmung etwaiger dinglicher Berechtigten eingeholt werden, sofern die Regelung deren Rechte beeinträchtigt.
    Beispiel: Wenn die Wohnungseigentümer eine Bestimmung vereinbaren, die den Wert des einzelnen Wohnungseigentums mindert, z. B. eine Veräußerungsbeschränkung, eine stärker belastende Kostenbeteiligung., müssen alle beeinträchtigte dinglichen Gläubiger einverstanden sein.

220 Ausnahmsweise ist eine Satzungsänderung durch einen nach einer sogenannten Öffnungsklausel (Rn 218 Ziffer (1)) gestatteten oder gesetzlich zugelassenen Beschluss möglich. Hier reicht dann die in der Öffnungsklausel festgelegte Mehrheit in der Versammlung anwesender Wohnungseigentümer. Nicht zwingende Vorschriften des WEG darf die GdWE durch mit einfacher Mehrheit gefasste Beschlüsse ändern (§ 10 Abs. 2, S. 2 WEG). Beispiele für gesetzlich zulässige Regelungen durch Beschlüsse finden Sie unter Rn 224, 228 – 232, 234.
    Zu dem Fall, dass ein oder mehrere Wohnungseigentümer die Änderung einer Satzungsregelung von den anderen Wohnungseigentümern sogar verlangen können, siehe Rn 261.

2. Die Bestellung und Abberufung eines Verwalters und Verwaltungsbeirats

Die Wohnungseigentümer bestellen für ihre GdWE einen Verwalter, der   221
der eine natürliche oder juristische Person, eine OHG, KG, dagegen nach
der Rechtssprechung des BGH nicht z. B. eine GbR sein kann. Der Verwalter muss für das Verwalteramt geeignet sein. Er ist als Ausführungsorgan für
eine GdWE notwendig, weshalb die Bestellung eines solchen durch eine
Satzungsbestimmung nicht ausgeschlossen werden darf (Rn 217). Solange
die Miteigentumsanteile, z. B. bei der Teilungserklärung, noch einer Person
gehören, kann der teilende Eigentümer den Verwalter formlos, also auch
mündlich, bestellen. Wird kein Verwalter bestellt, wie z. B. bei einer Gemeinschaft, die nur aus 2 oder 3 Wohnungseigentümern besteht, müssen
diese immer gemeinsam handeln oder einen Vertreter beauftragen (§ 27
Abs. 3 WEG). Wenn kein Verwalter bestellt wird, kann jeder Wohnungseigentümer die Bestellung eines solchen durch eine Klage durchsetzen (Rn
284).

Zwingend vorgeschrieben ist, dass eine erstmalige Bestellung eines Verwalters auf höchstens 3 und jede Verlängerung derselben desselben auf höchstens 5 Jahre erfolgen darf. Die Verlängerung der Bestellung darf frühestens
1 Jahr vor Ablauf der zunächst vorgesehenen Zeit geschehen (§ 26 WEG).
   Beispiel: Der Verwalter wird auf 3 Jahre vom 1. 4. 2015 - 31. 3. 2018
   bestellt. Über seine weitere Bestellung kann frühestens am 1. 4. 2017
   beschlossen werden.
Bei einer Verwalterneuwahl müssen mehrere Interessenten der GdWE zur
Auswahl zur Verfügung stehen. Außerdem muss der wesentliche Inhalt des
mit dem Verwalter zu vereinbarenden Vertrages feststehen, insbesondere
Vergütung und Kündigungsmöglichkeiten. Wird ein Beschluss über die Vergütung des Verwalters angefochten, kann das Gericht eine vorgesehene
Vergütung auch heruntersetzen, wenn diese mehr als 40 % über dem Betrag liegt, den Mitbewerber verlangen.

Die GdWE kann mit Stimmenmehrheit auch zusätzlich einen Verwaltungsbeirat bestellen, der aus einem Wohnungseigentümer als Vorsitzenden und
zwei Wohnungseigentümern als Beisitzer besteht, falls in der Satzung nicht
eine andere Anzahl von Beisitzern festgelegt ist.

Ist ein wichtiger Grund gegeben, können die Wohnungseigentümer durch   222
Mehrheitsbeschluss den Verwalter vor dem Ende der Zeit, für die er be-
stellt worden ist, abberufen. Sie müssen das aber nicht.
   Beispiele für wichtige Gründe: Der Verwalter missachtet den Willen der
   GdWE, - er verletzt wesentliche Verwalterpflichten, führt z. B. die Be-
   schlusssammlung nicht ordnungsgemäß oder er macht jahrelang keine
   Jahresabrechnung, - er verstößt gegen die Pflicht, sein Vermögen vom
   Vermögen der GdWE getrennt zu halten; er gerät in Vermögensverfall, -

er fälscht ein Protokoll, - er erteilt ohne entsprechenden Beschluss der GdWE Aufträge erheblichen Umfangs oder schließt nicht vorgesehene Verträge für die GdWE, - es entsteht ein Interessenkonflikt, wenn der Verwalter zufällig der Bauträger ist und es dann um die Behebung von Mängeln geht; - der Verwalter verletzt die Neutralitätspflicht, er vertritt z. B. einen Wohnungseigentümer gegen einen anderen, - der Verwalter begeht eine strafbare Handlung, auch wenn diese nicht gegen die Wohnungseigentümer gerichtet ist, - der Verwalter stellt eigenmächtig die Heizung von Öl auf Gas um.

In der Satzung kann auch festgelegt sein, dass eine Abberufung des Verwalters auch in bestimmten anderen Fällen zulässig ist, in denen kein wichtiger Grund gegeben ist. Dann können die Wohnungseigentümer den Verwalter auch in einem solchen Fall abberufen.

In der Abberufung liegt zugleich auch die Kündigung des Verwaltervertrages. Die Kündigung muss die dem Verwalter zugehen, wenn er bei der Beschlussfassung nicht anwesend war. War die Kündigung unzulässig, können dem durch einen Beschluss abberufenen Verwalter Schadenersatzansprüche gegen die GdWE zustehen.

3. Das Recht, von einem Wohnungseigentümer die Veräußerung seines Wohnungseigentums zu verlangen

223   Wenn ein Wohnungseigentümer sich gegenüber anderen Wohnungseigentümern einer so schweren Pflichtverletzung schuldig macht, dass diesen die Fortsetzung der Gemeinschaft mit ihm nicht zugemutet werden kann, kann die GdWE von diesem Wohnungseigentümer verlangen, dass er sein Wohnungseigentum veräußert (§ 18 WEG). Das ist z. B. der Fall:
· Bei Tätlichkeiten oder schweren Beleidigungen des Wohnungseigentümers gegenüber einem oder mehreren anderen Wohnungseigentümern;
· Bei einem Verstoß gegen die Pflicht zur Instandhaltung des Sondereigentums oder gegen die Pflicht, dieses oder das gemeinschaftliche Eigentum so zu gebrauchen, dass den anderen kein Nachteil entsteht. Dazu müssen dann aber mindestens 3 grobe Verstöße vorliegen, einer vor und zwei nach einer Abmahnung.

    Beispiele für solche Verstöße: Prostitution in einer Wohnung durch den Wohnungseigentümer, - dauerndes Abstellen eines PKW auf dem gemeinschaftliche Eigentum, - Nichtbeheizung eines Sondereigentums mit Wasserleitungen, - übermäßige Haustierhaltung;
· Bei einem Verstoß gegen die Verpflichtung zur Tragung der Lasten und Kosten, wenn der Wohnungseigentümer 3 Monate mit einem Betrag in Verzug ist, der 3 % des Einheitswertes (Rn 61) seines Wohnungseigentums übersteigt.

Weitere Voraussetzung für die Pflicht des Wohnungseigentümers zur Veräußerung seines Wohnungseigentums ist eine erfolglose Abmahnung, die durch den Verwalter, die GdWE oder einen Wohnungseigentümer erfolgen kann.

Über die Pflicht zur Veräußerung seines Wohnungseigentums entscheiden die Wohnungseigentümer durch einen Mehrheitsbeschluss, dem mehr als die Hälfte aller Wohnungseigentümer ohne den betreffenden Wohnungseigentümer zugestimmt haben müssen. Die unter Rn 239 beschriebene Beschlussfähigkeit der GdWE muss nicht gegeben sein.

4. Die Zustimmung zu bestimmten Rechtsgeschäften eines Wohnungseigentümers und die Aufhebung eines solchen Erfordernisses

Wenn in der Satzung festgelegt ist, dass ein Wohnungseigentümer sein Wohnungseigentum nur mit Zustimmung der GdWE (Rn 218 Ziffer (5)) veräußern, vermieten oder belasten darf, ist die GdWE dafür zuständig. Eine solche Regelung gilt auch für die Veräußerung durch den Insolvenzverwalter oder im Falle der Zwangsversteigerung, bei der in diesem Fall einem Bieter nur dann ein Zuschlag erteilt werden darf, wenn die Zustimmung vorliegt.

224

Die Zustimmung muss notariell beglaubigt sein und darf nur versagt werden, wenn ein wichtiger Grund gegeben ist (§ 12 Abs. 2 WEG).
Beispiele: Der Verkauf oder die Schenkung soll an einen zahlungsunfähigen Schuldner erfolgen, oder an einen Dritten, der in allen bisherigen Wohnungen mit anderen Bewohnern Streit hatte, oder der die Nutzungsregelungen (Rn 218 Ziffer 2) nicht einhält.

Solange eine erforderliche Zustimmung fehlt, wird der Erwerber trotz Eintragung im Grundbuch nicht Eigentümer.

Zum Zustimmungserfordernis durch den Verwalter oder einer anderen dritten Person siehe Rn 262.

Steht das Zustimmungserfordernis in der Satzung, darf die GdWE diese Festlegung durch einen Mehrheitsbeschluss aufheben (§ 12 Abs. 4 WEG).

II. Die Verwaltungsaufgaben der GdWE

Soweit die Verwaltung des gemeinschaftlichen Eigentums nicht in der Satzung anderweitig geregelt ist oder in die Zuständigkeit des Verwalters fällt, ist die GdWE zur Verwaltung des den Wohnungseigentümern gemeinsam gehörenden Grundstücks und der im gemeinschaftlichen Eigentum stehenden Räume und Gebäulichkeiten berechtigt und verpflichtet (§§ 20, 21 - 25 WEG). Dazu gehören alle Maßnahmen, welche das Zusammenleben der

225

Bewohner und Benutzer, sowie die Erhaltung der Substanz und der Zweckwahrung des gemeinschaftlichen Eigentums regeln, nämlich
- die Aufstellung einer Hausordnung,
- die ordnungsgemäße Instandsetzung und –haltung des gemeinschaftlichen Eigentums, die Feuerversicherung des gemeinschaftlichen Eigentums zum Neuwert sowie die angemessene Versicherung der Wohnungseigentümer gegen Haus- und Grundbesitzerhaftpflicht,
- die Einhaltung bauordnungsrechtlicher Vorgaben,
- die Ansammlung einer angemessenen Instandhaltungsrückstellung,
- die Aufstellung eines Wirtschaftsplans,
- die Duldung von Maßnahmen, die zur Herstellung einer Fernsprechteilnehmereinrichtung, Radioempfangsanlage oder eines Energieversorgungsanschlusses zugunsten eines Wohnungseigentümers erforderlich sind.

Nicht zu den Veraltungsaufgaben der Wohnungseigentümer gehört z. B. der Verkauf eines Grundstücks oder Grundstücksteils. Ein solcher ist nur durch einen notariellen Kaufvertrag oder Auflassung (Rn 75 ff., 98 ff.) zwischen allen Wohnungseigentümern und einem Käufer möglich.

Zu den hauptsächlichen Verwaltungsaufgaben der GdWE im Einzelnen:

1. Regelungen des Gebrauchs von Sondereigentum und gemeinschaftlichem Eigentum (§ 15 WEG) und deren Durchsetzung

226 Wie das Sondereigentum, also Wohnungseigentum oder Teileigentum vom Eigentümer benutzt werden darf oder muss, ist in der Regel in der Satzung festgelegt, ebenso die Benutzung des gemeinschaftlichen Eigentums. Je genauer der Nutzungszweck beschrieben ist, je geringer besteht für den Wohnungseigentümer die Möglichkeit, bei der Benutzung seines Sondereigentums davon abzuweichen. Außerdem kann nach einer in der Satzung stehenden Regelung dem einem oder anderen Wohnungseigentümer ein sogenanntes „Sondernutzungsrecht" (Rn 218 Ziffer (3)) an einem Teil des gemeinschaftlichen Eigentums eingeräumt sein. Zu üblichen Regelungen siehe (Rn 218 Ziffer (2)).
Soweit in der Satzung nichts anderes steht, darf die GdWE die Ordnungsmäßigkeit des Gebrauchs durch Beschlüsse regeln, was also unter Berücksichtigung der Räumlichkeit dem Gebot der Rücksichtnahme und billigem Ermessen entspricht, also z. B.
- wie viele Haustiere gehalten oder ob solche z. B. in einem Aufzug befördert werden dürfen;
- welche Ruhezeiten beim Musizieren oder mit anderen Geräuschen eingehalten werden sollen;
- dass gefahrdrohende Blumenkästen nicht angebracht oder Wäsche auf dem Balkon nicht sichtbar aufgehängt werden dürfen;

- wie die gemeinsame Waschküche, Spiel-, Grün- oder Hofflächen benutzt werden dürfen;
- oder über das Rauchen im Hausflur oder Fahrstuhl;
- dass Fahrzeuge nur auf dazu gekennzeichneten Flächen abgestellt werden dürfen;
- auch eine Regelung, dass eine gemeinschaftliche Fläche in bestimmten Zeiträumen, z. B. von abends 18 bis morgens 8 Uhr von den Wohnungseigentümern zum Parken benutzt werden dürfen, die keine Garage besitzen, weil hier wegen der zeitlichen Beschränkung kein Sondernutzungsrecht eingeräumt wird, was nicht zulässig wäre;
- wie der gemeinsame Garten von den einzelnen Wohnungseigentümern genutzt oder benutzt werden darf. Siehe dazu Rn 278.

Die oben genannten Regeln stehen in der Regel zum Teil in einer von der GdWE aufgestellten Hausordnung, ebenso die Regelung der Verkehrssicherungspflicht (Rn 180) und der Gartenpflege. Zu einer tätigen Mithilfe, z B. im Garten oder bei der Kehr- und Streupflicht, kann die GdWE einen Wohnungseigentümer nicht verpflichten, ausgenommen er ist damit einerstanden oder es ist in der Satzung so geregelt.

Nicht vorschreiben kann die GdWE ein generelles Verbot für einen bestimmten Gebrauch seines Sondereigentums oder der im gemeinschaftlichen Eigentum stehenden Gebäudeteile, dass z. B. in der Wohnung gar nicht musiziert werden darf oder diese nicht vermietet werden darf, auch nicht zugunsten eines oder mehrerer Wohnungseigentümer unter Ausschluss der anderen, oder dass gemeinsames Eigentum oder Teile desselben nur von einem oder mehreren Wohnungseigentümern genutzt werden darf.

Wenn Gebrauchsregelungen von einem Wohnungs- oder Teileigentümer   227
nicht eingehalten werden, kann die GdWE gegen ihn vorgehen und von ihm verlangen, sein rechtswidriges Verhalten zu unterlassen.
    Beispiel: Betreut ein Wohnungseigentümer tagsüber mehrere fremde Kinder, kann von ihm verlangt werden, dass er das unterlässt, da es sich um eine gewerbliche Tätigkeit handelt und nicht um ein „Wohnen".
Das Vorgehen kann die GdWE durch Beschluss festlegen.

2. Die Regelung der Instandhaltung und Instandsetzung des gemeinschaftlichen Eigentums

Während die Instandsetzung und –haltung des Sondereigentums Sache des   228
Wohnungseigentümers ist (Rn 276), muss die GdWE hinsichtlich des gemeinschaftlichen Eigentums der Wohnanlage beschließen,
    a. welche Instandhaltungs- und Instandsetzungsarbeiten (§ 21 WEG),
    b. ob und welche Modernisierungsarbeiten (§ 22 Abs. 2 WEG), und
    c. ob andere bauliche Veränderungen (§ 22 Abs. 1 WEG)

durchgeführt werden sollen und müssen. Nicht zulässig ist es, dass die Gemeinschaft solche Arbeiten an zum Sondereigentum eines Wohnungseigentümers gehörenden Teilen festlegt.

229 Bei den unter Ziffer a. genannten Arbeiten geht es zunächst um die <u>Erhaltung</u> eines <u>ordnungsgemäßen</u> <u>Zustandes</u> des gemeinschaftlichen Eigentums durch Pflege-, Vorsorge-, Erhaltungs- und Reparaturmaßnahmen.
   Beispiele: Dachreparatur; - Treppen- oder Fassadenerneuerung; - Auslichtung und Zurückschnitt von Bäumen und Sträuchern; - Rasenmähen.

Wenn Sanierungen erforderlich werden, kann die GdWE entweder eine Einzelmaßnahme oder einen Sanierungsplan beschließen. Vor solchen Beschlüssen müssen schriftliche Angebote eingeholt werden. Bei größeren Sanierungen muss zunächst eine Bestandsaufnahme gemacht werden, ob z. B. alle oder nur einzelne Fenster erneuert oder repariert werden müssen. Das Alter oder finanzielle Schwierigkeiten einzelner Wohnungseigentümer darf dabei nicht berücksichtigt werden.
Entsteht einem Wohnungseigentümer an seinem Sondereigentum ein Schaden, weil die GdWE erforderliche Sanierungsmaßnahmen nicht beschließt oder beschlossene Maßnahmen nicht durchführt, haften die GdWE und die einzelnen Wohnungseigentümer für den Schaden. Der geschädigte Wohnungseigentümer muss aber gegen einen Beschluss der GdWE, nach dem die Sanierung nicht durchgeführt werden soll, notfalls gerichtlich vorgehen, wenn er nicht riskieren will, dass ihm ein Mitverschulden vorgehalten wird.
Die Pflicht zur Instandhaltung besteht auch am gemeinschaftlichen Eigentum, an welchem einem Wohnungseigentümer ein Sondernutzungsrecht eingeräumt ist, ausgenommen es ist bei der Einräumung des Rechts festgelegt worden, dass der Sondernutzungsberechtigte dieses gemeinschaftliche Eigentum zu unterhalten hat.
Zur Vorsorge gehört auch, dass von der GdWE Versicherungen gegen Feuer, Haus- und Grundstückshaftpflicht, auch eine Gewässerschutzversicherung und Sachversicherungen, z. B. gegen Glasbruch abgeschlossen werden.
Zur Übertragung der Pflicht zur Instandsetzung und –haltung von gemeinschaftlichem Eigentum auf einen Wohnungseigentümer siehe Rn 280.

230 Zur Instandsetzung gehört auch die nach der Baubeschreibung geplante Herstellung des Gebäudes oder von Einrichtungen und die Beseitigung etwaiger anfänglicher Mängel, soweit das den Interessen der GdWE, insbesondere also hinsichtlich des gemeinschaftlichen Eigentums entspricht, z. B. die Herstellung einer beim Bau vergessenen Wärmedämmung. Stehen einem einzelnen Wohnungseigentümer Ansprüche aus seinem Erwerbsvertrag gegenüber dem Verkäufer (Bauträger) Gewährleistungsansprüche wegen Mängeln am gemeinschaftlichen Eigentum zu, kann die GdWE diese Mängel selbst geltend machen mit der Folge, dass jetzt nicht mehr der

Wohnungseigentümer sondern die GdWE für Verhandlungen und Gerichtsverfahren zuständig ist. Der einzelne Wohnungseigentümer kann dann nur noch Ansprüche gegen den Bauträger geltend machen, soweit die Interessen der GdWE nicht betroffen sind. Siehe dazu auch Rn 286.

Modernisierungsarbeiten nach Rn 228 Ziffer b., die ein Vermieter an einer vermieteten Wohnung durchführen darf und dafür eine entsprechende Erhöhung der Miete verlangen kann (§ 559 Abs. 1), und solche, die eine Anpassung des gemeinschaftlichen Eigentums an den Stand der Technik bedeuten, können die Wohnungseigentümer mit einer Mehrheit von ¾ der bei der Beschlussfassung abstimmenden Wohnungseigentümer und mehr als ½ aller Miteigentumsanteile anordnen, wenn die Arbeiten die Eigenart der Wohnanlage nicht ändert und keinen Wohnungseigentümer unbillig beeinträchtigt. 231

Beispiele: Einbau von funkgesteuerten Garagentoren, Balkonverglasung, Türöffner, Gegensprechanlage, Geräten zur Einsparung von Energie und Wasser; - Anlegung eines Spielplatzes, von Stellplätzen, Grünflächen.

Andere über die unter Rn 229 – 231 beschriebenen Arbeiten hinausgehende bauliche Veränderungen (Rn 228 Ziffer c) können in der Regel nur durch eine Regelung in Satzung (Rn 218) zugelassen werden, 232

z. B. die Herstellung oder Beseitigung von Balkonen, Garagen, Zäunen, einer Gartenhütte, eines Geräteschuppens; - ersatzloses Fällen von Bäumen; - Anlage einer Terrasse oder eines Plattenbelages im Garten; - Einbau eines Fahrstuhls, Müllschluckers; - Anschluss von Gas.

Soweit solche baulichen Maßnahmen nicht nach der Satzung durchgeführt werden dürfen, können sie von der GdWE nur angeordnet werden, wenn dem betreffenden Beschluss jeder Wohnungseigentümer zustimmt, der durch die Maßnahme beeinträchtigt wird, z. B. durch lästige Immissionen (Rn 164), eine erhebliche Änderung des optischen Eindrucks, erhöhte Wartungs- und Reparaturanfälligkeit oder mögliche gesundheitsgefährdende Strahlungen, weshalb z. B. durch eine Mobilfunkanlage alle Wohnungseigentümer betroffen sind. Keine unzulässige bauliche Veränderung ist beim Einbau von Wasserzählern gegeben, ebenso eine Kostenbelastung, denn eine solche kann ein Wohnungseigentümer einfach dadurch vermeiden, dass er dem betreffenden Beschluss nicht zustimmt. Denn jeder Wohnungseigentümer ist von den durch eine solche Maßnahme entstehenden Kosten dann befreit.

Zum Recht des einzelnen Wohnungseigentümers zur Durchführung von baulichen Veränderungen siehe Rn 275.

Nicht beschließen können die Wohnungseigentümer den Wiederaufbau des Gebäudes bei dessen Zerstörung, wenn es zu mehr als der Hälfte des

Wertes zerstört und der Schaden nicht durch eine Versicherung oder anderweitig gedeckt ist (§ 22 Abs. 2 WEG).

3. Aufbringung der finanziellen Mitteln und Zahlung von Lasten und Kosten

Aufgabe der GdWE ist es, durch Beschlüsse einen Wirtschaftsplan aufzustellen, Jahresabrechnungen durchzuführen (Rn 255) und Sonderumlagen festzulegen. Aus dem Wirtschaftsplan ergeben sich die von Wohnungseigentümern zu leistenden jährlichen Lasten und Kosten (Rn 280) und die Kosten für die Instandsetzung und –haltung der Anlage (Rn 228). Außerdem werden die Betriebskosten mit den einzelnen Wohnungseigentümern abgerechnet, wobei es für die Fälligkeit keines besonderen Beschlusses bedarf.

233   Damit im Falle größerer Schäden eine Rücklage vorhanden ist, pflegen die Wohnungseigentümer die Ansammlung einer angemessenen <u>Instandhaltungsrücklage</u> zu beschließen und den einzelnen Wohnungseigentümer verpflichten, einen der Größe seines Miteigentumsanteils entsprechenden <u>monatlichen Beitrag</u> zu leisten. Zusammen mit den unter Rn 280 genannten Kosten handelt es sich um das sogenannte <u>Wohngeld</u>.

Wird keine Instandhaltungsrücklage festgelegt, müssen Instandsetzungsarbeiten von den Wohnungseigentümern bezahlt werden, die gerade dann zur GdWE gehören, wenn die erforderliche Maßnahme beschlossen und durchgeführt wird. Deshalb ist für einen Käufer eines Wohnungseigentums die Höhe der vorhandenen Rücklage neben dem baulichen Zustand der Anlage wichtig (Rn 70). Der Anteil an der Instandhaltungsrücklage ist bei einem Verkauf ein wesentlicher Bestandteil (Rn 38) des Wohnungseigentums.

Sind Instandsetzungs- oder Instandhaltungsarbeiten erforderlich, kann die GdWE darüber beschließen, ob die anfallenden oder bereits entstandenen Kosten aus der Rücklage bezahlt oder ob sie mit den laufenden Kosten abgerechnet werden oder ein Darlehen aufgenommen werden soll. Der BGH verlangt aber, dass im letzteren Fall die Wohnungseigentümer über Haftungsrisiken und die Gefahr von Nachzahlungen vor der Beschlussfassung aufgeklärt werden und sich das aus dem Versammlungsprotokoll ergibt. Andererseits kann es auch einmal darum gehen, ob ein für einen anderen Zweck erforderlicher Betrag einer Instandhaltungsrücklage entnommen werden soll. Das kann die GdWE dann beschließen, wenn die Rücklage eine angemessene Höhe übersteigt und mindestens eine im Hinblick auf Zustand, Alter und Reparaturanfälligkeit der Anlage angemessene eiserne Reserve erhalten bleibt.

Bei den sonstigen jährlichen Kosten muss die GdWE die HKV beachten, die einer Vereinbarung oder einem Beschluss der Wohnungseigentümer vorgeht. Im Verhältnis der Wohnungseigentümer müssen bei der Jahresabrechnung die wirklichen Kosten, also auch die bezahlten Vorschüsse berücksichtigt werden, während bei den Einzelabrechnungen nur das verbrauchte Heizmaterial berechnet wird.

Die HKV schreibt auch vor, dass GdWEen Zähler oder andere geeignete Ausstattungen für die Erfassung des Heizwärme- und Warmwasserverbrauchs verwenden müssen, wenn sie eine zentralen Heizungs- oder Warmwasseranlage betreiben (§§ 5 f. HKV). Bei der Verteilung der Heiz- und Warmwasserkosten muss dann folgendes beachtet werden:

Die durch den Betrieb der gemeinsamen Heizungsanlage entstehenden Kosten müssen vom einzelnen Nutzer in Höhe von <u>mindestens 50 und höchstens 70 % nach dem Verbrauch</u> laut Wärmezählern verlangt werden, der Rest (höchstens 50 und mindestens 30 %) nach der Nutzfläche oder dem Rauminhalt der Räume (§ 7 HKV). Wenn die Erfassungsgeräte nicht für alle Nutzer gleich sind (§ 5 Abs. 2 HKV), gilt für die Verteilung § 6 HKV.

Die Festlegung der vom einzelnen Wohnungseigentümer zu zahlenden monatlichen oder einmaligen Beträge geschieht nach einer in der Satzung oder nach dem WEG vorgesehenen Kostenverteilungsschlüssel. Keine Kosten können einem Wohnungseigentümer auferlegt werden, soweit dieser nach der Satzung von der Tragung bestimmter oder aller Kosten befreit ist. 234

Den genannten Kostenverteilungsschlüssel kann die GdWE, wenn ein sachlicher Grund gegeben ist, in folgenden Fällen ändern:

(1)   Einerseits können sie durch Stimmenmehrheit beschließen, dass die Betriebskosten, die durch das Eigentum und den Gebrauch des Gebäudes laufend entstehen (§ 556 Abs. 1) und nicht unmittelbar gegenüber Dritten abgerechnet werden, also z. B. Wasser, Abwasser, Heizung usw., nicht nach der Größe des einzelnen Miteigentumsanteils sondern nach Verbrauch oder Verursachung erfasst und nach diesem oder einem anderen Maßstab abgerechnet werden (§ 16 Abs. 2 WEG).

Das gleiche gilt für Verwaltungskosten, also z. B. Verwaltervergütung, Kosten der Eigentümerversammlung, Kontoführungskosten, Kosten einer von allen Wohnungseigentümern zu tragenden baulichen Veränderung.

Nicht beschließen können die Wohnungseigentümer eine Änderung des Aufteilungsschlüssel für allgemeine Instanderhaltungs- und Instandsetzungskosten. Diese tragen die Wohnungseigentümer im Verhältnis ihrer Anteile.

(2) Außerdem können die Wohnungseigentümer <u>in einem Einzelfall</u> auch beschließen, dass die Verteilung der Kosten von Instandhaltungsarbeiten im Sinne von Rn 228 und einer baulicher Veränderung anstatt nach der Größe der einzelnen Miteigentumsanteile nach einem Maßstab abgerechnet werden, der dem Gebrauch oder der Möglichkeit des Gebrauchs durch die Wohnungseigentümer entspricht.

Beispiel: Wenn die Garagen einer Wohnanlage instand gesetzt werden sollen, können die Wohnungseigentümer beschließen, dass Wohnungseigentümer, die kein Sondereigentum oder Sondernutzungsrecht an den Garagen haben, mit keinen oder geringeren Kosten belastet werden.

Dieser Beschluss bedarf wie bei Rn 231 eine Mehrheit von ¾ der beschließenden Wohnungseigentümer und mehr als ½ aller Anteile.

Zum Anspruch des einzelnen Wohnungseigentümers auf Änderung eines Kostenverteilungsschlüssels siehe Rn 261.

Die GdWE kann auch die Aufbringung von Vorschüssen für die Kosten des Verwalters zur Anwaltbeauftragung beschließen, ebenso die Art und Weise der Zahlungen (Überweisung, Lastschriftverfahren) der Wohnungseigentümer und ihre Fälligkeit mit Stimmenmehrheit beschließen (§ 21 Abs. 7), ferner von Verzugsfolgen, Zahlung übergesetzlicher Zinsen bei Beitragsrückständen, oder die Zahlung für eine besondere Nutzung des gemeinschaftlichen Eigentums (Umzugskostenpauschale, Kosten für eine nur auf Anforderung betriebene Sauna) und einen besonderen Verwaltungsaufwand (Pauschale für Nichtteilnahme am Lastschriftverfahren, für Mahnung oder gerichtliche Einziehung von Wohngeld, für Zustimmung zur Veräußerung), oder einer Vertragsstrafe bei Verstoß gegen Vermietungsbeschränkungen.

Zahlt ein Wohnungseigentümer die Lasten und Kosten nicht, kann die GdWE neben einer gerichtlichen Geltendmachung der rückständigen Forderung diesen Wohnungseigentümer von weiteren Leistungen, z. B. von der Lieferung von Wasser, Heizwärme oder Strom, ausschließen, wenn der Rückstand in Höhe von mindestens 6 rückständigen Monatsbeiträgen besteht. Streitig ist in der Rechtssprechung, ob die GdWE die Versorgungsleistungen auch gegen den Mieter des säumigen Wohnungseigentümers einstellen darf. Ein Mieter könnte auf jeden Fall einem Betreten seiner Wohnräume zwecks Abstellung von Leitungen widersprechen, ausgenommen es wird ihm eine gerichtlichen Anordnung vorgelegt. Zur Veräußerungspflicht bei Zahlungsverzug siehe Rn 223 und 263.

4. Beispiele für weitere Verwaltungsaufgaben der GdWE

Die GdWE regelt in der Eigentümerversammlung (Rn 238 f.) z. B. durch Beschlüsse (Rn 240 ff.):

235
- wer den Vorsitz bei einer Wohnungseigentümerversammlung führen soll (§ 24 Abs. 5 WEG)
- wenn eine Teilnahm der GdWE am Rechtsverkehr erforderlich ist, z. B. beim Abschluss von Verträgen
- wenn Ansprüche oder Rechte der GdWE gegen einen Wohnungseigentümer, den Verwalter oder Dritte geltend gemacht oder Störungen abgewehrt werden sollen
- wenn Unterlassungs- oder Beseitigungsansprüche wegen unzulässigem Gebrauch, oder Schadenersatz geltend gemacht werden sollen

- dass ein oder mehrere Wohnungseigentümer bevollmächtigt werden, die GdWE zu vertreten, wenn kein Verwalter vorhanden ist (§ 27 Abs. 3, S. 2), oder die Eigentümerversammlung einzuberufen
- wenn es um an den gemeinschaftlichen Gebäudeteilen zu duldenden   236 Maßnahmen geht, z. B. bei der Herstellung einer Telefon- oder Telefaxeinrichtung, einer Radio- oder Fernsehanlage oder eines Energieversorgungsanschlusses, wenn das für einen Wohnungseigentümer erforderlich ist (§ 21 Abs. 5 Nr. 6 WEG)
- wenn es um die Einrichtung eines Mobilfunksenders geht. Hier kann ein Beschuss nur einstimmig gefasst werden, weil es um eine für jeden Wohnungseigentümer nachteilige bauliche Veränderung geht
- wenn Bereiche gemeinschaftlichen Eigentums videoüberwacht werden soll. Das ist zulässig, wenn übergeordnete gemeinschaftliche Interessen bestehen, z. B. wenn durch eine solche Straftaten in und um die Anlage abgewehrt werden sollen
- wenn nach Landesrecht Rauchmelder eingebaut werden sollen.
- wenn vom Verwalter Auskunft über die Jahresabrechnung verlangt wer-   237 den soll
- wenn über den vom Verwalter für das Wirtschaftsjahr aufgestellten Wirtschaftsplan und seine nach dem Ende des Wirtschaftjahres erfolgte Abrechnung beschlossen werden soll
- wenn der Verwalter einen Hauswirt anstellen soll, welcher dass Arbeitnehmer der GdWE ist

III. Die Wohnungseigentümerversammlung (§§ 23 ff. WEG)

1. Die Einberufung der Eigentümerversammlung

Es ist Sache des Verwalters., die Eigentümerversammlung mindestens ein-   238 mal im Jahr einzuberufen. Gibt es keinen Verwalter oder weigert sich dieser zu Unrecht, kann der etwa bestehende Verwaltungsbeirat die Versammlung einberufen. Gibt es auch einen solchen nicht, können alle Wohnungseigentümer gemeinsam die Eigentümerversammlung einberufen, oder es kann sich ein Wohnungseigentümer durch das Gericht zur Einberufung der Versammlung ermächtigen lassen. Damit nicht der Fall eintreten kann, dass dieser mühsame Weg beschritten werden muss, sollten die Wohnungseigentümer einen Einberufungsberechtigten bestellen (Rn 235).
Zur Eigentümerversammlung muss jedem Wohnungseigentümer eine Einladung in Textform (Rn 19) zugehen. Zwischen Einladung und Termin müssen – wenn nicht eine besondere Dringlichkeit gegeben ist – 2 Wochen liegen.
Der Termin sollte möglichst nicht in den allgemeinen Schulferien liegen. In der Einladung muss der Gegenstand, über den beschlossen werden soll, mindestens schlagwortartig angegeben sein.

Zu den Folgen bei fehlenden oder fehlerhaften Einladungen s. Rn 243 ff..

2. Die Durchführung der Eigentümerversammlung

239   In der Eigentümerversammlung regeln die Wohnungseigentümer ihre Angelegenheiten hauptsächlich durch Mehrheitsbeschlüsse. Die Versammlung ist
<u>nichtöffentlich</u>. Den Vorsitz führt der Verwalter oder eine nach der Satzung
oder einem Beschluss der Wohnungseigentümer bestimmte Person. Ein außerhalb der Eigentümerversammlung gefasster Beschluss ist nur rechtswirksam, wenn <u>alle</u> Wohnungseigentümer dem Beschluss zustimmen.

Befugt zur Teilnahme ist neben dem Verwalter und den Beiratsmitgliedern
jeder Wohnungseigentümer selbst oder der gesetzliche Vertreter eines
nicht voll geschäftsfähigen Wohnungseigentümers. Ein vom Wohnungseigentümer bevollmächtigter Dritter ist neben den zuvor genannten nur zur
Teilnahme berechtigt, wenn ein solcher nicht nach einer Satzungsbestimmung ausgeschlossen ist. Siehe dazu auch Rn 266. Nicht zur Teilnahme dagegen ist ein Nutzungsberechtigter, z. B. ein Mieter, Nießbraucher.
Ein Dritter, z. B. ein Rechtsanwalt, der nicht Wohnungseigentümer ist, darf
an der Eigentümerversammlung zur Beratung eines Wohnungseigentümers
nur teilnehmen, wenn ein berechtigtes Interesse gegeben ist, z. B. Alter,
Gebrechlichkeit des Wohnungseigentümers oder die Schwierigkeit oder
Bedeutung des Beratungsgegenstandes. Kein Interesse ist es, dass die Wohnungseigentümer zerstritten sind.

Jeder Teilnahmeberechtigte hat ein zeitlich beschränkbares Rederecht (Rn
265).

Damit Beschlüsse in der Versammlung erlassen werden können, muss sie
beschlussfähig sein: Es müssen so viele stimmberechtigten Wohnungseigentümer anwesend sein, die mehr als 50 % der Miteigentumsanteile oder einen in der Satzung bestimmten anderen Prozentsatz repräsentieren.
   Beispiel: Die GdWE besteht aus 20 Wohnungseigentümern. 5 von ihnen
   besitzen zusammen 500/1000 - tel Miteigentumsanteile. Die Versammlung ist nicht beschlussfähig, wenn nur die anderen 15 Wohnungseigentümer anwesend sind, weil diese zusammen auch nur 50 % der Miteigentumsanteile repräsentieren.

Fehlt die Beschlussfähigkeit, muss eine neue Eigentümerversammlung über
die Angelegenheiten einberufen werden, über die mangels Beschlussfähigkeit nicht abgestimmt werden konnte. Wenn die Wohnungseigentümer in
der Einladung zu der neuen Versammlung darauf hingewiesen werden, dass
in der neuen Versammlung über die betreffenden Angelegenheiten auch
ohne Anwesenheit der erforderlichen Anzahl von Wohnungseigentümern
rechtswirksam beschlossen werden kann, muss die vorgeschriebene Beschlussfähigkeit in der neuen Versammlung dann nicht gegeben sein.

3. Beschlussfassung und Niederschrift

Einen Beschluss können die Wohnungseigentümer nur über einen <u>bestimm-</u>   240
<u>ten</u> Antrag fassen, zu dem vor der Abstimmung Stellung genommen werden kann. Nach eventueller Beratung lässt der Vorsitzende die Wohnungseigentümer über den Antrag abstimmen. Dieser ist angenommen, wenn die für den Antrag erforderliche Mehrheit der anwesenden Wohnungseigentümer mit „ja" stimmen. Mehrheit bedeutet: über 50 % der Stimmen oder ein in der Satzung bestimmter höherer Prozentsatz. Enthaltungen rechnen also als Neinstimmen.

> Beispiel: 20 Wohnungseigentümer sind in der Versammlung anwesend. 7 stimmen mit ja und 6 mit nein, 7 enthalten sich der Stimme. Der Antrag ist abgelehnt.

Ist der Antrag mit der erforderlichen Anzahl an Stimmen angenommen, spricht man von einem „positiven" Beschluss, dagegen von einem „negativen" Beschluss, wenn der Antrag abgelehnt worden ist.

Jeder Wohnungseigentümer hat bei der Abstimmung eine Stimme. Gehört ein Wohnungseigentum zwei oder mehreren Personen, haben sie zusammen nur eine Stimme, die sie nur gemeinsam ausüben können. Ist einer der das Stimmrecht gemeinsam ausübenden Personen von der Abstimmung ausgeschlossen (Rn 241), gilt der Ausschluss auch für die andere Person.

In der Satzung kann auch festgelegt sein, dass nicht jede Stimme das gleiche Gewicht hat, dass also nicht die Kopfzahl sondern die Größe des im Grundbuch eingetragenen Anteils zählen soll. Das ist auch bei einer aus zwei Personen bestehenden GdWE zulässig. Der Wohnungseigentümer mit dem größeren Anteil hat dann immer die Mehrheit. In einer kleinen GdWE ist es in einem solchen Fall für einen Wohnungseigentümer, dem im Verhältnis zu den anderen Wohnungseigentümers nur ein kleiner Anteil gehört, deshalb sehr wichtig, dass das Gewicht einer Stimme nicht nach dem Anteil bewertet wird. Er läuft sonst Gefahr, immer überstimmt zu werden.

> Beispiel: In einer aus 2 Einheiten bestehenden GdWE gehören A 600/1000 - tel und B 400/1000 - tel Miteigentumsanteile. Wird das Gewicht einer Stimme nicht nach der Zahl der Anteile sondern entsprechend einer Satzungsbestimmung nach der Größe der Anteile berechnet, hat A bei jeder Entscheidung die Mehrheit.

Gezählt werden selbstverständlich nur die Stimmen der stimmberechtigten   241
Wohnungseigentümer. Ein Erwerber hat erst dann ein Stimmrecht, wenn er im Grundbuch eingetragen ist. Eine Ausnahme besteht für einen noch nicht eingetragenen Erwerber, wenn er seinen Miteigentumsanteil direkt vom Bauträger erworben hat und für ihn wenigstens schon eine Auflassungsvormerkung im Grundbuch eingetragen ist (Rn 215). Auch ein Wohnungs-

eigentümer ist von der Abstimmung ausgeschlossen, wenn der Beschluss die Vornahme eines Rechtsgeschäfts in Bezug auf sein Sondereigentum oder die Führung eines Prozesses der GdWE gegen ihn betrifft, oder wenn ihm sein Wohnungseigentümer rechtskräftig entzogen worden ist (Rn 223)

> Beispiel: Die Eigentümer beschließen darüber, ob der Verwalter gegen den Wohnungseigentümer A gerichtlich vorgehen soll, oder ob A sein Wohnungseigentum veräußern muss. A ist dann nicht berechtigt, darüber mit abzustimmen.

Nicht von der Abstimmung ausgeschlossen werden kann ein Wohnungseigentümer, der sich mit Zahlungspflichten in Verzug befindet.

Das Ergebnis der Abstimmung verkündet der Vorsitzende. Bei Antragsannahme handelt es sich um einen positiven Beschluss, sonst um einen negativen.

242 Über die in der Versammlung gefassten Beschlüsse ist eine <u>Niederschrift</u> (Protokoll) aufzunehmen (§ 24 Abs. 6 WEG), in der folgendes aufgeführt werden muss:
- Die Anzahl der anwesenden Wohnungseigentümer,
- die Anzahl der vertretenen Anteile oder die Namen der anwesenden Wohnungseigentümer,
- die vom Vorsitzenden verkündeten Abstimmungsergebnisse, ferner
- die Unterschrift des Vorsitzenden, eines Wohnungseigentümers und des Verwaltungsbeiratsvorsitzenden oder seines Vertreters.

In der Regel schickt der Verwalter jedem Wohnungseigentümer eine Abschrift des Protokolls. Zum Einsichtsrecht siehe Rn 267.

IV. Die Beschlüsse der Wohnungseigentümer

243 Um Rechtswirkungen entfalten zu können, muss der von den Wohnungseigentümern gefasste Beschluss auch rechtswirksam sein, denn sie gelten auch für alle erst später in die GdWE eintretenden Wohnungseigentümer, auch dann ohne Eintragung im Grundbuch, wenn durch Beschluss eine Satzung geändert worden ist (§ 10 Abs. 4 WEG). Zu der vom Verwalter zu führenden Beschlusssammlung siehe Rn 250.

<u>Ungültig</u> und damit nicht rechtswirksam ist nach § 23 Abs. 4 WEG ein (positiver oder negativer) Beschluss, wenn er

> <u>nichtig</u> ist (Rn 244) oder auf eine Anfechtung vom Gericht <u>für ungültig erklärt</u> worden ist (Rn 245).

1. Der nichtige Beschluss

244 Nichtig ist ein Beschluss der Wohnungseigentümer, wenn der Beschluss gegen unabdingbare (zwingende) gesetzliche Vorschriften (Rn 217) verstößt, wenn z. B. beschlossen wird,

dass ein Miteigentumsanteil ohne Sondereigentum veräußert werden kann; - oder dass die Gemeinschaft aufgelöst wird; - oder dass das Wohnungseigentum in keinem Fall entzogen werden darf; - oder dass der Verwalter auch bei Vorliegen eines wichtigen Grundes nicht abberufen werden darf.

Nichtig ist auch ein Beschluss, der <u>gegen die guten Sitten</u> (Rn 22) verstößt, wenn z. B. festgelegt wird,
dass für Zahlungsrückstände 36 % Zinsen zu zahlen ist.

Außerdem ist ein Beschluss nichtig, wenn bei dessen Erlass <u>gegen ganz wichtige formale Regeln</u> verstoßen worden ist, wenn die Wohnungseigentümer in einer Angelegenheit einen Beschluss fassen, über die sie weder nach einer Satzung noch nach dem WEG überhaupt beschließen dürfen, wenn sie z. B.
einem Wohnungseigentümer ein Sondernutzungsrecht an einem Teil des gemeinschaftlichen Eigentums einräumen, oder Instandsetzungsarbeiten an z. B. zum Sondereigentum eines Wohnungseigentümers gehörenden Heizkörpern regeln.

Mängel bei der Einladung zur Eigentümerversammlung führen in der Regel nur zur Anfechtbarkeit (Rn 245) eines dort ergangenen Beschlusses. Wird ein Wohnungseigentümer nicht zur Eigentümerversammlung eingeladen, sind in dieser gefasste Beschlüsse nur dann nicht nur anfechtbar sondern nichtig, wenn der Wohnungseigentümer gezielt oder in böswilliger Absicht von der Teilnahme an der Eigentümerversammlung ausgeschlossen wird.

Entsteht Streit darüber, ob ein Beschluss der Wohnungseigentümer nichtig ist, kann das auf eine Klage durch das Gericht festgestellt werden (Rn 389). Eine Frist, binnen welcher eine solche einzureichen ist, gibt es nicht.

2. Der anfechtbare Beschluss

Ist ein Rechtsverstoß gegeben, der nicht so schwer ist, dass er zu einer Nichtigkeit des Beschlusses führt, verstößt er z. B. gegen die Satzung oder andere Regeln, ist der Beschluss nur anfechtbar. Das bedeutet: Er wird nur dann ungültig, wenn er von einem oder mehreren Wohnungseigentümern innerhalb einer Ausschlussfrist von 1 Monat <u>ab der Beschlussfassung</u> durch eine innerhalb von 2 Monaten auch <u>ab Beschlussfassung</u> zu begründende Klage (Rn 392) beim Amtsgericht angefochten und vom Gericht dann für unwirksam erklärt worden ist (§ 46 Abs. 1, S. 2 WEG). Beispiele für Rechtsverstöße, die bei einer Anfechtung zu einer Unwirksamkeitserklärung des Beschlusses führen:
Es sind Mängel in der Einladung zur Eigentümerversammlung gegeben, z. B. war In der Einladung auf den Tagesordnungspunkt, über den beschlossen worden ist, nicht hingewiesen, - ein Wohnungseigentümer

245

wurde versehentlich zur Versammlung nicht eingeladen. Kein Einladungsmangel ist es, wenn die Teilnahme eines Prozessbevollmächtigten eines Wohnungseigentümers nicht angekündigt oder wenn die Ladungsfrist nicht eingehalten wurde, ausgenommen wenn sich das auf das Ergebnis der Eigentümerversammlung ausgewirkt hat; - Oder ein einstimmig zu fassender Beschluss wurde nicht einstimmig gefasst, - ein nicht zur Abstimmung Berechtigter hat mit abgestimmt, - bei der Feststellung der Mehrheit für einen Beschluss werden die Enthaltungen nicht als Neinstimmen gewertet, - der Beschluss wurde in einer Versammlung gefasst, die nicht beschlussfähig war, - die Eigentümerversammlung wurde von einer Person einberufen, die dazu nicht berechtigt war.

Da die Monats- und die 2 - Monatsfrist schon mit der Fassung des Beschlusses zu laufen beginnt und nicht erst mit dem Zugang des Protokolls über die Wohnungseigentümerversammlung, in welcher der Beschluss gefasst worden ist, und ein Wohnungseigentümer und manchmal auch sein Anwalt oft nicht sicher beurteilen können, ob ein Beschluss nichtig oder nur anfechtbar ist, ist es ratsam, im Zweifel einen rechtzeitigen Antrag auf Ungültigkeitserklärung auch dann zu stellen, wenn auch von einer Nichtigkeit des Beschlusses ausgegangen werden kann. Ein Wohnungseigentümer, der an einer Versammlung nicht teilgenommen hat, sollte sich deshalb immer nach den in der Versammlung gefassten Beschlüssen erkundigen, damit er sein Anfechtungsrecht nicht durch Fristablauf verliert, bevor er von dem Beschluss oder seinen Inhalt erfährt. Erhält er das Protokoll über die Versammlung nicht rechtzeitig, kann er sich durch Einsichtnahme in die vom Verwalter zu führende Beschlusssammlung (Rn 250) über die gefassten Beschlüsse informieren. Zum Verfahren vor dem Gericht siehe Rn 384 ff..

C. Rechte und Pflichten des Verwalters und eines Verwaltungsbeirats

246 Der „Verwalter" nach dem WEG verwaltet eine Wohnanlage, insbesondere das gemeinschaftliche Eigentum der Wohnungseigentümer und nicht nur Wohnungen, sodass die Beschränkungen eines gewöhnlichen Wohnungs- oder Immobilienverwalters nach dem Wohnungsvermittlungsgesetzes auf ihn keine Anwendung finden. Er kann also bei der Vermietung eines Wohnungseigentums in der von ihm verwalteten Anlage auch als Makler gegen Provision tätig werden.
Die Rechte und Pflichten des von der GdWE bestellten Verwalters ergeben sich aus den Vorschriften des WEG (§§ 26-28 WEG), aus dem Inhalt des mit der GdWE abgeschlossenen Verwaltervertrages und aus gesetzlichen Vorschriften, z. B. nach der Energieverordnung, dem Mess- und Eichgesetz (Rn 178) oder dem Rundfunkänderungsvertrag, nach dem der Verwalters zur

Auskunft über die persönlichen Daten der Wohnungsnutzer als potenzielle Rundfunkempfänger verpflichtet ist

I. Das gesetzliche Vertretungsrecht des Verwalters

Nach § 27 WEG besteht eine gesetzliche Vertretungsvollmacht des Verwalters für den einzelnen Wohnungseigentümer als Miteigentümer des gemeinschaftlichen Eigentums und für die GdWE. Diese betrifft das Außenverhältnis zwischen dem Verwalter und allen Dritten einschließlich Behörden und Gerichte, während das Recht und die Pflicht des Verwalters, auf Grund der Vollmacht für den Wohnungseigentümer oder die GdWE zu handeln, also das Innenverhältnis, unter Rn 251 ff. behandelt wird.

1. Die Vertretungsmacht des Verwalters für den einzelnen Wohnungseigentümer (§ 27 Abs. 2 WEG).

Der Verwalter darf nach außen   247
- Erklärungen Dritter und Zustellungen für den Wohnungseigentümer entgegennehmen, ferner
- Maßnahmen treffen, um Rechtsnachteile eines Wohnungseigentümers abzuwenden, z. B. einen gegen den Wohnungseigentümer als Beklagten gerichteten Prozess zu führen (§ 27 Abs. 2 Nr. 2 WEG), oder
- Ansprüche gerichtlich und außergerichtlich geltend zu machen, soweit er dazu nach der Satzung oder Beschluss der GdWE ermächtigt ist, und
- mit einem Rechtsanwalt eine Gebührenvereinbarung treffen.

2. Die Vertretungsmacht des Verwalters für die GdWE (§ 27 Abs. 3 WEG).

Für die GdWE besteht nach außen eine ähnliche Vertretungsmacht: Er darf   248
für sie wie für den einzelnen Wohnungseigentümer Erklärungen Dritter und Zustellungen entgegennehmen und die zur Wahrung einer Frist oder Abwendung eines Rechtsnachteils erforderlichen Maßnahmen treffen.
Berechtigt ist der Verwalter auch, die GdWE bei laufenden Maßnahmen zur Instandhaltung und Instandsetzung von gemeinschaftlichem Eigentum zu vertreten. Notmaßnahmen nach Rn 253 darf der Verwalter selbst treffen, ebenso kann er auch mit einem die GdWE vertretenden Rechtsanwalt eine Gebührenvereinbarung abschließen. Überhaupt besteht für ihn eine Vertretungsmacht für die GdWE bei sonstigen Rechtsgeschäften und Rechtshandlungen, soweit der Verwalter dazu nach der Satzung oder einem Beschluss ermächtigt ist.

3. Die Bedeutung der Vertretungsmacht und ihr Nachweis durch eine Voll-machtsurkunde

249   Die gesetzliche Vertretungsmacht bedeutet, dass alle Willenserklärungen, welche der Verwalter im Namen der Wohnungseigentümer einem Dritten gegenüber abgibt, für und gegen den Wohnungseigentümer gelten, ihn also berechtigen oder verpflichten. Eine eigene Verpflichtung des Verwalters entsteht dadurch nicht, allenfalls wenn er nicht auf seine Eigenschaft als Verwalter hinweist oder sich das aus den Umständen ergibt.

Beispiele: Der Verwalter lässt das von ihm genutzte Fahrzeug reparieren, ohne bei der Auftragserteilung darauf hinzuweisen, dass er für die GdWE handelt. Er haftet der Autowerkstatt persönlich für die Reparatur-kosten; - Der Verwalter bestellt für die von ihm verwaltete Anlage Heiz-öl. Da für den Lieferanten hier klar ist, dass er das Heizöl der GdWE lie-fert, haftet der Verwalter nicht persönlich, auch wenn er auf seine Ver-waltereigenschaft nicht extra hingewiesen hat.

Der Verwalter kann von den Wohnungseigentümern verlangen, dass sie ihm eine Vollmachts- und Ermächtigungsurkunde ausstellen, aus der sich der Umfang seiner Vertretungsmacht ergibt (§ 27 Abs. 6).

II. Rechte und Pflichten des Verwalters bei der Eigentümerversammlung

250   Der Verwalter muss eine Eigentümerversammlung mindestens einmal im Jahr und in den Fällen einberufen, in denen nach der Satzung eine Ver-sammlung stattfinden soll, außerdem wenn das mehr als 25 % aller Woh-nungseigentümer schriftlich unter Angabe des Zweckes und der Gründe verlangen.

Die Einberufung erfolgt durch eine Einladung in Textform (Rn 19) an **alle** zu GdWE gehörenden Wohnungseigentümer. Zwischen dem Zugang der Ein-ladung und dem Termin sollen mindestens zwei Wochen liegen, wenn nicht ein besonders dringender Fall vorliegt oder in der Satzung nicht eine andere Frist festgelegt ist.

In der Einladung müssen neben Versammlungsort und einem zumutbaren und verkehrsüblichen Versammlungszeitpunkt insbesondere alle Tagesord-nungspunkte angegeben werden, über die beschlossen werden soll.

In der Eigentümerversammlung führt in der Regel der Verwalter den Vorsitz. Erlassene Beschlüsse muss der Vorsitzende verkünden. Außerdem muss über die Eigentümerversammlung eine Niederschrift und eine Beschlusssammlung (§ 24 Abs. 7 WEG) geführt werden.

III. Rechte und Pflichten gegenüber den Wohnungseigentümern und der GdWE im Innenverhältnis

Der Verwalter ist neben der GdWE zur Verwaltung des gemeinschaftlichen Eigentums der Wohnungseigentümer berechtigt und verpflichtet. Ansprüche für einen Wohnungseigentümer oder die GdWE außergerichtlich oder gerichtlich geltend zu machen, oder von Dritten geltend gemachte Ansprüche abzuwehren, gehört zu den Aufgaben des Verwalters nur, wenn er

251

- dazu nach der Satzung, oder
- einem Beschluss der GdWE oder
- einem Auftrag eines Wohnungseigentümers

ermächtigt ist. Außerdem kann der Verwalter die etwaigen Ansprüche der Wohnungseigentümer nicht im eigenen sondern nur in deren Namen geltend machen.

1. Die Durchführung von Satzungsvereinbarungen und Beschlüssen der GdWE

Alle nicht nichtigen oder nicht durch Gerichtsurteil für ungültig erklärten Beschlüsse der Wohnungseigentümer muss der Verwalter ausführen und dabei die Anweisungen der GdWE befolgen. Ebenso gehört dazu, dass er für die Einhaltung der Hausordnung und für die Erfüllung der Verkehrssicherungspflicht zu sorgen hat. Letztere muss der Verwalter nicht persönlich erfüllen, sondern kann sich hierzu einer dritten Person z. B. eines Hausmeisters bedienen. Er kann also Ermahnungen aussprechen, einen Nutzungsplan für gemeinschaftliche Einrichtungen aufstellen oder z. B. für die Beseitigung rechtswidrig abgestellter Gegenstände sorgen. Die Verkehrssicherungspflicht muss der Verwalter nicht persönlich erfüllen, sondern kann sich hierzu einer dritten Person z. B. eines Hausmeisters bedienen.

252

Auch etwaige in der Satzung festgelegte Aufgaben hat der Verwalter zu erfüllen, z. B. die Erklärung der Zustimmung zu einer Veräußerung, Vermietung oder Belastung eines Wohnungseigentums (Rn 218 Ziffer (5)), wobei er in diesem Fall aber nicht zugleich als Makler für den Verkäufer oder Käufer tätig gewesen sein darf. Steht ein solches Geschäft an, besteht für den Verwalter keine Erkundungspflicht, sondern für den Wohnungseigentümer die Pflicht, den Verwalter zu informieren.

Die Zustimmungserklärung wird mit ihrer Vorlage beim Grundbuchamt rechtswirksam. Siehe auch Rn 262.

2. Die Instandsetzung und –erhaltung des gemeinschaftlichen Eigentums

253 Der Verwalter muss das gemeinschaftliche Eigentum von Zeit zu Zeit auf Mängel überprüfen, insbesondere nach Bauarbeiten während eine Gewährleistungsfrist (Rn 381) läuft. Er muss die Wohnungseigentümer auf einen Fristablauf und auf erforderliche Schadenbeseitigungsmaßnahmen hinweisen.

Ist der erste Verwalter zugleich der die Anlage herstellende Bauträger, muss er hinsichtlich geltend zu machender Gewährleistungsrechte besondere Sorgfaltspflichten gegen sich gelten lassen, also etwaige Mängel beseitigen. Tut er das nicht, können die Wohnungseigentümer von ihm als Verwalter Schadenersatz verlangen, wenn z. B. die Gewährleistungsansprüche bei Entdeckung der Mängel verjährt sind.

Wenn Maßnahmen durchgeführt werden müssen, bevor eine Eigentümerversammlung möglich ist, darf und muss der Verwalter Notmaßnahmen ohne vorherigen Beschluss der Wohnungseigentümer durchführen lassen, z. B. erforderliches Heizöl nachbestellen. Etwaige Handwerker oder Lieferanten muss er sorgfältig auswählen und rechtzeitig beauftragen. Zu einer etwaigen Schadenersatzverpflichtung siehe Rn 258.

3. Lasten, Kosten, Zahlungen, Leistungen

254 Der Verwalter darf von der GdWE festgelegte Lasten- und Kostenbeiträge für das gemeinschaftliche Eigentum anfordern, einziehen oder abführen, ebenso Zahlungen oder Leistungen bewirken und entgegennehmen (Offene Rechnungen, öffentliche Gebühren, Entgelte für Strom, Wasser, Hausmeister, Putzmittel).

Auch das Recht zur Verwaltung der der GdWE gehörenden Geldmittel steht dem Verwalter zu: Er darf das Konto der GdWE führen, Gelder anlegen aber keine Kredite aufnehmen. Das Recht, über die gemeinschaftlichen Gelder zu verfügen, kann durch die Satzung eingeschränkt werden. Es kann z. B. festgelegt werden, dass der Verwalter ab einer bestimmten Betragshöhe nur zusammen mit einer weiteren Person über Mittel der GdWE verfügen darf.

Außerdem muss er die Gelder der GdWE von seinem Vermögen getrennt verwahren, z. B. auf einem Fremdgeldkonto, Treuhandkonto.

4. Wirtschaftsplan, Abrechnung, Rechnungslegung

255 Für jeweils ein Jahr muss der Verwalter einen <u>Wirtschaftsplan</u> aufstellen, diesen der GdWE vorlegen und von dieser darüber beschließen zu lassen.

Nach Ablauf des Kalenderjahres hat der Verwalter eine <u>Abrechnung</u> über die Einnahmen und Ausgaben des vergangenen Jahres der GdWE zur Beschlussfassung vorzulegen, in der Regel 6 Monate nach Ablauf des Wirtschaftsjahres, ausgenommen die Unterlagen stehen dem Verwalter nicht rechtzeitig zur Verfügung. Die Abrechnung muss die Kontostände enthalten, die Einnahmen, die Ausgaben und die Aufteilung der Überschüsse oder Fehlbeträge auf die einzelnen Wohnungseigentümer. Nicht zur Abrechnung gehören die Außenstände, da vom Verwalter keine Bilanz verlangt wird. Der Beschluss der Eigentümerversammlung über den Jahresabschluss bedeutet nicht automatisch eine Entlastung des Verwalters. Über eine solche ist ein besonderer Beschluss erforderlich.

Auf Beschluss der Wohnungseigentümer hat der Verwalter auch <u>während</u> des Wirtschaftsjahres Rechnung zu legen. Zweck dieser Verpflichtung ist, dass die Wohnungseigentümer in der Lage sein sollen, die ordnungsgemäße Verwaltung jederzeit überprüfen zu können.

5. Sonstiges

Der Verwalter ist auch noch verpflichtet, die GdWE und einen Wohnungseigentümer zu unterrichten, wenn ein gerichtliches Verfahren nach § 43 WEG anhängig ist.   256

Andererseits ist er berechtigt, Duldungserklärungen für die Wohnungseigentümer abzugeben, wenn es bei Maßnahmen einer Telefon-, Fernseh- oder Energieeinrichtung um Störungen des gemeinschaftlichen Eigentums geht.

Wird auf eine Klage vom Gericht die Bestellung eines Verwalters für ungültig erklärt, oder wird er in einem Verfahren, an dem er nicht unmittelbar beteiligt war, mit Kosten belastet (Rn 445), ist er berechtigt, dagegen ein zulässiges Rechtsmittel einzulegen.

6. Der Entgeltanspruch des Verwalters

Der Verwalter muss seine Arbeit nicht unentgeltlich leisten, auch wenn er selbst Wohnungseigentümer ist. Nur wenn bei seiner Beauftragung die Unentgeltlichkeit klargestellt und vom Verwalter auch akzeptiert worden ist, steht ihm keine Vergütung zu.   257

Verlangen kann der Verwalter zunächst den Ersatz seiner <u>Aufwendungen</u> und <u>Auslagen</u> für die GdWE, soweit solche bei der Ausführung gefasster Beschlüsse entstehen, z. B. zur Führung eines Prozesses für die GdWE.

    Beispiel: Muss der Verwalter Sanierungsmaßnahen in einem Kostenrahmen bis 4.000 € ausführen lassen, und weitet er den Auftrag um weitere 12.000 € aus, ohne dass es sich um eine Notmaßnahme handelt, kann er diese nicht erstattet verlangen.

Welche Vergütung ihm für seine <u>Arbeitsleistung</u> zu zahlen ist, wird im Gesetz nicht geregelt. Die Vergütung kann in der Satzung festgelegt oder in einem Verwaltervertrag vereinbart werden, meistens ist es ein bestimmter Betrag je Miteigentumsanteil und pro Monat. Ebenso werden in der Regel Sondervergütungen für Sonderaufgaben vereinbart, z. B. ein bestimmter Betrag für eine ihm obliegende Zustimmung zur Veräußerung (Rn 252), oder z. B. 25 € für das Ausstellen einer Bescheinigung nach § 35 a EStG, für die Anfertigung von Kopien für Wohnungseigentümer, oder z. B. eine Pauschale in Höhe von 120 € für die Führung eines Mahnverfahrens (Rn 384).

IV. Die Haftung des Verwalters gegenüber dem Wohnungseigentümer oder der GdWE

258 Wenn der Verwalter gegenüber einem Wohnungseigentümer oder der GdWE seine ihm nach dem WEG, nach der Satzung oder dem Verwaltervertrag obliegenden Verpflichtungen schuldhaft nicht erfüllt oder verletzt, kann er dem Wohnungseigentümer oder der GdWE zum Ersatz deren Schadens verpflichtet sein.

> Beispiel: Der Verwalter meldet einen Hochwasserschaden nicht rechtzeitig an die Elementarversicherung, - er verzögert nach Vorlage eines Kaufvertrages die von ihm zu erklärende Zustimmung zur Veräußerung eines Wohnungseigentums 2 Monate lang, ausgenommen es bestehen Zweifel an der Zahlungsfähigkeit des Käufers, sodass dem Verkäufer ein Zinsschaden entsteht, - er lässt einen drohenden Schaden am gemeinschaftlichen Eigentum nicht beseitigen, - er lässt ohne Dringlichkeit Instandsetzungsarbeiten ohne vorherigen Beschluss der GdWE durchführen, sodass dieser ein Schaden entsteht, weil eine preisgünstigere Möglichkeit vorhanden gewesen wäre.

Wenn der Beschluss über die Bestellung des Verwalters auf eine Anfechtung eines Wohnungseigentümers für ungültig erklärt wird, gilt die Haftung für alle etwaigen Pflichtverletzungen des (Schein-)Verwalters bis zur Rechtskraft des Abberufungsurteils.

Der Verwalter haftet aber nicht für Pflichtverletzungen des Hausmeisters, wenn die GdWE den Vertrag mit dem Hausmeister abgeschlossen hat.

V. Die Rechte und Pflichten eines Verwaltungsbeirats

259 Der Verwaltungsbeirat hat das Recht und die Pflicht, den Verwalter bei der Durchführung seiner Aufgaben zu unterstützen (§ 29 WEG). Er muss außerdem den vom Verwalter erstellten Wirtschaftsplan, dessen Abrechnung, eine Rechnungslegung oder Kostenanschläge überprüfen und der GdWE vom Ergebnis seiner Überprüfung berichten, bevor diese Beschlüsse fasst.

Weitere Aufgaben hat ein Verwaltungsbeirat nur dann, wenn die GdWE ihm solche besonders übertragen, z. B. die Überwachung des Verwalters, die Abnahme des gemeinschaftlichen Eigentums vom Bauträger, oder die Geltendmachung von Mängeln.

D. Die Rechte und Pflichten des einzelnen Wohnungseigentümers

Das Grundrecht der Eigentumsgarantie in Art. 14 des Grundgesetzes gilt auch für das Wohnungseigentum. Die im 3. Kapitel für den Eigentümer einer anderen Immobilie beschriebenen Rechte und Pflichten sind für den Wohnungseigentümer daran angepasst, dass sich Das Wohnungseigentum aus dem ideellen Miteigentumsanteil am Grundstück und den gemeinschaftlichen Gebäudeteilen einerseits und dem Sondereigentum an bestimmten Gebäudeteilen andererseits zusammensetzt, und dass alle Wohnungseigentümer in der in der Regel unauflösbaren GdWE verbunden sind.   260

Die GdWE kann von einem Wohnungseigentümer nicht mehr verlangen, als sich aus dem Gesetz oder der Satzung ergibt. Es dürfen ihm darüber hinaus keine Pflichten aufgebürdet werden, auch nicht durch einen von einer Öffnungsklausel (Rn 218 Ziffer 1) gedeckten Mehrheitsbeschluss.
Beispiel: Wenn sich aus der Satzung nicht ergibt, dass der Wohnungseigentümer zu bestimmten Dienstleistungen herangezogen werden kann, darf man ihm durch Beschluss keine Pflicht zur Mitarbeit aufbürden.

I. Rechte und Pflichten des Eigentümers an seinem „Wohnungseigentum im weiteren Sinne" (Rn 208)

Der Wohnungseigentümer ist zunächst zu folgendem berechtigt und verpflichtet:

1. Der (seltene) Anspruch auf Änderung der Vereinbarung

Wenn eine Regelung in der für die Wohnanlage geltenden Satzung für einen Wohnungseigentümer aus   261

„schwerwiegenden Gründen unter Berücksichtigung der Umstände des Einzelfalles, insbesondere der Rechte und Interessen der anderen Wohnungseigentümer unbillig ist",

kann dieser Wohnungseigentümer von den anderen Wohnungseigentümern eine Änderung der betreffenden Regelung verlangen (§ 10 Abs. 2, S. 3 WEG). Darunter fällt, dass z. B. eine Änderung eines festgelegten Kostenverteilungsschlüssels verlangt werden kann,

- wenn dieser für den Eigentümer um mehr als 25 % beim Verhältnis der rechtlich (nicht tatsächlich) zulässigen Nutzung von Wohn- bzw. Nutzfläche zu dem für die Kostenverteilung maßgebenden Miteigentumsanteil abweicht, oder
- wenn z. B. bei der Verteilung der Instandsetzungskosten für eine gemeinsame Garageneinfahrt nicht berücksichtigt ist, dass diese nur von einem Wohnungseigentümer benutzt werden kann und benutzt wird. Maßgebend ist die Kostenbelastung des benachteiligten Eigentümers.

Der benachteiligte Eigentümer kann dann zunächst versuchen, eine für ihn akzeptable Regelung durch einen Beschluss der GdWE zu erreichen. Gelingt das nicht, kann er sein Verlangen durch eine Klage bei Gericht geltend machen.

2. Das Recht zur Veräußerung und Belastung des Wohnungseigentums

262   Der Wohnungseigentümer darf sein Wohnungseigentum im ganzen vererben, belasten oder veräußern, also verkaufen oder verschenken. Diese Rechte können jedoch nach der Vereinbarung zum Schutz vor dem Eindringen persönlich oder wirtschaftlich unzuverlässiger Personen in die Gemeinschaft in der Weise eingeschränkt werden, dass die Ausübung dieser Rechte durch den Wohnungseigentümer nur mit Zustimmung der GdWE oder eines Dritten, z. B. des Verwalters, zulässig ist (§ 12 Abs. 1 WEG und Rn 224 und 252).

Eine Satzungsbestimmung, nach der die Veräußerung einer Zustimmung bedarf, kann aufgehoben werden (Rn 224).

Ein bestehendes Zustimmungserfordernis kann auch nicht durch Einräumung eines Vorkaufs- oder Ankaufrechtes umgangen werden. Dagegen kann weder durch die Satzung noch durch einen Beschluss der GdWE dem einzelnen Wohnungseigentümer das Recht zur Belastung seines Wohnungseigentums mit Grundpfandrechten (Rn 189 ff.) eingeschränkt oder etwa von einer Zustimmung abhängig gemacht werden. Denn ein Grundpfandrecht, etwa eine Hypothek oder eine Grundschuld ist kein Nachteil für die Gemeinschaft, da ein nach der Vereinbarung für eine Veräußerung bestehendes Zustimmungserfordernis auch in der Zwangsversteigerung gilt.

Eine Belastung mit einer Dienstbarkeit (Rn 193 ff.) ist dagegen nur zulässig, soweit diese nicht gegen eine Bestimmung der Satzung verstößt.
Beispiel: Der Wohnungseigentümer darf einem Dritten kein Wohnrecht einräumen, wenn er diesem sein Sondereigentum nach der Satzung nicht überlassen darf.

3. Die Pflicht zur Veräußerung

Der Wohnungseigentümer kann sein Wohnungseigentum verlieren, wenn   263
das ganze in Miteigentumsanteile aufgeteilte Grundstück enteignet werden
sollte oder wenn sein Wohnungseigentum auf Antrag eines Gläubigers
zwangsversteigert wird (Rn 413). Darüber hinaus ist der Wohnungseigentümer verpflichtet, sein Wohnungseigentum zu veräußern, wenn er seine
ihm gegenüber den anderen Wohnungseigentümern bestehenden Verpflichtungen trotz einer vorherigen Abmahnung so schwer verletzt, dass der
GdWE eine Fortsetzung der Gemeinschaft mit ihm nicht zugemutet werden
kann (§ 18 WEG).

Die Verpflichtung des Eigentümers zur Veräußerung seines Wohnungseigentums stellt die GdWE in einer Versammlung durch einen entsprechenden Beschluss fest. Siehe dazu Rn 223, wo Sie auch Beispiele für Pflichtver-
stöße finden. Zum Verfahren, wenn der Wohnungseigentümer seiner Veräußerungspflicht nicht nachkommt siehe Rn 404-

4. Rechte bei der Verwaltung des Wohnungseigentums

Bestellt die GdWE keinen Verwalter, hat der Wohnungseigentümer das   264
Recht, von den anderen Wohnungseigentümern - notfalls durch eine Klage -
die Bestellung eines Verwalters zu verlangen.

Jeder Wohnungseigentümer hat das Recht zur Teilnahme an jeder Eigentü-   265
merversammlung. Er kann auch verlangen, dass ein von ihm gewünschter
Tagesordnungspunkt aufgenommen wird, wenn die Ladungsfrist (Rn 250)
eingehalten werden kann. Ebenso darf er das Wort ergreifen, Erklärungen
abgeben und sich an der Abstimmung über Beschlussanträge beteiligen,
soweit er nicht ausnahmsweise von der Abstimmung ausgeschlossen ist (Rn
240 f.). Kein Stimmrecht hat ein Nießbrauchsberechtigter oder gar ein Mieter, ausgenommen er ist als bevollmächtigter Vertreter des Wohnungseigentümers zugelassen. Nicht verpflichtet ist ein Wohnungseigentümer, schon
vor der Versammlung sich darüber zu erklären, ob er an der Versammlung
teilnehmen oder wie er abstimmen wird.

Der Wohnungseigentümer muss in der Regel in der Eigentümerversamm-   266
lung nicht persönlich erscheinen. Er kann sich durch eine andere von ihm
bevollmächtigte Person vertreten lassen (Rn 239). Auf Verlangen eines
Wohnungseigentümers muss aber eine schriftliche Originalvollmacht nachgewiesen werden. Ist in der Satzung festgelegt, dass der Wohnungseigentümer sich nur durch eine bestimmte Person vertreten lassen darf, hat nur
diese Person das Recht zur Teilnahme an der Eigentümerversammlung. Ist
nach der Satzung z. B. ein Ehegatte zugelassen, gilt das auch für einen Lebensgefährten, insbesondere wenn Kinder aus der Verbindung vorhanden

sind. Eine andere Person, z. B. ein Rechtsanwalt als Beistand des Wohnungseigentümers muss nur ausnahmsweise zugelassen werden, wenn ein sachlicher Grund gegeben ist, wenn z. B. ein berechtigtes Interesse des Wohnungseigentümers wegen der Schwierigkeit der Angelegenheit besteht. Das Alter oder eine Krankheit des Wohnungseigentümers kann z. B. ein sachlicher Grund sein.

267   Genauso hat der Wohnungseigentümer das Recht, spätestens eine Woche vor Ablauf der Anfechtungsfrist (Rn 245) sowohl Protokolle, Abrechnungen, Abrechnungsunterlagen und die Beschlusssammlung am Ort des Geschäftssitzes des Verwalters einzusehen und sich von solchen Abschriften zu machen (§ 24 Abs. 6 und 8 WEG). Letzteres gilt überhaupt auch für die Abrechnungsunterlagen, also z. B. Belege für die Einzelabrechnungen aller Wohnungseigentümer. Es reicht dabei nicht aus, wenn der Verwalter diese Unterlagen in der Eigentümerversammlung mit sich führt. Im Gegensatz zu einem Mieter kann der Wohnungseigentümer verlangen, dass ihm Gelegenheit zur Fertigung von Kopien gegeben wird oder dass der Verwalter gegen Kostenerstattung Kopien der den Wohnungseigentümer interessierenden Belege zur Verfügung stellt.
Ist in der Versammlung von der GdWE ein Beschluss erlassen worden, den der Wohnungseigentümer für nichtig oder für anfechtbar hält, kann er durch eine Klage vom Gericht eine etwaige Nichtigkeit oder innerhalb der Monatsfrist durch eine Anfechtungsklage die Ungültigkeit des Beschlusses feststellen lassen. Siehe dazu Rn 244 f..

268   Jeder Wohnungseigentümer ist außerdem berechtigt, bei einem Streit über Rechte und Pflichten der Wohnungseigentümer, oder des Verwalters, über die Bestellung eines Verwalters oder die Unwirksamkeit einer Satzungsbestimmung eine gerichtliche Entscheidung zu beantragen (§ 43 ff. WEG).

5. Die Geltendmachung von Ansprüchen gegen die Wohnungseigentümer oder den Verwalter, und die Haftung des Wohnungseigentümers im Außen- und Innenverhältnis

269   Der einzelne Wohnungseigentümer kann z. B. eigene Ansprüche gegen die GdWE, den Verwalter oder gegen andere Wohnungseigentümer der GdWE geltend machen, z. B.
• wenn ihm ein Schaden entsteht, weil die GdWE die Verkehrssicherungspflicht nicht geregelt hat, oder
• wenn die GdWE vom Verwalter eine gewünschte Auskunft über die Jahresabrechnung nicht verlangt kann er diese Auskunft selber verlangen, wenn die Angelegenheit nur ihn selbst betrifft, oder
• wenn die GdWE erforderliche Verwaltungsmaßnahmen nicht beschließt (siehe auch Rn 284) oder beschlossene nicht durchführt und dem Wohnungseigentümer dadurch ein Schaden entsteht. Für diesen haftet dann

nicht die GdWE sondern alle andere Wohnungseigentümer persönlich, welche untätig geblieben sind oder bei der Beschlussfassung dagegen gestimmt oder sich der Stimme enthalten haben.

Im Außenverhältnis, also gegenüber anderen nicht zur GdWE gehörenden Personen, also auch gegenüber dem Verwalter haftet der einzelne Wohnungseigentümer für Verbindlichkeiten der GdWE zwar in der Regel, aber nicht als Gesamtschuldner sondern jeweils nur in Höhe seines Miteigentumsanteils (§ 10 Abs. 8 WEG).

> Beispiele: Für die Kosten des an die Wohnanlage gelieferten Gases, oder für die Vergütungsansprüche des Verwalters, oder für von der GdWE in Auftrag gegebene Instandsetzungsarbeiten, haftet die GdWE in voller Höhe, der einzelne Wohnungseigentümer aber nur in Höhe seines Miteigentumsanteils.. Kann die GdWE z. B. die dem Dachdecker zustehende Vergütung in Höhe von 70.000 € nicht oder nicht voll aus der Instandhaltungsrücklage bezahlen, muss ein Wohnungseigentümer mit einem Miteigentumsanteil von 30/1000 - tel nur 30/1000 tel von 70.000 = 2.100 € für die Vergütung des Handwerkers aufkommen.

Für Verpflichtungen, die nach einer gesetzlichen Vorschrift nicht die GdWE bzw. die in ihr verbundenen Personen sondern das Grundstück betreffen, haftet der Wohnungseigentümer aber als Gesamtschuldner.   270

> Beispiele: Für das Grundstück der GdWE fällt eine jährliche Grundsteuer in Höhe von 5.000 € an. Für diese haftet jeder einzelne Wohnungseigentümer als Gesamtschuldner, also in Höhe von 5.000 €; - Für die Abfall- und Straßenreinigungsgebühren in Berlin haften nach Landesrecht die Grundstückseigentümer als Gesamtschuldner.

II. Rechte und Pflichten des Wohnungseigentümers an seinem Sondereigentum

Als Eigentümer der zu seinem Sondereigentum gehörenden Räumlichkeiten hat der einzelne Wohnungseigentümer viele der auch dem Eigentümer einer anderen Immobilie im 3. Kapitel beschriebenen Rechte und Pflichten, allerdings wegen seiner Einbindung in der GdWE nur in eingeschränktem Umfang:

1. Das Recht, mit dem Sondereigentum nach Belieben zu verfahren

Beim Gebrauch seines Sondereigentums muss der Wohnungseigentümer   271
gesetzliche Vorschriften und etwaige Rechte Dritter beachten, insbesondere etwaige Regelungen in einer Satzung oder Beschlüssen der GdWE, in denen die Art und Weise geregelt ist, wie die zum Sondereigentums gehörenden Räume gebraucht werden dürfen (Rn 218 Ziffer. (2) und (8)). Stehen

in der Satzung keine Bestimmungen, welche das Nutzungsrecht des Wohnungs- oder Teileigentümers einschränken, hat dieser freie Hand. Je genauer die Nutzungsart dagegen festgelegt ist, je eingeschränkter ist sie (Rn 218 Ziffer 2). Steht z. B. in der Satzung, dass das Teileigentum nur als Laden genutzt werden darf, ist der Betrieb einer Gaststätte nicht zulässig.

Eine Bestimmung in der Satzung hat immer Vorrang vor etwaigen meist zufälligen Angaben in einem Aufteilungsplan. Satzungsbestimmungen sind aber dahingehend auszulegen, dass andere Nutzungen auch zulässig sind, wenn sie keine größere Belastung oder Beeinträchtigung mit sich bringen. So ist z. B. die Nutzung eines Teileigentums als Digital-Druckerei zulässig, wenn nach der Vereinbarung eine Nutzung zur selbstständigen Tätigkeit vorgesehen ist. Ist für ein Teileigentum ein Gewerbebetrieb vorgesehen, darf das Teileigentum auch als Seniorenbegegnungsstätte genutzt werden. Ist das Teileigentum als Laden vorgesehen, darf es aber nicht als Fischgroßhandel genutzt werden, da ein solcher mehr Störungen mit sich bringt, weil er nicht nur während der Ladenöffnungszeiten betrieben wird und mehr Zulieferungen erfolgen.

Auch im Falle einer in der Regel zulässigen Vermietung oder Verpachtung muss der Wohnungseigentümer für den Gebrauch des Sondereigentums bestehende Satzungsregelungen oder Beschlüsse beachten, einen Mieter oder Pächter also z. B. verpflichten, die Regelungen einzuhalten. Sonst kann es passieren, dass der Wohnungseigentümer wegen einer Angelegenheit in Anspruch genommen wird, die er seinem Mieter oder Pächter nicht weitergeben kann, weil dieser sich im Rahmen seines Mietvertrages hält.

Überlässt der Wohnungseigentümer nur den Mitgebrauch seiner Räume dritten Personen, z. B. dem Ehegatten, Lebensgefährten, Kinder, Besucher usw., muss er dafür sorgen und haftet dafür, dass auch diese die vorgesehenen Regelungen erfüllen. Dazu gehört auch die Pflicht, die Anordnungen der Verwaltung zu erfüllen und die Hausordnung einzuhalten.

Verletzt der Wohnungseigentümer diese Verpflichtungen, kann das zu einer Beseitigungspflicht oder Schadenersatzverpflichtung führen.

> Beispiel: Der Lebensgefährte des Wohnungseigentümers pöbelt die Mieter eines anderen Wohnungseigentümers immer wieder an. Wenn der Wohnungseigentümer das nicht verhindert oder abstellt, muss er dem anderen Wohnungseigentümer dessen Schaden erstatten, der diesem durch die Kündigung seines Mieters entsteht.

272 Soweit weder in einer Satzung noch in gültigen Beschlüssen eine Gebrauchsregelung besteht, kann der Wohnungseigentümer wie jeder Immobilieneigentümer mit seinem Sondereigentum nach Belieben verfahren, es also gebrauchen und Früchte ziehen und selbst verwalten, also bewohnen, vermieten oder kündigen, verpachten oder in sonstiger Weise nutzen, und andere von Einwirkungen ausschließen (§ 13 Abs. 1 WEG). Dabei muss

er aber noch beachten, dass einem anderen Wohnungseigentümer nicht „über das bei einem geordneten Zusammenleben unvermeidbare Maß hinaus ein Nachteil erwächst" (§ 14 Nr. 1 WEG). Zulässig ist danach z. B. auch eine gewerbliche oder geschäftliche Nutzung von Wohnräumen, wenn diese Nutzung nicht stört. Auch ein Bürobetrieb, die Vermietung von Wohnräumen an Feriengäste oder an Aussiedler ist in der Regel zulässig, oder eine maßvolle Haustierhaltung, wenn nicht Ratten oder Schlangen oder Kampfhunde in der Wohnung gehalten werden. Auch eine Nutzung von zum Teileigentum gehörenden Räumen zum Wohnen ist zulässig, wenn das die anderen Wohnungseigentümer nicht mehr als bei einer gewerblichen Nutzung stört. Zu einer etwa erforderlichen behördlichen Genehmigung siehe Rn 150.

Verboten ist aber z. B. die Nutzung einer Wohnung als Bordell oder zur Prostitution, der Betrieb eines Sexshops oder Sexkinos in der Wohnanlage einer Kleinstadt.

Andererseits kann sich der Wohnungseigentümer gegen unzulässige Einwirkungen auf sein Sondereigentum wehren, z. B. gegen unzulässige Immissionen (Rn 164) oder körperliche Einwirkungen (Rn 157), oder solche nach dem Nachbarrecht (Rn 158 ff.). Dulden muss der Wohnungseigentümer normale Wohngeräusche oder Gerüche, auch eines zugelassenen Gewerbebetriebes oder gelegentlicher Holzkohlengrills.

Abgesehen von der allgemeinen Pflicht zur Duldung des Betretens seines Sondereigentums ist der Wohnungseigentümer verpflichtet, alle Einwirkungen auf sein Sondereigentum zu gestatten, die notwendig sind, damit das Sondereigentum eines anderen Wohnungseigentümers oder gemeinschaftliches Eigentum instand gehalten oder genutzt werden kann (§ 14 Nr. 3 + 4 WEG).
Beispiele: Handwerker müssen die zum Sondereigentum gehörenden Räume des Wohnungseigentümers betreten dürfen, um zu einem anderen Sondereigentum führende Rohre freizulegen, oder wenn ein Schallschutz oder eine Versorgungssperre angebracht oder Mängel festgestellt werden sollen.

Wenn das Gebrauchsrecht der Wohnungseigentümer hinsichtlich ihres Sondereigentums nicht in der Satzung oder in Beschlüssen geregelt ist, hat jeder Wohnungseigentümer das Recht, von den anderen Wohnungseigentümern – notfalls gerichtlich – zu verlangen, dass der Gebrauch der zum Sondereigentum gehörenden Räume von der GdWE so geregelt wird, dass der Gebrauch dem Interesse der Gesamtheit der Wohnungseigentümer nach billigem Ermessen entspricht (§ 15 Abs. 3 WEG).

273

274 Auch das dem Wohnungseigentümer als Bauherr oder Käufer hinsichtlich des Sondereigentums zustehende Recht auf Gewährleistung (Rn 117 ff., 368 ff.) und das ihm zustehende Recht auf Schadensersatz kann der Wohnungseigentümer bei einer nur sein Sondereigentum betreffenden Schädigung geltend machen, auch gegen einen anderen Wohnungseigentümer, die GdWE oder den Verwalter, wenn durch deren Pflichtverletzung dem Wohnungseigentümer am Sondereigentum ein Schaden entsteht.

> Beispiel: Der Wohnungseigentümer kann von den anderen Wohnungseigentümern den Ersatz seines Schadens verlangen, wenn diese das undichte Dach nicht oder nicht rechtzeitig reparieren lassen, sodass Wasser in die ihm gehörende Dachgeschosswohnung eindringt und einen Schaden verursacht.

Wenn zugleich am gemeinschaftlichen Eigentum ein Mangel oder eine Schädigung eintritt, kann die GdWE die Geltendmachung der Rechte an sich ziehen.

Nicht berechtigt ist der Wohnungseigentümer, sein Sondereigentum ohne seinen Miteigentumsanteil zu veräußern oder zu belasten, da das Sondereigentum vom Miteigentumsanteil am Grundstück und den gemeinschaftlichen Gebäudeteilen nicht getrennt werden kann (§ 6 WEG).

Dagegen darf ein Wohnungseigentümer sein Sondereigentum unterteilen, also ein weiteres Sondereigentum bilden. Eine Zustimmung der Gemeinschaft dazu ist nicht erforderlich, ausgenommen sie ist nach der Satzung vorgeschrieben. Allerdings muss bei der Bildung des neuen Sondereigentums auch eine Abgeschlossenheitsbescheinigung (Rn 208) vorgelegt werden. Nicht ändern darf der Wohnungseigentümer aber die vor der Unterteilung vorgeschriebene Nutzung.

2. Einschränkungen bei einer baulichen Veränderung des Sondereigentums

275 <u>Zulässig</u> sind bauliche Veränderungen an den zum Sondereigentum gehörenden Räumen, wenn sie sich auf die gemeinschaftlichen Gebäudeteile oder das Sondereigentum eines anderen Wohnungseigentümers nicht auswirken, z. B. Zwischenwände verändern oder einrichten, oder 2 Wohnungen zu einer zusammenlegen, eine zu Sondereigentum gehörende Mauer durchbrechen, wenn sich das nicht auf die Statik des Hauses auswirkt oder der Barndschutz gefährdet wird. Zulässig ist auch die Anbringung von Schutzgittern, wenn eine konkrete Einbruchsgefahr besteht und dadurch keine Kletterhilfe für Einbrecher entsteht, ebenso die Anbringung einer Dämmung an Innenwänden, wenn dadurch keine auf andere Bauteile sich auswirkende Wärmebrücke entsteht, was bei einer nach dem Stand der Technik ausgeführten Arbeit nicht vorkommen sollte.

Der Einbau eines funkgesteuertes Garagentors in seine zum Sondereigentum gehörende Garage durch den Wohnungseigentümer ist nur zulässig, wenn das durch einen Beschluss der Wohnungseigentümer gestattet wird.

Nicht zulässig ist es dagegen, wenn ein Bodenbelag z. B. bei Ersetzung eines Teppichbodens durch Parkett verändert und dadurch der Trittschallschutz verschlechtert wird, wobei für diesen die im Zeitpunkt der Errichtung des Gebäudes bestehenden Schallschutzrichtlinien maßgebend sind, - oder die Verlegung einer Wasserleitung, wenn sie durch das Sondereigentum eines anderen Wohnungseigentümers geführt werden muss, ausgenommen der Wohnungseigentümer ist damit einverstanden, - ebenso wenn ein Wohnungseigentümer ein Holzfenster durch ein Kunststofffenster ersetzen lässt oder ein Fenster vergrößert, oder z. B. ein Dachflächenfenster einbauen lässt, - oder der nachträgliche Einbau von Rollladenkästen, die zu einer Verkleinerung von Fenstern führt, - oder der Bau eines massiven Gewächshauses auf einem Sondernutzungsbereich, - oder die Entfernung eines Grillplatzes, - die vollflächige Belegung einer Rasenfläche mit Terrassenplatten, - ein Balkonanbau mit einer Stahlstützkonstruktion, - die Anbringung von Sonnenkollektoren.

Ob ein Wohnungseigentümer eine Antenne, z. B. eine Parabolantenne zum Empfang von Radio oder Fernsehen anbringen darf oder dazu eine Zustimmung von der GdWE verlangen kann, hängt von der Abwägung seines Grundrechts auf Informationsfreiheit nach Art. 5 mit dem Eigentumsrecht der Wohnungseigentümer nach Art. 14 Grundgesetz ab: Besteht durch eine vorhandene Antenne eine ausreichende Versorgung mit wenigstens 5 bis 6 heimatsprachliche Sender, müssen die Wohnungseigentümer keine andere Antenne dulden. Besteht eine solche ausreichende Versorgung nicht, kommt es darauf an, in welchem Maße die Antenne den optischen Eindruck der Anlage beeinträchtigt. Je geringer die Beeinträchtigung ist, je eher darf der Wohnungseigentümer eine feste oder mobile Antenne installieren

3. Die Pflicht des Wohnungseigentümers zur Instandhaltung und - setzung seines Sondereigentums und zur Tragung von Kosten und Lasten

Während der Eigentümer einer anderen Immobilie nicht verpflichtet ist, sein Gebäude instand zu halten, ausgenommen er ist dazu vertraglich durch einen Miet-, Pacht- oder anderen Vertrag verpflichtet, oder wenn sonst Dritte gefährdet oder geschädigt werden könnten, trifft den Wohnungseigentümer eine solche Verpflichtung: Er muss sein Sondereigentum auf seine Kosten so instand halten, dass kein anderer Wohnungseigentümer beeinträchtigt wird. 276

Beispiel: Der Wohnungseigentümer muss einen in seinem Sondereigentum angebrachten defekten Wassermengenzähler unverzüglich reparieren lassen; - er muss bei Frostgefahr seine Räume beheizen; - bei einem neu errichteten Gebäude muss der Wohnungseigentümer anfängliche Mängel, z. B. eine Schallbrücke beseitigen lassen.

Die Kosten für die Instandhaltung und –setzung von gemeinschaftlichem Eigentum muss der Wohnungseigentümer im Zweifel tragen, wenn ihm die

Instandhaltung und –setzung an von ihm als Sondernutzer genutzten Teile übertragen worden ist.

Auch alle anderen für sein Sondereigentum anfallenden Kosten und Lasten hat der Wohnungseigentümer zu tragen. Zu den Kosten und Lasten für das gemeinschaftliche Eigentum und zur etwaigen Verpflichtung zur Instandhaltung gemeinschaftlichem Eigentums siehe Rn 280.

III. Rechte und Pflichten des Wohnungseigentümers am gemeinsamen Eigentum

Hinsichtlich des dem Wohnungseigentümer gehörenden Miteigentumsanteils am Grundstück und den gemeinsamen Gebäudeteilen geht es um das Recht zum Gebrauch bzw. Mitgebrauch und um einen dem Wohnungseigentümer zustehenden Anteil an den Nutzungen, ferner um die Pflicht zur Beteiligung an den Kosten und Lasten.

1. Das Recht des Wohnungseigentümers zum Gebrauch des gemeinschaftlichen Eigentums

277   Dem Wohnungseigentümer steht das Recht zum Mitgebrauch des gemeinschaftlichen Eigentums zu, das aber durch Satzung oder Beschlüsse der GdWE eingeschränkt sein kann:

Durch eine Satzungsbestimmung kann einem oder mehreren Wohnungseigentümern ein Sondernutzungsrecht an Teilen des gemeinschaftlichen Eigentums eingeräumt sein, was bedeutet, dass die anderen Wohnungseigentümer am Gebrauch des betreffenden Teiles ausgeschlossen sind.

  Beispiel: Nach der Teilungserklärung steht einem bestimmten Wohnungseigentümer das Recht zu, einen bestimmten abgegrenzten Grundstücksteil als Garten oder Stellplatz oder einen bestimmten zum gemeinschaftlichen Eigentum gehörenden Raum zu benützen.

Besteht ein Sondernutzungsrecht, z. B. an einem bestimmten Gartenanteil, gelten für die Wohnungseigentümer die Nachbarrechtsgesetze.

278   Soweit kein Sondernutzungsrecht besteht, hat jeder Wohnungseigentümer das Recht, das gemeinsame Grundstück und die gemeinschaftlichen Gebäudeteile zu gebrauchen (§ 13 Abs. 2, S. 1 WEG), z. B. Waschküche, Trockenplatz, Kinderspielplatz. Dabei dürfen aber die anderen Wohnungseigentümer nicht „über das bei einem geordneten Zusammenleben unvermeidliche Maß hinaus" benachteiligt werden (§ 14 Nr. 1 WEG).

Ein die anderen Wohnungseigentümer nicht benachteiligender Gebrauch ist z. B. gegeben, wenn eine Wohnungseingangstür saisonalüblich geschmückt wird, oder wenn eine Funkantenne ohne optische Beeinträchtigung der Anlage und ohne sonstige Nachteile angebracht wird, oder auf einer Rasenfläche gespielt oder eine ortsübliche nicht verunstaltende auf sein Geschäft oder Gewerbe hinweisende Werbung angebracht wird. Auch der Einbau einer Überwachungsanlage im Klingeltableau, die sich nur bei Betätigung der Klingel einschaltet, ist dem Wohnungseigentümer gestattet, weil die anderen Wohnungseigentümer dadurch nicht über das gebotene Maß hinaus beeinträchtigt werden. Unzulässig ist es dagegen, wenn Spruchbänder angebracht werden, wenn durch Bewegungsmelder oder Kameras längere Zeit Wohnungseigentümer überwacht werden, wenn Kraftfahrzeuge, Gartenzwerge oder Gegenstände vor der Wohnungstür abgestellt oder aufgestellt werden, oder wenn gefährliche Tiere frei laufen gelassen werden.

Die Anbringung einer Parabolantenne an der zum gemeinschaftlichen Eigentum gehörenden Außenwand ist dagegen nur zulässig, wenn alle Wohnungseigentümer einverstanden sind. Der Antragsteller kann aufs Internetfernsehen verwiesen werden.

Soweit die GdWE den Gebrauch durch Beschlüsse geregelt haben (Rn 226 f.), muss der Wohnungseigentümer die betreffende Regelung beachten. Ist keine Reglung erfolgt und hat der Wohnungseigentümer bei der Ausübung seines Mitgebrauchs durch den Gebrauch anderer Wohnungseigentümer Nachteile, hat er das Recht, von der GdWE zu verlangen, dass diese den Gebrauch durch einen Beschluss regelt (§ 15 Abs. 3 WEG). Geschieht das nicht, kann die Regelung auf Antrag eines Wohnungseigentümers durch das Gericht erfolgen, z. B. über die Nutzung eines gemeinschaftlichen Gartens.

2. Das Recht des Wohnungseigentümers auf einen Anteil an den Nutzungen

Der Wohnungseigentümer kann einen Anteil an den sonstigen Nutzungen   279
des gemeinschaftlichen Eigentums verlangen, der seinem im Grundbuch eingetragenen Miteigentumsanteil entspricht, z. B. vom Mietzins für von der GdWE vermietete Stellplätze, vom auf dem Grundstück geernteten Obst, oder von den für die von der GdWE angelegten Geldern erwirtschafteten Zinsen (§§ 13 Abs. 2 S. 2 und 16 Abs. 1 WEG). Siehe dazu auch bei den Rechten des Miteigentümers Rn 201.

3. Die Pflicht zur Instandhaltung gemeinschaftlichem Eigentums und Tragung von Kosten und Lasten = Das Wohngeld

In der Satzung kann festgelegt sein, dass der Wohnungseigentümer an ge-   280
meinschaftlichem Eigentum, z. B. an Fenstern oder Eingangstüren die Pflicht zur Instandsetzung und –haltung trägt (Rn 218 Ziffer 11). Wird dabei z. B. an den Fenstern der Außenanstrich ausgenommen und ist eine vollständige Erneuerung der Fenster erforderlich, ist das im Zweifel Sache der GdWE.

281 Neben den für sein Sondereigentum anfallenden Kosten und Lasten hat der Wohnungseigentümer, soweit er nicht etwa nach der Satzung von der Tragung bestimmter oder aller Kosten befreit ist, die durch die Verwaltung und für das Grundstück und die gemeinschaftlichen Räume anfallenden Lasten und Kosten zu tragen (§ 16 Abs. 2 WEG), z. B. Erschließungsbeiträge, die Grundsteuern für das gemeinschaftliche Eigentum, Zinsen für Hypotheken oder Grundschulden auf dem gemeinschaftlichen Eigentum, Prämien für Sachversicherungen des gemeinschaftlichen Eigentums, ferner alle nach der Vereinbarung festgelegten mit der Bewirtschaftung des Grundstücks unmittelbar zusammenhängenden und notwendigen Betriebskosten, also auch Kosten für Einrichtungen, z. B. für einen Aufzug, auch wenn dieser nur in einem von mehreren Gebäuden eingebaut ist oder nicht von allen Wohnungseigentümern in gleichem Maße benutzt werden kann oder benutzt wird. Außerdem gehören dazu:

- Die Kosten der sonstigen Verwaltung: Verwaltervergütung, Kosten der Eigentümerversammlungen, Kosten der Maßnahmen eines Wohnungseigentümers zur Abwendung eines dem gemeinschaftlichen Eigentum drohenden Schadens, Versicherungen gegen Haftpflicht, gemeinschaftlich zu tragende Prozesskosten.

  Beispiel: Ein Unternehmer verklagt die GdWE wegen einer offenen Werklohnrechnung, oder der Verwalter wegen einer Vergütungsforderung. Die im Verfahren entstehenden Kosten tragen die Wohnungseigentümer gemeinsam.

  Nicht um gemeinsame Prozesskosten handelt es sich bei einem Verfahren zwischen einem oder mehreren Wohnungseigentümern und den anderen Wohnungseigentümern. Die in einem solchen Verfahren entstehenden Kosten betreffen nicht alle Wohnungseigentümer gemeinschaftlich.

  Beispiel: 4 Eigentümer fechten einen Beschluss der aus insgesamt 12 Eigentümern bestehenden GdWE an. Soweit nach der Entscheidung des Gerichts Verfahrenskosten von der GdWE zu tragen sind (Rn 439 ff.), sind diese nur von den 8 beklagten Wohnungseigentümern entsprechen der Höhe ihres Miteigentumsanteils zu tragen.

- Die Kosten einer durchgeführten Instandhaltung und Instandsetzung des gemeinschaftlichen Eigentums, soweit sie nicht aus der Instandhaltungsrücklage entnommen werden, z. B. die Kosten der Verkehrssicherungspflicht einschließlich Schneeräum- und Streupflicht, Gartenpflege, Instandhaltung der Gebäude und Anlagen. Führt der Wohnungseigentümer Instandsetzungsarbeiten am gemeinschaftlichen Eigentum durch, kann er die ihm entstandenen Kosten von der GdWE nur verlangen, wenn die Instandsetzung ohnehin hätte durchgeführt werden müssen.

- Die Kosten des gemeinschaftlichen Gebrauchs, also der zentralen Wasser-, Abwasser- und Energieversorgung, einer gemeinschaftlichen Heizungs- oder Antennenanlage, Müllbeseitigung, Reinigung, Stromkosten. .

Welcher Anteil dieser Kosten auf den einzelnen zur Zahlung verpflichteten Wohnungseigentümer entfällt, hängt in erster Linie von einer etwaigen Regelung in einer Satzung oder in gültigen Beschlüssen der GdWE ab. Gibt es keine solche Regelung, trägt der Wohnungseigentümer die Kosten und Lasten im Verhältnis seines im Grundbuch eingetragenen Anteils.

Beispiel: Die Kabelgebühren sind nach der Größe der Anteile und nicht nach Wohneinheit umzulegen, wenn keine andere Regelung besteht.

Zusammengenommen pflegt man diese Kosten das Wohngeld (Rn 233) zu nennen, in dem neben dem Beitrag für eine beschlossene Instandhaltungsrücklage und den abgerechneten Aufwendungen auch Vorschüsse auf laufende und zukünftige Aufwendungen enthalten sind.

Der Wohnungseigentümer kann sich seiner Zahlungspflicht nicht dadurch entledigen, dass er mit einer ihm etwa gegen die GdWE zustehenden Forderung eine Aufrechnung (Rn 29) erklärt. Das ist unzulässig, ausgenommen die Forderung des Wohnungseigentümers ist unbestritten oder anerkannt.　282

4. *Rechte des einzelnen Wohnungseigentümers bei der Verwaltung des gemeinschaftlichen Eigentums*

Der Wohnungseigentümer darf ohne vorherige Zustimmung der anderen Miteigentümer unmittelbar drohenden Schaden abzuwenden (§ 21 Abs. 2 WEG). Er darf das tun, was ein verständiger Eigentümer ohne längeres Zuwarten tun würde, wenn weder der Verwalter noch die GdWE herangezogen oder erreicht werden kann. Seine dafür entsehenden Aufwendungen kann er von der Gemeinschaft erstattet verlangen.　283

Führt der Wohnungseigentümer dagegen nicht dringende Arbeiten am Gemeinschaftseigentum ohne vorherigen Beschluss der GdWE aus, kann er seine Aufwendungen nur dann verlangen, wenn die Maßnahmen erforderlich waren und die GdWE eigene Aufwendungen ersparte.

Kommt die GdWE ihrer Pflicht zur ordnungsgemäßen Verwaltung des gemeinschaftlichen Eigentums nicht nach, kann jeder Wohnungseigentümer von den anderen Wohnungseigentümern eine Verwaltung des gemeinschaftlichen Eigentums verlangen, die der Satzung und den Beschlüssen oder, falls solche Regelungen nicht bestehen, dem Interesse der Gemeinschaft entspricht (§ 21 Abs. 4 WEG). Er kann eine erforderliche Regelung vom Gericht treffen lassen (§ 21 Abs. 8 WEG).　284

Beispiele: Die GdWE regelt den Gebrauch des gemeinschaftlichen Eigentums nicht; - die GdWE macht gegen den Verwalter bestehende Schadenersatzansprüche nicht geltend. Der einzelne Wohnungseigentümer kann nicht selbst diesen Anspruch geltend machen, kann aber die GdWE über das Gericht dazu zwingen.

Hat die GdWE z. B. keinen Verwalter bestellt, kann der Wohnungseigentümer diese durch eine Klage verpflichten lassen, einen Verwalter zu bestellen. Zur Ermächtigung eines Wohnungseigentümers zur Einberufung der Eigentümerversammlung siehe Rn 238.

285   Soweit hinsichtlich des gemeinschaftlichen Eigentums Gewährleistungsansprüche gegen einen Verkäufer (Rn 108 ff.), Unternehmer oder Bauträger (Rn 360 ff.) bestehen oder ein Recht auf Schadenersatz, kann der einzelne Wohnungseigentümer deren unteilbare Leistung an die GdWE geltend machen, solange die GdWE die Verfolgung der Ansprüche nicht durch eine Beschlussfassung an sich zieht. Siehe auch nachstehende Rn 286.

IV. Rechte des Wohnungseigentümers aus dem Vertrag über den Erwerb des Wohnungseigentums

286   Hat der Wohnungseigentümer das Wohnungseigentum auf Grund eines Kaufvertrages von einem Wohnungseigentümer oder von einem Bauträger erworben, stehen ihm gegen den Verkäufer alle die im 2. Kapitel beschriebenen Rechte zu, also z. B. ein etwaiges Anfechtungsrecht oder Gewährleistungsrechte, z. B. wegen Mängeln. Die Geltendmachung von Mängeln am gemeinschaftlichen Eigentum ist Sache der GdWE, ausgenommen ein Mangel wirkt sich nur an seinem Sondereigentum aus.

Beispiel: An der im Allgemeineigentum stehenden Trennmauer zum Schlafzimmer eines Wohnungseigentümers fehlt der erforderliche Schallschutz.

Macht die GdWE Gewährleistungsrechte auf Beseitigung von Mängeln am gemeinschaftlichen Eigentum geltend, kann der Wohnungseigentümer diese Ansprüche nicht geltend machen (Rn 274). Er kann aber z. B. dem Verkäufer eine Frist setzen, um ein Rücktrittsrecht oder Schadenersatzansprüche geltend machen zu können. Dieses Recht steht ihm auch zu, wenn die GdWE sich z. B. mit dem Verkäufer wegen der Mängel einigt.

Beispiel: Hat der Bauträger erhebliche Mängel am Dach der Wohnanlage zu vertreten, deren Beseitigung die GdWE verlangt, kann der einzelne Wohnungseigentümer als Käufer dem Bauträger als seinem Verkäufer eine Frist zur Beseitigung setzen und nach deren Ablauf vom Vertrag zurücktreten (Rn 108, 372), auch wenn die GdWE mit dem Bauträger vereinbart, dass die Mängel erst später beseitigt werden sollen.

Zur Verjährung der Ansprüche des Wohnungseigentümers gegen seinen Verkäufer siehe Rn 379 ff.. Verhandelt die GdWE wegen eines auch dem Wohnungseigentümer selbst zustehenden Gewährleitungsanspruch mit dem Verkäufer, tritt eine Hemmung der Verjährungsfrist (Rn 31) auch zugunsten des Wohnungseigentümers ein.

5. KAPITEL

Rechte und Pflichten zwischen Bauherr einerseits und Architekt und Unternehmer andererseits

Es geht hier um die Verträge des hauptsächlich <u>privaten</u> Bauherrn mit den von ihm mit Werksarbeiten und mit der Planung, Herstellung oder Umbau eines Gebäudes zu beauftragenden Architekten, Ingenieuren und Unternehmen. Ob und in welchem Umfang ein Bauherr bei der Herstellung seines Bauvorhabens einen Planverfasser (Architekt oder Ingenieur) und Unternehmer (Baufachbetrieb) in Anspruch nehmen <u>muss</u>, finden Sie bei den Pflichten des Eigentümers unter Rn 152. 287

Architekten müssen neben den für jedermann geltenden Gesetzen das für ihr Bundesland geltende „Architektengesetz" und der ein Handwerk ausübende Unternehmer die „Handwerksordnung" und andere Gesetze beachten. Unternehmer, die im eigenen Namen für eigene oder fremde Rechnung Bauvorhaben vorbereiten oder durchführen und dazu Vermögenswerte von Erwerbern verwenden (Generalunternehmer, Bauträger), oder die Bauvorhaben im fremden Namen für fremde Rechnung wirtschaftlich vorbereiten oder durchführen (Baubetreuer), brauchen zur Ausübung ihres Gewerbes eine besondere behördliche Erlaubnis (§ 34 c GewO).

Wenn es um den Kauf von Baumaterialen oder –stoffen oder insbesondere bei Bauträgerverträgen um den <u>Kauf</u> einer Immobilie und gleichzeitig um die <u>Herstellung eines Bauwerks</u> auf dieser geht, finden Sie alles Wichtige im 2. Kapitel unter Rn 72 ff., 91 ff. und insbesondere 117. 288

A. Verträge zwischen Bauherr und Architekten oder Ingenieuren

I. Der Architekten- oder Ingenieurvertrag

1. Abschluss und Inhalt des Vertrages

Wenn der Bauherr einem Architekten oder Ingenieur oder der Architekt dem letzteren einen Auftrag zu bestimmten Leistungen erteilt und dieser den Auftrag annimmt, kommt ein Architekten- oder Ingenieurvertrag zustande. Es ist ein Werkvertrag (Rn 13), für den die §§ 631 ff. gelten. Eine bestimmte Form muss dabei nicht eingehalten werden. Auch ein mündlich abgeschlossener Vertrag ist also rechtsgültig. Nur bestimmte gewünschte Honorarbedingungen müssen nach der HOAI schriftlich (Rn 16) vereinbart werden. Die HOAI gilt, wie schon ihr Name sagt, gleichermaßen für Archi- 289 tekten und Ingenieure. Unterschiede bestehen hauptsächlich bei den verschiedenen infrage kommenden Leistungsarten (Rn 294, 295d).

Wenn vom Architekten oder Ingenieur nicht nur eine Einzelleistung sondern die Planung oder gar die Herstellung eines Bauwerks verlangt wird, wird heutzutage – auch im Interesse der Klarheit - in der Regel in einem Vertrag schriftlich festgelegt, welche <u>Leistungen</u> der Architekt bzw. Ingenieur und welche <u>Gegenleistungen</u> der Bauherr schuldet. Außer diesen genannten beiden wichtigsten Verpflichtungen werden teilweise auch Vereinbarungen über die „Beschaffenheit" (Rn 112 f.) des geschuldeten Werks getroffen, z. B. zu einer Baukostenobergrenze, die im Falle einer Überschreitung für die spätere Berechnung des Honorars maßgebend ist oder zu einer Schadenersatzverpflichtung des Architekten führen kann. Oder es werden Termine, Fristen und Vollmachtserteilungen festgelegt, oder Zeiten für die Durchführung der Arbeiten.

290   Für alle ab 1.1.2018 abgeschlossenen Architekten- und Ingenieurverträge, Bauverträge und Bauträgerverträge gelten die durch das „Gesetz zur Reform des Bauvertragsrechts und zur Änderung der kaufrechtlichen Mängelhaftung" teilweise geänderten oder neu geschaffenen §§ 631 bis 650v BGB, die eine Erhöhung des Schutzes für den privaten Bauherrn als Verbraucher (Rn 5) enthalten, außerdem eine Verbesserung der Kommunikation und Kooperation zwischen Bauherr, Architekt und Unternehmer, die einen zügigeren Bauablauf unter Vermeidung kostenintensiverer Streitigkeiten gewährleisten soll.

2. Die Unwirksamkeit von Verträgen oder einzelner Bedingungen

291a   Auch für den Architekten- oder Ingenieurvertrag gelten die unter Rn 21 ff. beschriebenen allgemeinen gesetzlichen Schranken. <u>Verboten</u> ist z. B., dass sich der Bauherr im Zusammenhang mit dem beabsichtigten Erwerb eines Grundstücks ausdrücklich oder stillschweigend verpflichtet, beim Entwurf, Planung und Ausführung eines Bauwerks einen bestimmten Architekten oder Ingenieur zu beauftragen. Sinn und Zweck dieses nicht gegen die Verfassung verstoßenden „Kopplungsverbots" ist, dass der Erwerber eines Grundstücks nicht verpflichtet werden soll, einen von ihm etwa nicht gewünschten Architekten beauftragen zu müssen. Das Kopplungsverbot gilt aber z. B. nicht, wenn der Erwerber selbst das Grundstück und die Architektenleistung aus einer Hand erhalten will.

> Beispiel: Ein Bauwilliger beauftragt einen Architekten seines Vertrauens, ihm bei der Beschaffung eines Baugrundstücks behilflich zu sein und verspricht, mit ihm dann einen Architektenvertrag zu schließen.

Unwirksam ist der zwischen Architekt und Bauherr abgeschlossene Vertrag auch, wenn Architekt und Bauherr eine „Ohne – Rechnung - Abrede" treffen. Das gilt auch, wenn die Abrede erst im Laufe des Vertragsverhältnisses oder nach Leistungserfüllung vereinbart wird. Zu den Folgen: Rn 21.

Auch durch eine <u>Anfechtung</u> (Rn 23) kann der Architektenvertrag seine Rechtswirksamkeit verlieren, z. B. kann der Bauherr einen solchen Vertrag anfechten, wenn sich herausstellt, dass der Vertragspartner gar nicht Architekt ist. Dagegen ist eine Eintragung des Architekten in die Architektenrolle keine Voraussetzung für die Rechtswirksamkeit eines Architektenvertrages.

Üblicherweise verwenden Architekt, Ingenieur und die Öffentliche Verwaltung als Bauherr sogenannte unter Rn 24 ff. beschriebene vorformulierte Vertragsbestimmungen, die als Überraschungsklauseln oder mehrdeutige Klauseln, oder den Bauherrn oder auch den Architekten benachteiligende Klauseln nach der Rechtssprechung unwirksam sein können. Unwirksam sind z. B. Regelungen, nach denen der Anspruch des Architekten auf Abschlagszahlungen beschränkt wird, - oder der Bauherr nur kündigen kann, wenn ein wichtiger Grund gegeben ist, - oder die Verjährungsfrist für Gewährleistungsrechte schon mit der Abnahme des vom Unternehmer oder Handwerker fertiggestellten Bauwerks beginnt, oder die Haftung des Architekten auf Schäden am Bauwerk beschränkt wird, - oder auf Schäden, bei denen vom Unternehmer kein Ersatz erreicht wird, oder dass der Architekt einen von ihm verursachten Schaden selbst beseitigen darf. 291b

Rechtswirksam ist dagegen eine Klausel, wonach das im Architektenvertrag vereinbarte Honorar im Falle einer vom Architekten nicht zu vertretenden Verlängerung der vereinbarten Bauzeit an die erhöhten Aufwendungen anzupassen ist. Solche können entstehen, wenn der Architekt z. B. länger als vorgesehen für einen Bauleiter Gehalt bezahlen muss. Ebenso rechtswirksam ist die Klausel „Der Architekt ist berechtigt, im Falle von Ausführungs- oder Planfehlern die Arbeiten zu deren Beseitigung zu planen und zu überwachen", oder die Klausel „Der Bauherr ist im Falle eines Vollarchitektenauftrages oder eines Auftrags mit der Objektüberwachung und Objektbetreuung verpflichtet, die Leistung des Architekten nach der Objektüberwachung separat abzunehmen". Letztere Bedingung war für Architekten bei bis zum 31.12.2017 abgeschlossenen Verträgen wichtig, weil die Objektbetreuung noch Jahre nach Fertigstellung des Bauwerks dauern kann. Inzwischen gilt diese Bedingung nach § 650s automatisch, auch ohne dass sie besonders vereinbart ist.

3. Die Beendigung eines Architektenvertrages und deren Folgen

292   Abgesehen von einem Ende eines Vertrages durch eine Anfechtung (Rn 291a), kann bei einem Architekten- oder Ingenieurvertrag eine Vertragspartei berechtigt sein, die wegen der zu erbringenden Leistungen mehr oder weniger lange dauernden Rechtsbeziehungen zu beenden:
Der private Bauherr hat als Verbraucher (Rn 5) ein <u>Widerrufsrecht</u>, wenn die Voraussetzungen eines sogenannten Haustürgeschäfts (siehe Rn 10) vorliegen, was beim Abschluss von Architekten- oder Ingenieurverträgen selten vorkommen dürfte. Beenden kann eine der Vertragsparteien einen solchen Vertrag durch einen <u>Rücktritt</u> oder eine <u>Kündigung</u>. Außerdem kann der Vertrag einvernehmlich von den Parteien oder einseitig durch den Bauherr <u>geändert</u> werden. Da diese Beendigungsmöglichkeiten auch beim Bauvertrag bestehen, werden diese Möglichkeiten für Architekten- und Bauverträge in einem besonderen Abschnitt unter Rn 349 ff. beschrieben.

4. Die Beteiligung des Architekten beim Abschluss von Verträgen mit Unternehmern

293   Welche Unternehmer zu welchen Bedingungen mit der Ausführung des Bauvorhabens beauftragt werden sollen, ist nach Beratung durch den Architekten Sache des Bauherrn (Rn 295e). Manche Architekten verlangen vom Bauherrn eine Vollmacht, um ihn gegenüber Unternehmern und Behörden vertreten und um also Verträge mit Unternehmern im Namen des Bauherrn abschließen zu können. Der Architekt ist zwar verpflichtet, die Vollmacht nur nach entsprechender Weisung des Bauherrn zu gebrauchen. Der Bauherr muss sich aber im klaren sein, dass eine solche Vollmacht den Architekten berechtigt, den Bauherrn dem Unternehmer gegenüber zu verpflichten. Wohnt der Bauherr vom Ort des Bauvorhabens weit entfernt, wird man weniger ohne diese Vollmacht auskommen.

II. Die hauptsächlichen Leistungspflichten des Architekten oder Ingenieurs gegenüber dem Bauherrn

1. Die Hauptpflicht des Architekten oder Ingenieurs

294   besteht nach der gesetzlichen Definition darin,

> „die Leistungen zu erbringen, die nach dem jeweiligen Stand der Planung und Ausführung des Bauwerks oder der Außenanlage erforderlich sind, um die zwischen den Parteien vereinbarten Planungs- und Überwachungsziele zu erreichen" (§ 650p).

Das kann eine Beratung oder Kostenberechnung sein, oder die Planung oder gar Herstellung eines mangelfreien Bauwerks. Dieses entsteht in <u>Phasen</u>, den sogenannten <u>Grundleistungen</u> und/oder <u>Besonderen Leistungen</u>.

Phase	Beispiele für Grundleistungen	Gebäude	Innenräume
1	<u>Grundlagenermittlung:</u> Klären der Aufgabenstellung, Ortsbesichtigung, Beratung	2 %	2 %
2	<u>Vorplanung:</u> Erarbeitung der Vorplanung, Aufstellung eines Zielkatalogs, Vorverhandlungen mit Behörden über die Genehmigungsfähigkeit, Kostenschätzung, Erstellung eines Terminplanes	7 %	7 %
3	<u>Entwurfsplanung:</u> Erarbeiten der Entwurfsplanung, zeichnerische Darstellung des Objektes, Kostenberechnung, Einreichen der Vorlagen	15 %	15 %
4	<u>Genehmigungsplanung:</u> Erarbeiten der Unterlagen für die Genehmigung und deren Einreichung	3 %	2 %
5	<u>Ausführungsplanung:</u> Zeichnerische Darstellung des Bauwerks mit allen notwendigen Einzelangaben, Fortschreiben des Terminplanes und der Ausführungsplanung während der Bauausführung	25 %	30 %
6	<u>Vorbereitung der Vergabe:</u> Aufstellen eines Vergabeterminplanes und von Leistungsbeschreibungen mit Leistungsverzeichnissen, Kostenkontrolle	10 %	7 %
7	<u>Mitwirkung bei der Vergabe:</u> Einholen von Angeboten und deren Prüfung, Mitwirken bei der Auftragsvergabe	4 %	3 %
8	<u>Objektüberwachung:</u> Überwachen der Ausführung des Bauvorhabens, Aufstellen, Fortschreiben und Überwachen eines Terminplanes, Führung eines Bautagebuchs, Rechnungsprüfung, Übergabe des Bauwerks, Auflisten der Verjährungsfristen für Mängelansprüche, Überwachen der Beseitigung von bei der Abnahme festgestellter Mängel	32 %	32 %
9	<u>Objektbetreuung:</u> Objektbegehung zur Mängelfeststellung vor Ablauf der Verjährungsfristen, Mitwirkung bei der Freigabe von Sicherheitsleistungen	2 %	2 %
	Summe der Phasen 1 – 9 = 100 % des Honorars	**100 %**	**100 %**

* Zur Berechnung des Gesamthonorars siehe Rn 304 ff..

Die vorstehende Tabelle ist eine kurzgefasste Teilübersicht der Grundleistungen für Architekten in den Phasen 1- 9 mit dem für die einzelnen Phasen für Gebäude und für Innenräume vom Gesamthonorar anfallenden % - Anteil. Die vollständige Tabelle steht für Architekten in Anlage 10 zu § 34 Abs. 4 der HOAI und für Ingenieure in Anlage 12 und 14.

Wenn im Vertrag die Planungs- und/oder Überwachungsziele vereinbart werden, orientieren sich die Vertragsparteien in der Regel an den oben beschriebenen Leistungsphasen der HOAI. Dabei ist es Sache des Architekten, den Bauherrn darauf hinzuweisen, welche Leistungen zur Herstellung des gewünschten Bauwerks erforderlich sind. Bei der Planung (Phasen 1 – 5) schuldet der Architekt <u>sein im Bauplan verkörperte geistige Werk</u>, und bei der technischen und geschäftlichen Oberleitung und die örtliche Bauaufsicht (Phasen 6 – 9) die <u>Entstehung des mangelfreien Bauwerks</u>.

Eine Vermutung dafür, dass der Architekt mit <u>allen</u> Leistungsphasen beauftragt worden ist, oder dass bei Vereinbarung <u>einzelner</u> Leistungsphasen auch<u> vorhergehende</u> Leistungsphasen zum Auftrag gehören, gibt es nach der Rechtssprechung des BGH nicht.

    Beispiel: Wird der Architekt mit den Leistungsphasen 2 und 3 (Vor- und Entwurfsplanung) beauftragt, muss die Leistungsphase 1 (Grundlagenermittlung) nicht notwendigerweise auch zum Auftrag gehören.

Haben Bauherr und Architekt in dem zwischen ihnen schon abgeschlossenen Vertrag die wesentlichen Planungs- und/oder Überwachungsziele noch nicht vereinbart, muss der Architekt als erstes eine Planungsgrundlage zur Ermittlung dieser Ziele erstellen und diese dem Bauherrn zusammen mit einer Kosteneinschätzung für das Vorhaben zur Zustimmung vorlegen.

    Beispiel: Im Vertrag wird das Bauwerk, z. B. ein Einfamilienhaus mit Garage, oder der ungefähre vom Bauherrn aufzubringenden Kostenaufwand, oder die Größe der vom Bauherrn gewünschten Grundfläche nicht festgelegt. Dann muss der Architekt zunächst eine Planungsunterlage erstellen, in der die noch fehlenden Eckpunkte ausgearbeitet sind, und diese dem Bauherrn mit einer Kostenschätzung zur Zustimmung vorlegen.

Zu den in diesem Fall dann bestehenden Kündigungsrechten von Bauherr und Architekt siehe Rn 354a.

2. Die zu den einzelnen Phasen gehörenden Grundleistungen

Bei den einzelnen Leistungsphasen der unter Rn 294 stehenden Tabelle gehört u. a. zu den Pflichten des Architekten:

295a   Bei der <u>Grundlagenermittlung</u> und <u>Vorplanung</u> (Phasen 1 + 2) muss der Architekt den Bauherrn über Risiken des geplanten Bauwerks aufklären, auch wenn der Bauherr diese bereits kennt, er muss den Baugrund und die Genehmigungsfähigkeit prüfen und den Bauherrn vollständig und richtig beraten, ob das Bauwerk in der vom Bauherrn gewünschte Form genehmigungsfähig ist, also den Vorschriften des BauGB, der LBO, den Nachbarrechtsgesetzen und den Bauvorschriften der Gemeinde entspricht..

    Beispiel: Der Architekt behauptet gegenüber dem eine eingeschossweiße Bauweise wünschenden Bauherrn, nach den Vorschriften der Gemeinde sei nur eine zweigeschossweiße Bauweise zulässig. Der Bauherr lässt deshalb notgedrungen ein zweigeschossiges Wohnhaus planen und errichten. Der Architekt ist dem Bauherrn zum Ersatz eines dadurch entstanden Schadens verpflichtet, wenn auch die eingeschossiger Bauweise zulässig gewesen wäre.

Auch eine richtige Kostenschätzung. gehört zu Phase 2. Dabei muss der Architekt sich z. B. bei der Planung eines privaten Wohnhauses vorher eine verlässliche Kenntnis von den wirtschaftlichen Möglichkeiten des privaten Bauherrn für dessen Kostenvorstellungen verschaffen.

Zu dieser Phase gehören auch Aufklärungs-, Prüfungs- und Beratungspflichten des Architekten oder Ingenieurs hinsichtlich der Herstellung des Bauwerks und der damit zusammenhängenden Umstände. Der Bauherr muss über alle Umstände aufgeklärt werden, die er nicht kennt, insbesondere auch über Risiken und Gefahren, z. B. über

- die Eignung des Grundstücks und die Einwirkung von Grundwasser,
- die Durchführbarkeit des Vorhabens unter Berücksichtigung der finanziellen Möglichkeiten des Bauherrn,
- die Zweckmäßigkeit einer Bauvoranfrage (Rn 151),
- die Brauchbarkeit von Materialien,
- die Gestaltung der Bauverträge mit Unternehmern. Der Architekt muss die

Grundzüge der Werkvertragsvorschriften des BGB und in der VOB kennen muss. Siehe dazu auch Rn 319b ff..

Bei der Entwurfsplanung (Phase 3) ist für den Bauherrn eine vom Architekten zu erstellende richtige Massen- und Kostenberechnung wichtig. Zur Haftung des Architekten bei Fehlern siehe Rn 349. Zu beachten sind die Wünsche des Bauherrn und auch dessen etwaiges wirtschaftliches Interesse, sodass also vom Planersteller kein vom Bauherrn nicht gewünschter übermäßiger Aufwand betrieben werden darf. An einem vom Architekten gefertigten Entwurf bleibt das Urheberrecht nur dann beim Architekten (§ 17 Abs. 3, 6 und Abs. 8 Urheberechtsgesetz), wenn es sich bei der Planung um eine persönliche geistige Schöpfung handelt, die sich vom durchschnittlichen Bauschaffen deutlich abhebt, wie z. B. bei der Planung einer Ausstellungshalle für Oldtimer und Kunst mit einer Nutzfläche von 1.000 qm. 295b

Bei der Genehmigungsplanung (Phase 4) muss der Architekt die oben beim Stichwort Grundlagenermittlung genannten Vorschriften beachten, damit die Planung dauerhaft genehmigungsfähig ist. Wird für die Planung keine Baugenehmigung erteilt oder eine solche auf Widerspruch aufgehoben oder widerspricht das Bauvorhaben dem Recht eines Nachbarn, ist der Erfolg der Werkleistung nicht möglich. Siehe dazu Rn 360 ff.. 295c

Beispiel: Die erteilte Baugenehmigung wird auf eine nachträgliche Klage eines Nachbarn aufgehoben.

295d   Bei der Ausführungsplanung (Phase 5) geht es um die Durcharbeitung der nach Phasen 1 – 4 erledigten Arbeiten. In der Regel war der Architekt vom Bauherr auch mit den Leistungen der genannten Phasen beauftragt, es sei denn, der Bauherr hatte die Arbeiten dieser Phasen durch andere Personen durchführen lassen. Bei Phase 5 müssen dann z. B. auch schadensträchtigen Details einer gegen drückendes Wasser erforderliche Abdichtung für den Unternehmer so geplant werden, damit für diesen jedes Risiko ausgeschlossen ist. Bei einem außergewöhnlich gestalteten Haus muss der Architekt die Gefahr von Verformungen berücksichtigen und darf sich nicht auf den Statiker verlassen.

Zu den Grundleistungen des Architekten gehören hier in der Regel auch die Klärung und Berücksichtigung statischer Erfordernisse. Soweit sich der Architekt dazu eines sachverständigen Ingenieurs (Statikers) bedient, schließt er mit diesem einen Vertrag. Gegenüber dem Bauherrn haftet er für die Auswahl der richtigen Konstruktion und die Leistungen des Ingenieurs (§ 278), genauso wie er diesem dessen Leistung selbst vergüten muss, da das in der Leistungstafel festgelegte Honorar für alle Grundleistungen dieser Phase vorgesehen ist, ob diese vom Architekten allein oder teilweise auch von einem beauftragten Statiker erbracht werden.
Schließt der Architekt mit Vollmacht des Bauherrn mit dem Ingenieur im Namen des Bauherrn einen Vertrag, aus dem der Ingenieur direkt verpflichtet wird, gilt das gleiche. Ein zusätzliches Honorar kann der Ingenieur nur berechnen, wenn von ihm nicht nur die angeforderten Grundleistungen sondern "Besondere Leistungen" verlangt werden.
Damit die Ausführungsplanung nicht überflüssig ist und der Architekt deswegen dann vom Bauherrn keine Zahlung verlangen kann, muss er mit seiner Arbeit die rechtskräftige Genehmigung des Bauvorhabens abwarten, ausgenommen er weist den Bauherrn auf das Risiko einer vorzeitigen Ausführungsplanung hin, und der Bauherr wünscht diese trotzdem.

295e   Die Vorbereitung und Mitwirkung bei der Vergabe (Phasen 6 und 7) betreffen die Vergabe der Aufträge an die einzelnen Unternehmer, vor welcher der Bauherr umfassend beraten werden muss. Vergibt der Bauherr einen Auftrag an einen Unternehmer, von dem er weiß, dass sich dieser in einer finanziellen Krise befindet, kann er gegen den Architekten keine Ansprüche geltend machen, wenn die Sache schief geht.

295f   Der mit der Bauüberwachung (Phase 8) beauftragte Architekt muss durch am Bau tätige Handwerker oder Unternehmer verursachte Baumängel nicht nur erkennen oder deren Beseitigung überwachen, sondern möglichst schon deren Entstehung verhindern, was bei der Mithaftung für einen Sachmangel von Bedeutung sein kann (Rn 366). Eine übernommene Bauüberwachung umfasst auch Arbeitsleistungen der vom Bauherrn direkt beauftragten Unternehmer oder Arbeiten des Bauherrn selbst oder privater Helfer, wenn das im Vertrag nicht ausdrücklich ausgeschlossen worden ist.

Außerdem schuldet der Architekt dem Bauherrn nach der Rechtsrechung des BGH im Rahmen dieses Aufgabenkreises „die unverzügliche und umfassende Aufklärung der Ursachen sichtbar gewordener Baumängel sowie die sachkundige Unterrichtung des Bauherrn vom Ergebnis der Untersuchung und von der sich daraus ergebenden Rechtslage". Alles nähere zu den Gewährleistungsrechten des Bauherrn finden Sie unter Rn 368 ff..

Gibt es Anhaltspunkte, dass die an und für sich dem am Bau tätigen Unternehmer oder dem Bauherrn selbst obliegende Verkehrssicherungspflicht (Rn 180, 334e) von diesen nicht wahrgenommen wird oder dass diese nicht genügend sachkundig oder zuverlässig sind, muss der Architekt im Rahmen der übernommenen Bauüberwachung auch für die Erfüllung der Verkehrssicherung sorgen. Besonders überwachungsbedürftig sind z. B. Abdichtungsarbeiten, insbesondere bei erdberührenden Bauteilen, ausgenommen bei besonders sachkundigen Unternehmern.

Bei der Rechnungsprüfung muss im Falle von Abschlagszahlungen nicht nur der Ausführungsstand der Arbeiten sondern auch die Übereinstimmung der verlangten Zahlung mit der Vereinbarung geprüft werden, z. B. wegen eines zugesagten Nachlasses. Wichtig ist auch die Führung eines Bautagebuchs.

Bei der <u>Baubetreuung</u> (Phase 9) hat der Architekt die Pflicht, erst während 295g der in der Regel 5 Jahre dauernden Gewährleistungsfrist auftretende Baumängel festzustellen, deren Ursachen aufzuklären und den Bauherrn darüber zu unterrichten, auch über die eventuelle Verjährung seiner gegen den Unternehmer bestehenden Gewährleistungsrechte. Deshalb kann die Objektbetreuung 5 bis 10 Jahre ab der Fertigstellung des Bauwerks dauern. Zu den festzustellenden Mängeln gehören auch etwaige dem Architekten bei den Leistungsphasen 1 bis 7 selbst unterlaufene eigene Fehler. Zur Schadenersatzverpflichtung (= sogenannte Sekundärhaftung) in diesem Fall siehe Rn 359.

3. Beispiele für weitere Pflichten des Architekten

Der Architekt muss alles Zumutbare tun, um den Bauherrn und Dritte vor 296 Schaden zu bewahren. Er darf z. B. keine Leistungen erbringen, bevor die Finanzierung gesichert ist, oder muss Verzögerungen vermeiden.

Sind dem Architekten alle Leistungen (Phasen 1 bis 9) übertragen, muss er 297 die Einhaltung einer Kostengrenze kontrollieren und auf eine etwaige Kostensteigerung hinweisen. Dabei muss er nicht nur etwaige im Vertrag festgelegte Kostengrenzen, sondern auch während der Planungsphase geäußerte Wünsche und Vorgaben des Bauherrn beachten. Letztere muss der Architekt in die Planung einarbeiten, muss aber den Bauherrn darauf hinweisen, wenn sie nicht erfüllbar sind. Über einen Schriftwechsel mit einem ausführenden Unternehmer muss dem Bauherrn Auskunft erteilt werden.

298 Hat sich der Architekt verpflichtet, das gewünschte Bauwerk schlüsselfertig herzustellen, umfasst seine zu erbringende Leistung neben den Phasen 1 – 9 auch die Pflicht zur Koordinierung und Überprüfung von Fremdleistungen. Ist im Bauvertrag zwischen Bauherr und Unternehmer eine Vertragstrafe vereinbart, muss der Architekt dafür sorgen, dass bei der Abnahme der Vertragsstrafenvorbehalt erklärt wird.

299 Zur Abrechnung über seine Vergütungsansprüche ist der Architekt nicht nur berechtigt, sondern auch verpflichtet, wenn er z. B. durch gezahlte Abschlagszahlungen schon zuviel erhalten hat und deshalb ein Rückzahlungsanspruch des Bauherrn entstanden ist.

III. Die hauptsächlichen Pflichten des Bauherrn gegenüber dem Architekten

Die Pflichten des Bauherrn bestehen gegenüber Architekten und Ingenieuren. Wenn im weiteren vom Architekten die rede ist, gilt das unter Berücksichtigung des jeweiligen Vertragsinhaltes auch für den Ingenieur. Hauptpflichten des Bauherrn sind Abnahme- und Vergütungspflicht:

I. Die Abnahmepflicht des Bauherrn gegenüber dem Architekten

300 Unter der Abnahme versteht man die <u>körperliche Hinnahme</u> (Besitzübertragung) des Werkes, verbunden mit der <u>Anerkennung</u> als vertragsmäßige Leistung. Die Anerkennung durch den Bauherrn kann ausdrücklich geschehen, wenn er z. B. dem Architekten sagt, die Pläne entsprächen seinen Wünschen. Oder die Anerkennung geschieht stillschweigend (konkludent), z. B. wenn der Bauherr die vom Architekten gefertigten Pläne ohne Beanstandung entgegennimmt und sie dem Unternehmer zur Ausführung übergibt. Die Bezahlung der Schlussrechnung des Architekten oder Unternehmers gilt aber nicht als Anerkennung und damit als Abnahme, wenn noch wesentliche Leistungen, z. B. der Phase 9, ausstehen.
Die <u>Abnahmepflicht</u> ist eine Hauptpflicht des Bauherrn (§ 640). Sie besteht aber nur und erst, wenn <u>das Werk</u> voll hergestellt bzw. <u>die Leistung</u> voll erbracht ist **und** ihm bzw. ihr <u>keine wesentlichen Mängel</u> anhaften. Wann ein Mangel wesentlich oder unwesentlich ist, finden Sie unter Rn 364c Zu dem Fall, dass der Bauherr eine Leistung abnimmt, obwohl dieser wesentliche Mängel anhaften siehe Rn 347, 376.

Um eine Abnahme zu erreichen kann der Architekt oder Unternehmer dem Bauherrn nach Fertigstellung des Werks oder seiner Arbeiten eine angemessene Frist (ca. 2 Wochen) zur Abnahme setzen **und** ihn darauf hinweisen, dass die Leistung als abgenommen gilt, wenn er die Leistung nicht innerhalb der Frist abnimmt oder unter Angabe von mindestens einem Mangel Mängeln verweigert. Ob der Mangel auch besteht, ist nicht wesentlich. Die Hinweispflicht darf weder durch eine vorformulierte Klausel noch durch eine individuelle Vereinbarung aufgehoben oder umgangen werden.

Für einen Architekten gibt es noch die Besonderheit: Wenn die letzte Leistung des bauausführenden Unternehmers oder der bauausführenden Unternehmer abgenommen ist, kann der Architekt nach § 650s eine Abnahme eines bereits erbrachten Teiles seiner zu erbringenden Leistung verlangen,

> Beispiel: Der Architekt A ist mit den Leistungsphasen 1 bis 9 oder 8 und 9 beauftragt. Nach Durchführung der Phase 8 und Fertigstellung des Bauwerks nimmt der Bauherr die Leistungen des letzten am Bau beteiligten Unternehmers ab. Dann kann A verlangen, dass auch seine bisherigen Leistungen bis Phase 8 abgenommen werden, damit sein bis dahin bestehender Honoraranspruch fällig wird.

Wie die Abnahme durchzuführen ist, z. B. durch welche Personen, ist im Vertrag zwischen Architekt und Bauherr manchmal festgelegt. Dabei ist z. B. nach der Rechtsprechung eine im Vertrag festgelegte Klausel unwirksam, nach der die Abnahme des Gemeinschaftseigentums auf Sachverstände überragen werden soll.

301 Verweigert der Bauherr die Abnahme, muss der Bauherr zur Vermeidung eines gerichtlichen Verfahrens nach § 650g auf Verlangen von Architekt oder Unternehmer an einer gemeinsamen Feststellung des Zustandes der abzunehmenden Leistung mitwirken. Bleibt der Bauherr in einem dazu vereinbarten oder vom Architekten bestimmten Termin schuldhaft fern, kann der Architekt die Zustandsfeststellung einseitig vornehmen.

302 Die Abnahme des Werkes ist deshalb wichtig, weil mit ihr spätestens jetzt die zu zahlende Vergütung fällig wird (§ 641, Rn 317c ff.) und die Gefahr einer Verschlechterung des Werkes auf den Besteller (Bauherr) übergeht (§ 644). Außerdem beginnen mit der Abnahme die Verjährungsfristen für die Gewährleistungsrechte des Bauherrn wegen nicht vertragsgemäßer Beschaffenheit (= Mängel) zu laufen (Rn 360 ff., 381).

Trotz fehlender Abnahme wird die dem Architekten oder Unternehmer zustehende Vergütung fällig: Wenn der Bauherr einen noch gerügten Mangel selbst beseitigt (Rn 377) und deshalb eine Beseitigung des Mangels durch Architekten oder Unternehmer nicht mehr möglich ist.

2. Die Pflicht zur Zahlung einer dem Architekten zustehenden Vergütung

303 Wer die Dienste eines Architekten in Anspruch nimmt, ist diesem für dessen Leistung zur Zahlung einer Vergütung verpflichtet (§ 632). Vorgesehen für die Vergütung des Architekten sind nach § 6 HOAI ein Honorar (Rn 304 - 308), Nebenkosten (Rn 309) und Umsatzsteuer (Rn 310).

Anders ist es, wenn der Architekt dem Bauherrn – was selten vorkommen dürfte - zusagt, dass er seine Leistung unentgeltlich erbringen will. Das muss dann aber geschehen, bevor der Architekt mit seiner Arbeit für den Bauherrn begonnen hat. Denn nach Beginn seiner Arbeit für den Bauherrn ist ein ganzer oder teilweiser Verzicht auf Honorar nach der HOAI unzulässig und unwirksam. Erst nach Abschluss seiner Arbeit für den Bauherrn ist ein ganzer oder teilweiser Verzicht auf das Honorar zulässig.

Zur Vermeidung eines ruinösen Preiswettbewerbs unter Architekten regelt die HOAI Art und Höhe einer dem Architekten zustehenden Vergütung bindend. Danach kann der Architekt nach erfolgreichem Abschluss seiner Leistungen vom Bauherrn ohne wenn und aber neben Umsatzsteuer und Auslagen als Vergütung entweder

    a. ein Honorar in Höhe des Mindestsatzes der HOAI verlangen.
       Das gilt natürlich genauso, wenn im Vertrag steht, dass der Bauherr die in der HOAI festgelegte Vergütung oder den dort festgelegten Mindestsatz für das Honorar schuldet;

    b. Oder der Architekt erhält ein mit dem Bauherrn rechtswirksam vereinbartes Honorar in Höhe eines zwischen dem sich aus der HOAI ergebenden Mindest- und Höchstsatzes liegenden Betrages.

Die Eu-Kommission klagt derzeit gegen die BRD wegen Verstoßes der HOAI gegen die Eu-Dienstleistungsrichtlinien. Hat die Klage Erfolg, muss die Bindung an die geschilderte Preisregelung entfallen.

a. Die Vergütung des Architekten nach der HOAI (oben Rn 303 Ziffer a).

304 Grundlage für die Berechnung des gesetzlich vorgeschriebenen Honorars nach § 6 HOAI sind:

    (1) Die anrechenbaren Kosten des Bauwerks, bzw. wenn diese nicht berechnet worden sind, die Kostenschätzung (Rn 305), dann

    (2) die vereinbarten Leistungen (Rn 306), ferner

    (3) die Honorarzone (Rn 307), und

    (4) die in der Honorartafel (Anlage 10 zu § 34 HOAI) vorgesehenen Mindest- und Höchstsätze (Rn 308).

Bei den für das Honorar maßgebenden <u>anrechenbaren Kosten</u> (Rn 304
Ziffer (1)) handelt es sich um die vom Architekten bei der Leistungsphase 3
auf der Grundlage ortsüblicher Preise zu erstellende Kosten<u>berechnung</u>,
oder wenn diese (noch) nicht erstellt worden ist, die bei Leistungsphase 2
erfolgte Kosten<u>schätzung</u>, jeweils ohne Umsatzsteuer (§ 4 HOAI). Eine etwaige spätere Änderung der anrechenbaren Kosten spielen also keine Rolle. Sind die später geänderten anrechenbare Kosten höher als eine etwa
vereinbarte Baukostenobergrenze, ist diese und nicht die anrechenbaren
Kosten maßgebend.

Nicht zu den Kosten gehören die Grundstücks- und Erschließungskosten,
einmalige Abgaben, Kosten für Anlagen, die nicht geplant oder überwacht
werden, z. B. der Außenanlage.

Bei den <u>vereinbarten Leistungen</u> (Rn 304 Ziffer (2)) handelt es sich um die   306
Grundleistungen (oder/und Besondere Leistungen), die dem Architekten
vom Bauherr bei Vertragsabschluss in Auftrag gegeben worden sind, denn
bezahlt bekommt der Architekt nur Leistungen, mit denen er auch beauftragt worden ist, die also vertraglich vereinbart sind. Nicht ausreichend ist,
dass er sie erbracht hat.

Die vereinbarten Leistungen können sich während der Dauer des Vertrages
durch eine Vereinbarung zwischen Architekt und Bauherr oder durch eine
einseitige Anordnung des Bauherrn ändern. Siehe dazu Rn 350.

Für alle erbrachten vereinbarten Leistungen, also für die Phasen Nr. 1 – 9
beträgt das Honorar 100 % der Gebühr. Sind dem Architekten z. B. nur die
Leistungsphasen 1 - 4 übertragen worden, fallen für diese 2+7+15+3 = 27
% der Gebühr an.

Für das Bauwerk ist die <u>Honorarzone</u> (Rn 304 Ziffer (3)) maßgebend, die   307
dem Grad des für das Bauwerk erforderlichen Planungsaufwandes entspricht. Nach Anlage 10 zu § 34 HOAI gibt es 5 Honorarzonen:

Honorarzone I = Objekte mit <u>sehr geringen</u> Planungsanforderungen, z.B.
Schlaf- und Unterkunftsbaracken, einfache Behelfsbauten für vorüberge-
hende Nutzung;

Honorarzone II = Gebäude mit <u>geringen</u> Planungsanforderungen, z. B.
einfache Wohnbauten mit gemeinschaftlichen Sanitär- und Kücheneun-
richtungen, Garagen, Verkaufslager;

Honorarzone III = Gebäude mit <u>durchschnittlichen</u> Planungsanforderungen, z. B. Einfamilienhäuser, Wohnhäuser mit durchschnittlicher Ausstattung oder Hausgruppen in verdichteter Bauweise, Studentenhäuser, Bü-
ro- und Verwaltungsgebäude, Kindergärten, Ladenbauten;

Honorarzone IV = Gebäude mit <u>überdurchschnittlichen</u> Planungsanforderungen, z. B. Wohnhäuser mit überdurchschnittlicher Ausstattung,
Terrassen- und Hügelhäuser, planungsaufwendige Einfamilienhäuser mit

entsprechendem Ausbau, Wohnheime, Jugendherbergen, Krankenhäuser de Versorgungsstufe I oder II;

Honorarzone V = Gebäude mit <u>sehr hohen</u> Planungsanforderungen, z. B. Labor- oder Institutsgebäude, Bauten für den Strafvollzug, Krankenhäuser der Versorgungsstufe III, Universitätskliniken, Stahlwerksgebäude.

308   Aus der nachstehenden <u>Honorartafel (Rn 304 Ziffer (4))</u> finden Sie die Mindest- und Höchstsätze für 100 % der unter Rn 294 aufgeführten Grundleistungen bei den für private Bauherren hauptsächlich interessierenden Honorarzonen 2 bis 4 und anrechenbaren Kost en bis 25 Millionen €. Wenn keine rechtswirksame Honorarvereinbarung besteht, ist der Mindestsatz maßgebend.

Anrechen-bare Kosten bis €	Honorarzone II		Honorarzone III		Honorarzone IV	
	Von €	bis	von €	bis	von €	bis
	Mindest-	Höchstsatz	Mindest-	Höchstsatz	Mindest-	Höchstsatz
25 000	3 657	4 339	4 339	5 412	5 412	6 094
35 000	4 942	5 865	5 865	7 315	7 315	8 237
50 000	6 801	8 071	8 071	10 066	10 066	11 336
75 000	9 776	11 601	11 601	14 469	14 469	16 293
100 000	12 644	15 005	15 005	18 713	18 713	21 074
150 000	18 164	21 555	21 555	26 883	26 883	30 274
200 000	23 480	27 863	27 863	34 751	34 751	39 134
300 000	33 692	39 981	39 981	49 864	49 864	56 153
500 000	53 006	62 900	62 900	78 449	78 449	88 343
750 000	75 781	89 927	89 927	112 156	112 165	126 301
1 000 000	97 479	115 675	115 675	144 268	144 268	162 464
1 500 000	139 813	165 911	165 911	206 923	206 923	233 022
2 000 000	180 428	214 108	214 198	267 034	267 034	300 714
3 000 000	258 002	306 162	306 162	381 843	381 843	430 003
5 000 000	402 984	478 207	478 207	596 416	596 416	671 640
7 500 000	578 816	686 862	686 862	856 648	856 648	964 694
10 000 000	747 891	887 604	887 604	1 107 012	1 107 012	1 246 635
15 000 000	1 072 416	1 272 601	1 272 601	1 587 176	1 587 176	1 787 360
20 000 000	1 383 298	1 641 513	1 641 513	2 047 281	2 047 281	2 305 496
25 000 000	1 683 837	1 998 153	1 998 153	2 492 079	2 494 079	2 806 395

* Bei höheren anrechenbaren Kosten siehe Rn 311.

Liegen die anrechenbaren Kosten für das Bauwerk - wohl wie in der Regel - zwischen 2 Tabellenbeträgen, ist der maßgebende Mindest- und Höchstsatz durch Interpolation zu berechnen (§ 13 HOAI). Die mathematische Formel für die Interpolation finden Sie im Internet, z. B. unter www.hoai.de.

Nebenkosten

sind die beim Architekten bei der Auftragsausführung anfallenden und nach Einzelnachweisen abzurechnenden Auslagen: z. B. Versandkosten, Kosten für Datenübertragungen, Kopiekosten, Kosten eines Baustellenbüros, Fahrtkosten für Reisen nach Orten außerhalb eines Umkreises von 15 km, Trennungsentschädigungen (§ 14 HOAI).

Umsatzsteuer

steht dem Architekten aus dem Honorar in gesetzlicher Höhe zu, soweit er für die ihm zustehende Vergütung zur Umsatzsteuer herangezogen wird (§ 16 HOAI).

b. Die Vergütung des Architekten nach einer rechtswirksamen Honorarvereinbarung (Fall oben Rn 303 Ziffer b).

Die HOAI sieht zulässige Vereinbarungen hinsichtlich der Höhe des dem Architekten zustehenden Honorars (§§ 6 – 11 HOAI), hinsichtlich der Nebenkosten (§ 14 HOAI) und der Zahlungsweise (§ 15 HOAI) vor:
Überschreiten die anrechenbaren Kosten für das Bauwerk 25 Millionen €, können Architekt und Bauherr das Honorar frei vereinbaren. Im Falle von anrechenbaren Kosten bis 25 Millionen € müssen Architekt und Bauherr bei einer Honorarvereinbarung folgendes beachten:

(1) Die Vereinbarung des Honorars muss schriftlich (Rn 16) und spätestens bei der Auftragserteilung, also bei Vertragsschluss getroffen werden,
(2) das Honorar muss sich innerhalb der in der Honorartafel festgelegten Mindest- und Höchstsätze liegen, also
    (a) das vereinbarte Honorar darf also in der Regel nicht unterhalb des in der HOAI festgelegten Mindestsatzes und
    (b) nicht über dem in der HOAI festgelegten Höchstsatz liegen (§ 7 Abs. 1HOAI).

Bei einem Verstoß gegen die oben genannten Regeln (1), wenn also eine Honorarvereinbarung nicht in der gesetzlichen Schriftform, z. B. nur mündlich oder nur in einem Schriftwechsel (Rn 16) oder wenn die schriftliche Honorarvereinbarung erst nach Auftragserteilung, also erst nach Abschluss des Architektenvertrages getroffen worden ist, ist die Vereinbarung unwirksam mit der Folge, dass
    der Bauherr dem Architekten nicht das vereinbarte sondern das Honorar in Höhe des sich aus der Honorartafel ergebenden Mindestsatzes schuldet. Siehe dazu Rn 304 – 308.

313 Wird die Regel (1) eingehalten, die Regel (2a) oder (2b) aber nicht werden also der in der Honorartafel festgelegte Höchstsatz <u>überschritten</u> oder der Mindestsatz <u>unterschritten</u>, z. B.

- durch eine Vereinbarung zwischen Architekt und Bauherr, oder
- dadurch dass die Vereinbarung eines Zeithonorars oder Pauschalhonorars unter Berücksichtigung der anrechenbaren Kosten zur Unter- bzw. Überschreitung des Mindest- bzw. Höchstsatzes führt, oder
- dass für das Bauvorhaben eine zu hohe oder zu niedrigere Honorarzone vertraglich festgelegt worden ist, wobei die Vertragsparteien für deren Festlegung einen gewissen Ermessensspielraum haben,

gilt folgendes:

Eine <u>Überschreitung des Höchstsatzes</u> ist unwirksam mit der Folge, dass der Bauherr das Honorar nur in Höhe des Höchstsatzes schuldet. Ausnahmsweise zulässig ist die Überschreitung bei außergewöhnlichen oder ungewöhnlich lange dauernden Grundleistungen (§ 7 Abs. 4 HOAI).

Eine <u>Unterschreitung des Mindestsatzes</u> ist ebenfalls unwirksam mit der Folge, dass der Bauherr den Mindestsatz zu zahlen hat, ausgenommen es ist ein „Ausnahmefall" gegeben (§ 7 Abs. 3 HOAI). Das ist z. B. der Fall, wenn für die geschuldete Leistung des Architekten nur ein besonders geringer Aufwand erforderlich ist, oder wenn zwischen Architekt und Bauherr enge Beziehungen rechtlicher, sozialer oder persönlicher Art bestehen, oder wenn durch enge wirtschaftliche Beziehungen, z. B. durch Rahmenverträge eine gewisse Sicherheit und Stabilität für den Architekten bestehen.
Auch wenn kein Ausnahmefall gegeben ist und der Bauherr dann wegen der Unwirksamkeit der Vereinbarung an und für sich den Mindesthonorarsatz bezahlen müsste, kann der Architekt nach dem Grundsatz von Treu und Glauben (§ 242) nur den vereinbarten niedrigen Satz verlangen, wenn der Bauherr ausnahmsweise schutzwürdige Interessen am vereinbarten Honorar hat, wenn dieser z. B. nur das vereinbarte Honorar in einem Forderungsantrag berücksichtigen konnte. Das wird aber nur bei einem Bauherrn angenommen, der sich im Architektenhonorarrecht nicht auskennt. Kein Vertauensschutz genießen z. B. Unternehmer oder Bauträger, die sich im Honorarrecht auszukennen pflegen.

314a Außer der unter Rn 309 –311 geschilderten möglichen Vereinbarung eines Honorarbetrages zwischen Mindest- und Höchstsatz sind nach der HOAI weitere Vereinbarungen möglich, die aber allesamt auch der Schriftform (Rn 16) bedürfen **und** bei Vertragsschluss getroffen werden müssen, beispielsweise

- kann vereinbart werden, dass der Architekten neben seinem Honorar eine Erfolgsprämie in bestimmter Höhe erhält, wenn er die von Ihm garantierte Baukostenobergrenze unterschreitet, z. B. in Höhe der Unterschreitung, oder

- dass eine bestimmte Bauzeit vereinbart und festgelegt wird, und dass der Architekt im Falle einer nicht von ihm verschuldeten Bauzeitverlängerung ein zusätzliches Honorar für einen bestimmten Mehraufwand bei der Überwachung erhält,
- bei Umbauten und Modernisierungen kann ein Umbau- oder Modernisierungszuschlag vereinbarte (§ 6 Abs. 2, S.5 HOAI) werden,
- bei Planungsleistungen, die technisch-wirtschaftliche oder umweltverträgliche Lösungen nutzen kann ein Erfolgshonorar (§7 Abs. 6 HOAI festgelegt werden,
- wenn nicht alle Leistungsphasen oder nicht alle Grundleistungen einer Leistungsphase übertragen werden oder ein zusätzlicher Koordinierungs- oder Einarbeitungsaufwand erforderlich ist, kann eine bestimmte Honorarberechnung (§ 8 HOAI) vereinbart werden, genauso wenn nur Einzelleistungen beauftragt werden (§ 9 HOAI), und bei einem Auftrag für mehrere Gebäude (§ 11 HOAI), oder Instandsetzungen und Instandhaltungen (§ 12 HOAI),
- und schließlich kann vereinbart werden, zu welchem Zeitpunkt Abschlagszahlungen zu leisten sind und wann die Honorarrechnung fällig ist (§ 15 Abs. 4 HOAI).

Wenn sich Architekt und Bauherr während der Laufzeit des Vertrages darüber einigen, dass der Umfang der im Vertrag vereinbarten Leistung des Architekten geändert wird und dadurch sich die für das Honorar maßgebenden anrechenbaren Kosten oder Flächen erhöhen oder vermindern, ist die Honorarberechnungsgrundlage für die Grundleistungen, die infolge des veränderten Leistungsumfangs zu erbringen sind, durch eine schriftliche Vereinbarung anzupassen (§ 10 Abs. 1 HOAI).   314b

Zu dem Fall, dass sich der Leistungsumfang nicht durch eine Einigung sondern durch eine einseitige Bestimmung des Bauherrn ändert, siehe Rn 350b.

Nicht zulässig und deshalb unwirksam ist nach einer Entscheidung des BGH eine Vereinbarung zwischen Architekt und Bauherr, nach der als Grundlage für das Honorar statt der anrechenbaren Kosten ein bestimmter festgelegter Betrag an Baukosten sein soll.   314c

Hinsichtlich von Nebenkosten können Bauherr und Architekt schriftlich vereinbaren, dass eine Erstattung ganz oder teilweise ausgeschlossen oder anstelle von Einzelkosten eine Pauschale mit der Honorarrechnung zu zahlen ist (§ 14 HOAI).   315

316   Oft gibt es auch Streit darüber, ob der Architekt an seine Schlussrechnung gebunden ist oder ob er ein ihm rechtlich zustehendes Honorar, also eine berechtigte Nachforderung, z. B. im Falle einer unwirksamen Vereinbarung eines zu niedrigen Honorars (Rn 312 f.) noch geltend machen darf:

Nach der Rechtssprechung ist der Architekt grundsätzlich <u>nicht</u> an seine Schlussrechnung gebunden, ausgenommen

- der (in der Regel private) Bauherr durfte darauf vertrauen, dass kein weiteres Honorar geltend gemacht wird, und
- dem (in der Regel privaten) Bauherrn ist eine weitere Zahlung nicht zuzumuten, weil er sich darauf eingerichtet hat, kein weiteres Honorar zahlen zu müssen, und eine Zahlungsverpflichtung wäre für den Bauherrn eine besondere Härte.

Bestreitet der Bauherr die Prüffähigkeit oder Richtigkeit der Rechnung, kann er sich auf die genannte Ausnahme nicht berufen.

c. <u>Die Fälligkeit der Vergütung</u> nach der HOAI

Die vom Bauherrn zu leistende Vergütung ist wie folgt fällig:

317a   <u>Abschlagszahlungen</u> auf das Honorar sind zu den im rechtswirksamen Vertrag schriftlich festgelegten Zeitpunkten zu zahlen. Besteht keine rechtswirksame Vereinbarung, kann der Architekt Abschlagszahlungen in angemessenen Abständen für nachgewiesene Grundleistungen verlangen (§ 15 Abs. 2 HOAI). Sind die erbrachten Leistungen nicht vertragsgemäß, also z. B. mangelhaft, kann der Bauherr einen angemessenen Teil des Abschlags verweigern (§ 632 a). Angemessen ist in der Regel ein Abschlag in Höhe des Doppelten des für die Beseitigung des Mangels erforderlichen Betrages.

317b   <u>Nebenkosten</u> sind zu zahlen, wenn sie vom Architekten einzelnen nachgewiesen und verlangt werden. Ist eine Pauschale vereinbart (Rn 315), ist diese mit der Honorarrechnung fällig (§ 15 Abs. 3 HOAI).

317c   Das ganze <u>Honorar</u> oder wenn Abschlagszahlungen angefordert und bezahlt wurden, das <u>Resthonorar</u> und die <u>Umsatzsteuer</u> ist zu dem im rechtswirksamen Vertrag schriftlich festgelegten Zeitpunkt zu leisten. Ist nichts vereinbart, ist die Zahlung fällig, wenn der Architekt nach Abschluss seiner zu erbringenden gesamten Leistung **und** deren Abnahme durch den Bauherrn diesem eine prüffähige Schlussrechnung überreicht hat (§ 15 Abs. 1 HOAI).

Der Begriff „Schluss" muss in der Rechnung nicht unbedingt stehen. Es reicht, dass sich aus der Rechnung die gesamte Vergütung für alle erbrachten Leistungen ergibt. „Prüffähig" ist die Rechnung, wenn der Bauherr oder eine sachverständige Hilfsperson die Richtigkeit oder Unrichtigkeit der einzelnen Ansätze hinsichtlich der Regeln der HOAI oder einer Vereinbarung überprüfen kann.

Zur Frage, ob und wann der Architekt an seine Schlussrechnung gebunden ist, siehe Rn 316. Zum Recht des Bauherrn, einen Teil der Vergütung bei Mängeln einzubehalten siehe Rn 368.

d. 3 einfache Berechnungsbeispiele des Honorars nach § 7 Abs. 5 HOAI   318

Beim Bau eines Zweifamilienhauses mit durchschnittlicher Ausstattung (Honorarzone III) und anrechenbaren Kosten von 750 000 € beträgt das Honorar:

Nr. 1: Der Bauherr beauftragt den Architekten mit allen Grundleistungen Phasen 1 – 9. Der Mindestsatz des Honorars bei Honorarzone III beträgt

100 %:	89.927,00 €
19 % Ust.	17.086,13 €
Summe	107.013,13 €

Nr. 2: Der Bauherr beauftragt den Architekten nur mit der gesamten Planung nach Phasen 1 – 5. Dann stehen dem Architekten aus dem Mindestsatz von 100 % = 89.927,00 € 3+7+11+6+25 = 52 % zu:

52 %:	46.762,04 €
19 % Ust.	8.884,79 €
Summe	55.646,83 €

Nr. 3: Der Bauherr beauftragt einen Architekten mit der Objektüberwachung nach Phase 8. Der Mindestsatz des Honorars beträgt bei 100 % auch 89.927,00 €. Davon stehen dem Architekten 32 % zu:

32 %:	28.776,64 €
19 % Ust.	5.467,56 €
Summe	34.244,20 €

3. Beispiele für weitere Pflichten des Bauherrn gegenüber Architekten oder Ingenieuren

Neben den beiden Hauptpflichten hat auch der Bauherr weitere Verpflichtungen gegenüber dem Architekten:

Auf Verlangen des Architekten ist der Bauherr verpflichtet, die dem Architekten zustehende Vergütung abzusichern. Verlangen kann der Architekt das, sobald der Vertrag abgeschlossen ist, oder während der Vertragslaufzeit, sogar noch nach erfolgter Abnahme seiner Leistung. Auch zur Eintragung   319 einer Sicherungshypothek auf seinem Grundstück kann der Bauherr verpflichtet sein. Da der Bauherr die hier genannten Verpflichtungen auch gegenüber den von ihm für die Herstellung seines Bauwerks beauftragten Unternehmer hat, werden diese gegenüber dem Architekten bestehenden Pflichten im Abschnitt über den Bauvertrag unter Rn 347 näher beschrieben.

320   Der Bauherr muss den Architekten z. B. über alles aufklären, was dieser für seine Leistung wissen muss, und mitwirken, um dem Architekten seine Leistung zu ermöglichen (§ 642).

> Beispiele: Der Bauherr muss seine Wünsche hinsichtlich des Bauwerkes mitteilen, - er muss dem Architekten Auskunft über die für die Abrechnung des Architekten notwendigen Umstände erteilen, wenn der Architekt keine Unterlagen hat; - er muss für den Architekten erforderliche Pläne und Unterlagen übergeben, insbesondere dem nur mit der Objektüberwachung beauftragten Architekten, - er muss auf Hinweise und Fragen des Architekten reagieren.

Kommt der Bauherr mit einer Mitwirkungspflicht in Verzug (Rn 35), kann er dem Architekten gegenüber zur Zahlung einer angemessenen Entschädigung verpflichtet sein (§ 642 Abs. 2). Zu entschädigen ist nicht etwa ein Gewinnentgang sondern etwaige Kosten für den Stillstand von Geräten, erhöhten Verwaltungsaufwand oder die Bereitstellung von Arbeitskräften, dabei jedoch keine Kosten für Überstunden, falls solche erforderlich werden.

Zum etwaigen Kündigungsrecht des Architekten bei einem Verstoß gegen die Mitwirkungspflicht siehe Rn 355.

B. Verträge zwischen Bauherr und Unternehmer über Arbeiten an einem Bauwerk

Soweit der Bauherr Arbeiten an seinem Bauwerk oder Bauvorhaben nicht selbst ausführen kann oder darf (Rn 152), schließt er oder sein etwa von ihm bevollmächtigter Architekt entsprechende Verträge mit Handwerkern, Einzel- oder Generalunternehmern, Baubetreuern oder Bauträgern. Dabei kann es sich beim Bauherr auch um einen Unternehmer handeln, wenn dieser z. B. ein Bauwerk für einen anderen Auftraggeber errichtet und deshalb Verträge mit den an seinem Bauwerk arbeitenden Unternehmern schließt.

I. Die verschiedenen Verträge

1. Was der Bauherr beim Abschluss eines Bauvertrages im Allgemeinen besonders beachten sollte

Um nicht Opfer einer Insolvenz des Unternehmers zu werden, sollte der 321a
Bauherr die wirtschaftlichen Verhältnisse und das Ansehen des Unternehmers überprüfen, z. B. durch Einholung einer Auskunft über seine – des Bauherrn - eigene Bank. Die unter Rn 324f, 335b und 337 beschriebene Pflicht von Unternehmern zur Absicherung geleisteter Abschlagszahlungen und von Vermögenswerten des Bauherrn schützt diesen vor Vermögensnachteilen, jedoch nicht vor anderen Nachteilen, wenn aus dem fest geplanten Bauvorhaben plötzlich nichts wird. Außerdem sollte der Bauherr auch überprüfen, ob die vom Unternehmer gewählte Absicherung auch eingehalten wird, ob z. B. die eine Entgegennahme einer Abschlagzahlung bedingenden Arbeiten auch wirklich fertiggestellt sind.

Für den Vertrag mit einem Baubetreuer ist dessen Vertrauenswürdigkeit ge- 321b
nauso wichtig wie beim Vertrag zwischen Bauherr und Architekt, wenn dieser in Vollmacht des Bauherrn für diesen gegenüber anderen Unternehmen Verpflichtungen eingehen kann.

Augenmerk sollte auch auf alle im Vertrag und insbesondere im Kleinge- 321c
druckten stehende Klauseln gelegt werden, ebenso auf das Preis - / Leistungsverhältnis, wenn der Bauherr nicht später durch Aufwendungen in nicht erwarteter Höhe überrascht werden will. Gerade wenn Festpreise für ganz bestimmte vertraglich festgelegte Leistungen des Unternehmers vereinbart werden sollen, muss der Bauherr wissen und erkennen, ob ihm der sich aus der Bau- oder Leistungsbeschreibung ergebende Zustand seines Hauses oder seiner Wohnung dem entspricht, was er sich vorstellt oder wünscht. Ist eine Baubeschreibung wirklich vollständig oder nur lückenhaft ? Wenn er das nicht allein beurteilen kann, sollte der Bauherr bei der Prüfung einer ihm angebotenen Baubeschreibung einen Architekten oder anderen Fachmann seines Vertrauens zu Rate ziehen. Es ist für ihn vorteilhafter, erkennbare oder notwendige Sonder- oder Zusatzwünsche schon bei Vertragsschluss festzulegen. Sonst ist man von der Kompromissbereitschaft des Unternehmers abhängig und ohne vorherige Festlegung von Preisen meist gezwungen, den vom Unternehmer verlangten Preis zu akzeptieren.

322 Will der Unternehmer anstelle seine Gewährleistungsverpflichtung dem Bauherrn seine Ansprüche gegen die als Subunternehmer beauftragten Handwerker abtreten (Rn 361), ist auch das Ansehen und Können dieser Handwerker für den Bauherrn wichtig. Denn Scherereien, Unannehmlichkeiten und mögliche Prozesse sind auch dann nicht auszuschließen, wenn letztlich die Haftung des Bauträgers für den Fall bestehen bleibt, dass die Ansprüche gegen den Subunternehmer nicht durchzusetzen sind.

323 Nach einem von der DEKRA zu Baumängeln in den Jahren 2006 und 2007 herausgegebenem Bericht sollen pro Bauprojekt durchschnittlich 32 Mängel beanstandet worden sein. Da Mängel an dem vom Unternehmer hergestellten Werk manchmal erst nach 2, 3 oder erst kurz vor Ablauf der 5 Jahre dauernden Gewährleistungsfrist auftreten, sollte ein Bauherr mit dem Unternehmer die Vereinbarung einer Verlängerung der Gewährleistungsfrist auf 10 Jahre überlegen. Außerdem kommt es vor, dass das haftende Unternehmen dann gar nicht mehr existiert, insbesondere wenn es sich um eine nicht vermögende GmbH handelt, die im Insolvenzfall im Handelsregister gelöscht wird und damit „verstorben" ist. Der Bauherr ist deshalb gut beraten, schon bei Vertragsabschluß auf eine Absicherung seiner etwaigen späteren Gewährleistungsansprüche wegen Mängeln zu sehen.

2. Die verschiedenen Verträge zwischen Bauherr und Unternehmer und ihr wesentlicher Inhalt

324 Eigentümer oder Besitzer von Grundstücken oder Bauwerken, auf denen sie ein Bauwerk herstellen oder umbauen wollen, schließen als Bauherren, oder auch als Unternehmer,

> Bauverträge Rn 325a ff. mit Handwerkern, Einzel- oder Generalunternehmern, oder wenn sie private Bauherren (Verbraucher) sind
> Verbraucherbauverträge Rn 329 oder
> Baubetreuungsverträge Rn 330 mit Baubetreuern,

oder wenn sie Eigentümer eines Gebäudes oder einer Wohnung erst werden wollen

> Bauträgerverträge Rn 331 mit Bauträgern.

Alle Verträge sind Werkverträge (Rn 13) oder Verträge mit Werkvertragscharakter, für welche das in §§ 631 bis 650v geregelte Bauvertragsrecht gilt. Außer bei Bauträgerverträgen können die genannten Verträge formlos, also auch mündlich abgeschlossen werden. Das geschieht heutzutage nur noch, wenn es bei Werkverträgen um ganz einfache Werkleistungen geht, wenn z. B. ein Waschbecken oder ein Heißwasserboiler eingebaut oder eine Reparatur ausgeführt werden soll. In der Regel werden die Verträge mindestens schriftlich abgeschlossen, damit der Umfang der Leistungen des Unternehmers und die Höhe der vom Bauherrn zu zahlenden Vergütung sowie alle etwaigen weiteren Bedingungen feststehen und im Streitfall nachgewiesen werden können.

a. Der Bauvertrag

Der Werkvertrag „Bauvertrag" ist nach der seit 1.1.2018 im Gesetz stehen-   325a
den Definition ein Vertrag
>   über die Herstellung, Wiederherstellung, Beseitigung oder Umbau eines Bauwerks, einer Außenanlage oder eines Teils davon.

Auch ein Vertrag über die Instandhaltung eines Bauwerks ist dann ein Bauvertrag, wenn diese für die Konstruktion, den Bestand oder den bestimmungsgemäßen Gebrauch von wesentlicher Bedeutung ist.
>   Beispiel: Die Wiederherstellung eines durch einen Sturm zum großen Teil abgedeckten Gebäudedachs ist von wesentlicher Bedeutung, der Vertrag darüber also ein Bauvertrag. Die Beseitigung einer durch eine defekte Dachpfanne entstandene Undichtigkeit ist zwar von Bedeutung, aber nicht von wesentlicher Bedeutung. Der Vertrag über diese Reparatur ist kein Bauvertrag, sondern ein einfacher Werkvertrag.

Der wesentliche Inhalt eines Bauvertrages ist,
>   welche Werkleistung der Unternehmer (Auftragnehmer) dem Bauherrn (Auftraggeber) erbringen und
>   welche Vergütung der Bauherr dafür leisten muss.

Es gibt einen BGB-Bauvertrag oder einen VOB-Bauvertrag. Für den ersteren   325b
gelten die Vorschriften des BGB. Diese gelten auch für den VOB – Bauvertrag, nur gelten für diesen zusätzlich die Regelungen der VOB (= Verdingungsordnung für Bauleistungen). Bei letzteren handelt es sich nicht um gesetzliche Vorschriften, sondern um von der Öffentlichen Verwaltung in Abstimmung mit den Unternehmerverbänden herausgegebene Bestimmungen im Sinne der unter Rn 24 ff. genannten Bedingungen und Regelungen, die jede staatliche Behörde ihren Bauverträgen mit Unternehmern zugrunde legen soll. Auch bei Bauverträgen zwischen Unternehmern wird häufig die Anwendung der VOB vereinbart.

Die VOB hat 3 Teile: Teil A, B und C: 325c

Teil A enthält Bestimmungen über die Vergabe von Bauleistungen, die für den privaten Bauherrn nicht interessieren.

Teil C enthält technische Vorschriften für die Ausführung der Leistungen des Unternehmers, die jeweils dem neuesten Stand der Technik angepasst werden. Diese Vorschriften werden von den Gerichten und Sachverständigen immer berücksichtigt, wenn es um die Frage geht, ob eine erbrachte Bauleistung dem jeweiligen Stand der Technik entspricht, gleichgültig ob es sich dabei um einen Vertrag zwischen Behörde und Unternehmer oder um einen Vertrag mit einem privaten Bauherrn handelt. Siehe auch Rn 360.

Teil B enthält „Allgemeine Bedingungen", die auf zwischen Behörden und Unternehmern abzuschließende Bau- oder Werkverträge zugeschnitten sind. Diese Bedingungen sind für private Bauherren zu einem geringen Teil günstiger als die Vorschriften des BGB, z. B. die Vorschriften über die Fälligkeit des Werklohns (Rn 342), zum großen Teil aber ungünstiger.

Wenn der private Bauherr mit einem Unternehmer einen Vertrag über Bauleistungen abschließt oder durch seinen Architekten abschließen lässt, sollte er die Geltung der Bestimmungen von VOB – Teil B nicht vereinbaren. Um den Auftrag zu bekommen, wird sich der Unternehmer in der Regel auch ohne weiteres darauf einlassen. Wenn trotzdem in einem mit einem privaten Bauherrn geschlossenen Bauvertrag die Geltung der VOB oder einzelner Bestimmungen derselben vereinbart werden, ist jede Bestimmung unwirksam, welche gegen die unter Rn 24 ff. beschriebenen Schranken verstößt, also eine Überraschungsklausel oder mehrdeutig ist oder den Bauherrn benachteiligt, was z. B. bei einer den Bauherrn benachteiligenden Einschränkung seiner Gewährleistungsrechte der Fall ist (Rn 361, 367).

326 Einen Bauvertrag schließt der Bauherr (sog. Auftraggeber) mit Handwerkern und Einzel- oder Gesamtunternehmern (sog. Auftragnehmer). Im Vertrag wird die Werkleistung des Unternehmers in der Regel so festgelegt, dass dieser in Form eines von ihm gefertigten oder ihm vom Architekten des Bauherrn übergebenen *Leistungsverzeichnisses* (Rn 295e) ein Angebot unterbreitet. Dort sind die zu erledigenden Arbeiten und die Art und Höhe der vom Bauherrn zu zahlenden Vergütung aufgeführt. Der Bauherr oder sein etwa von ihm bevollmächtigter Architekt nimmt dieses oder ein ausgehandeltes geändertes Angebot an, womit der Bauvertrag abgeschlossen ist.

327 Im Bauvertrag mit einem Generalunternehmer, der im eigenen Namen für eigene Rechnung (z. B. der Fertighaushersteller) oder für fremde Rechnung ein Bauwerk für einen Bauherrn herstellt, wird die Leistung des Unternehmers in der Regel durch eine für den Bauherrn sehr wichtige *Bau- oder Leistungsbeschreibung* festgelegt, aus der sich der Umfang der Leistungen des Unternehmers und die Beschaffenheit (Eigenschaften) des Bauwerks ergeben. Außerdem wird die Art und Höhe der vom Bauherr zu zahlenden Vergütung festgelegt.

Bereitet der Generalunternehmer das gewünschte Bauvorhaben für den Bauherrn auch vor, handelt es sich beim Vertrag um einen Geschäftsbesorgungsvertrag (§ 675) mit Werkvertrags– bzw. Bauvertragscharakter, für den zunächst auch das unter Rn 325 ff. beschriebene gilt. Weil der genannte Unternehmer die zur Vorbereitung und Durchführung des Bauvorhabens erforderlichen Verträge im eigenen Namen abschließt, ist er und nicht der Bauherr dem Architekten, Einzelunternehmer, Baustofflieferanten usw. verpflichtet. Der von ihm beauftragte Architekt oder Einzelunternehmer kann sein Entgelt also nur vom Generalunternehmer und nicht vom Bauherrn verlangen. Auch im Falle einer mangelhaften Leistung der das Bauwerk herstellenden Unternehmer stehen die Gewährleistungsrechte dem Generalunternehmer und nicht dem Bauherrn zu, was für diesen in der Regel günstiger ist. Siehe dazu Rn 361.

328

b. Der Verbraucherbauvertrag

Der Bauvertrag ist ein Verbraucherbauvertrag, wenn er mit einem Verbraucher (Rn 5), also einem privaten Bauherrn

329

zum Bau eines neuen Gebäudes oder
zu erheblichen Umbaumaßnahmen an einem bestehenden Gebäude

geschlossen wird. Neben dem unter Rn 325 ff. Ausgeführten gelten für diesen Vertrag die den Verbraucher begünstigenden §§ 650j bis 650n, wonach z. B. auch eine vom Unternehmer vor Vertragsschluss zur Verfügung gestellte Baubeschreibung Vertragsinhalt wird, wenn die Parteien nicht ausdrücklich etwas anderes vereinbart haben, oder wonach die Baubeschreibung verbindliche Angaben zum Zeitpunkt der Fertigstellung oder wenigstens zur Dauer der Bauausführung enthalten muss. Diese Verpflichtung des Unternehmers darf weder durch eine vorformulierte Klausel noch durch eine individuelle Vereinbarung aufgehoben oder umgangen werden.

c. Der Baubetreuervertrag

Beim Vertrag zwischen einem Bauherrn und einem Baubetreuer handelt es sich in der Regel um einen Geschäftsbesorgungsvertrag (§ 675) mit werkvertraglichen Elementen. Er ist mündlich gültig, wenn es im Vertrag nicht ausnahmsweise auch um den Erwerb eines Grundstücks geht. Im Vertrag wird die vom Baubetreuer für die Durchführung des gewünschten Bauvorhabens zu erbringende Leistung festgelegt, ebenso Art und Höhe der vom Bauherrn zu leistenden Vergütung.

330

Ist der Baubetreuer wie in der Regel vom Bauherrn zum Abschluss der erforderlichen Verträge bevollmächtigt, handelt er im Namen des Bauherrn und schließt als sein Bevollmächtigter alle erforderlichen Verträge, wodurch der Bauherr diesen Vertragsparteien gegenüber selbst direkt berechtigt und verpflichtet wird. Ein vom Baubetreuer beauftragter Handwerker oder Architekt kann also seine Vergütung vom Bauherrn verlangen und haftet andererseits auch diesem gegenüber für die Erfüllung seiner Leistungspflichten und insbesondere für eine Mangelfreiheit des Bauwerks.

d. Der Bauträgervertrag

331 Wenn der unter Rn 327 genannte Generalunternehmer sich zur Herstellung oder den Umbau eines Bauwerks nicht auf einem seinem Vertragspartner (Bauherr) gehörenden Grundstück verpflichtet, sondern auf einem ihm selbst gehörenden oder von ihm zu beschaffenden Grundstück, und sich dieser Unternehmer weiter verpflichtet, die dann bebaute Immobilie seinem Vertragspartner (Erwerber) zu übereignen oder ein Erbbaurecht zu bestellen, handelt es sich um einem Bauträgervertrag (§ 650u).

Hinsichtlich der in diesem Vertrag festgelegten Werkleistungen gelten die meisten der unter Rn 325 ff. beschriebenen bauvertraglichen Regelungen, hinsichtlich der Übertragung des Eigentums an einem Grundstück oder einer Erbbaurechtsbestellung die im 2. Kapitel unter Rn 72 ff.. beschriebenen kaufvertraglichen Regelungen, weshalb ein Bauträgervertrag nur rechtswirksam ist, wenn die Verpflichtung zur Übertragung des Eigentums am Grundstück <u>und</u> die Bau- und Leistungsbeschreibung notariell beurkundet worden sind (Rn 82). Beides kann in einem Vertrag oder in 2 Verträgen beurkundet werden. Unterschiede zwischen kaufvertragsrechtlichen und werkvertragsrechtlichen Regelungen gibt es z. B. bei den Gewährleistungsrechten des Erwerbers.

Ist der Vertragsgegner des Bauträgers ein Verbraucher (Rn 5), gelten für den Bauträgervertrag auch die meisten der für den Verbraucherbauvertrag unter Rn 329 beschriebenen Regelungen.

3. Die Unwirksamkeit der jeweiligen Verträge oder einzelner Vertragsbestimmungen

332 Für alle unter Rn 325a bis 331 beschriebenen Verträge zwischen Bauherr und Unternehmern gelten die unter Rn 21 ff. beschriebenen Schranken. Die Verträge können also unwirksam sein, wenn sie <u>gegen gesetzliche Vorschriften</u> verstoßen. Das beim Architektenvertrag bestehende Kopplungsverbot mit einem Grundstückserwerb (Rn 288) gilt bei Verträgen zwischen Bauherrn und den genannten Unternehmern aber nicht. Wegen Gesetzesverstoß unwirksam ist dagegen z. B. ein mit der Abrede „Ohne Rechnung" abgeschlossener Vertrag. Siehe dazu auch Rn 21 und 291a..

Ein Vertrag kann auch wegen Verstoßes <u>gegen die guten Sitten</u> (Rn 22) unwirksam sein wenn z. B. für eine Werkleistung eine Vergütung vereinbart wird, die um etwa das Doppelte des ortsüblichen Preises für diese Leistung beträgt. Das gilt nach Ansicht des BGH nicht nur für einen vereinbarten Gesamtpreis. Auch ein vereinbarter Einzelpreis für eine Teilleistung kann wucherisch sein, wenn der Unternehmer z. B. dabei einen offensichtlichen Ausschreibungsfehler ausnützt.

Durch eine Anfechtung <u>wegen Irrtums, Drohung oder arglistiger Täuschung</u> kann ein Vertrag seine Rechtswirksamkeit verlieren. (Rn 23). Zu den einzelnen Fristen siehe Rn 106. Zur Unwirksamkeit eines Vertrages wegen Verstoßes gegen eine Formvorschrift siehe Rn 78 ff..

Nur einzelne Vertragsbestimmungen in einem Vertrag sind unwirksam, wenn sie gegen die in der MaBV enthaltenen Regelungen verstoßen, z. B. eine unwirksame Regelung der Zahlungsverpflichtung des Bauherrn im Vertrag zwischen ihm und dem Generalunternehmer mit der Folge, dass der Bauherr dann erst bei der Abnahme des fertiggestellten Bauwerks Zahlung leisten muss. Unwirksam sind für von Unternehmern in ihren Geschäftsbedingungen häufig verwendete vorformulierte Bestimmungen bzw. Klauseln, wenn es sich um Überraschungsklauseln, um mehrdeutige oder um den Bauherrn benachteiligende Klauseln handelt (Rn 24 ff.). Während eine von einem Bauherrn einem Baubetreuer zu erteilende Vollmacht zum Abschluss von Bauverträgen im Namen des Bauherrn sogar als vorformulierte Klausel im Vertrag mit dem Baubetreuer gültig ist, sind nach der Rechtssprechung Bestimmungen unwirksam, nach denen z. B.

- der Auftraggeber für einen Kostenanschlag des Unternehmers eine Vergütung zu zahlen hat, <u>oder</u> Einwendungen gegen eine Rechnung nur innerhalb 3 Monaten erhoben werden können, <u>oder</u> das Aufmaß sich nicht nach der tatsächlichen Leistung sondern nach einem abstrakten Maß, z. B. nach den Plänen richten soll;
- dass die dem Angebot zugrunde liegenden Preise grundsätzlich Festpreise sind und für die ganze Vertragsdauer verbindlich sind;
- die Schlussrechnung eine Ausschlusswirkung hat;
- Gewährleistungsrechte des Bauherrn ausgeschlossen werden, oder die Verjährungsfrist für solche weniger als 5 Jahre dauern soll, <u>oder</u> der Bauherr den Bauvertrag nur im Falle eines wichtigen Grundes kündigen darf, <u>oder</u> dass ein Rücktrittsrecht im Falle von Vertragsverletzungen des Unternehmers ausgeschlossen wird, <u>oder</u> das Bauwerk als abgenommen gilt, wenn der Bauherr in das Haus einzieht;
- die Abnahme für das Gemeinschaftseigentum durch einen vom Bauträger bestimmten Sachverständigen oder Erstverwalter erfolgen soll.

4. Die Beendigung oder Änderung eines Bauvertrages

333   Eine Vertragspartei kann berechtigt sein, die wegen der zu erbringenden Leistungen mehr oder weniger lange dauernden Rechtsbeziehungen zu beenden oder zu ändern: Infrage kommen <u>Widerrufsrechte</u>, das Recht zur <u>Kündigung</u> oder zum <u>Rücktritt</u>. Außerdem kann ein Bauvertrag einvernehmlich von den Parteien oder einseitig durch den Bauherrn <u>geändert</u> werden. Da alle diese Beendigungsmöglichkeiten auch beim Architekten- oder Ingenieurvertrag bestehen, werden diese Möglichkeiten zusammen im Abschnitt C. unter Rn 349 ff. beschrieben.

II. Die hauptsächlichen Pflichten des Unternehmers gegenüber dem Bauherrn

1. Die hauptsächlichen Pflichten des Unternehmers aus dem Bauvertrag

334a   Hauptpflicht des Unternehmers beim Werk- bzw. Bauvertrag ist es, das versprochene Werk <u>rechtzeitig und mangelfrei herzustellen</u> (§ 631 Abs. 1), also z. B. einen Rohbau zu errichten, eine Sanitär-, Heizungs- oder Elektroinstallation herzustellen, oder Gipser-, Maler oder Dachdeckerarbeiten auszuführen, oder aber auch als Generalunternehmer ein ganzes Haus oder einen Umbau herzustellen. Das Grundstück stellt der Bauherr dem mit der Herstellung des Rohbaues beauftragten Unternehmer zur Verfügung (§ 645 Abs. 1). Je nach der Vereinbarung im Vertrag trägt der Bauherr oder der den Rohbau herstellende Unternehmer das Risiko für die Geeignetheit des Baugrunds für das Bauwerk.

Die im Vertrag vereinbarten Arbeiten hat der Unternehmer nach den Plänen und Anweisungen des Architekten oder Bauherrn, in der Regel nach einem schriftlich vereinbarten Bau- oder Leistungsverzeichnis bzw. einer Leistungsbeschreibung und etwaigen nachträgliche Vereinbarungen (Auftragserweiterung oder Auftragsänderung Rn 350a und 350b) zu leisten.

Sind die im Vertrag festgelegten Leistungen des Unternehmers funktional beschrieben, trägt dieser bei einer Unvollständigkeit der Bau- oder Leistungsbeschreibung das Risiko der Unvollständigkeit, sonst der Bauherr.

Seine Leistungen muss der Unternehmer
- zur vereinbarten Zeit oder innerhalb einer vereinbarten Frist, und
- nach den Regeln seines Fachs/Handwerks erbringen, die er unter Berücksichtigung etwaiger Neuerungen beherrschen muss, wobei Immer die sogenannten allgemein anerkannten technischen Regeln, z. B. Teil C der VOB Rn 325d zu beachten sind, ebenso etwaige Anforderungen nach der Energiesparverordnung, und
- mit Materialien und Techniken herstellen, die für das vom Unternehmer herzustellende Werk geeignet sind.

Wenn es zwischen Bauherr und Einzelunternehmer oder Bauträger nicht be- 334b
sonders vereinbart ist, muss die Leistung nicht persönlich erbracht werden,
ausgenommen die individuelle Eigenart des Unternehmens verbietet eine
Abgabe der Ausführung an Dritte, was bei Bauvorhaben selten der Fall ist.
In der Regel kann der Unternehmer also das Werk auch ganz oder teilweise
durch Dritte, sogenannte Subunternehmer herstellen lassen. Natürlich haftet
er dann für alle Handlungen seines Subunternehmers gegenüber dem Bauherrn wie für eigene Leistungen. Insbesondere gilt das, wenn der Bauherr
das gewünschte Bauwerk insgesamt durch einen Generalunternehmer oder
Bauträger herstellen lässt, die die Werkleistung in der Regel durch Dritte
ausführen lassen.

Zu den Gewährleistungspflichten des Unternehmers im Falle einer Mangelhaftigkeit seiner Leistung siehe Rn 360 ff..

Neben den unter beschriebenen Hauptpflichten hat der Unternehmer ge- 334c
genüber dem Bauherrn Aufklärungs-, Herausgabe- und Sicherheitsleistungs-
pflichten sowie besondere Pflichten bei der Verwendung von Baugeld:

Der Unternehmer muss den Bauherrn auf alle Umstände <u>hinweisen</u>, welche
eine Gefahr oder ein Risiko für eine Mangelhaftigkeit des Bauwerks sein
können, z. B.
- auf unsachgemäße Anweisungen oder auf erkannte Planfehler des Architekten oder des Bauherrn selbst. Tut der Unternehmer das nicht, kann er
  sich gegenüber dem Bauherrn nicht auf ein Mitverschulden des Architekten berufen, oder
- auf mangelhafte Arbeiten anderer am Bau tätiger Unternehmer, und
- auf die etwaige Ungeeignetheit eines vorgesehenen oder vom Bauherrn
  zur Verfügung gestelltes Material.

Verpflichtung des Unternehmers ist es außerdem, den Bauherrn auf extre-
me Massenvermehrungen hinzuweisen. Tut er das nicht, müssen ihm nur
die im Vertrag vorläufig veranschlagten Massen bezahlt werden.
Ist eine Überschreitung des vom Unternehmer erstellten Kostenanschlags
zu erwarten, muss der Unternehmer den Bauherrn darüber unverzüglich
hinweisen (§ 649). Diese Verpflichtung entfällt, wenn der Bauherr davon
weiß, oder wenn er auf die Leistung des Unternehmers angewiesen ist und
diese anderweit nicht günstiger bekommen hätte.

Die <u>Herausgabepflicht</u> betrifft z. B. Planungsunterlagen, die dem Bauherrn 334d
herausgegeben werden müssen, wenn bei diesem dafür ein berechtigtes Interesse besteht, z. B. wegen des Energieausweises.

334e Die Verkehrssicherungspflicht trägt in erster Linie der am Bau beteiligte Unternehmer und nicht sein Bauleiter oder Polier. Er muss dafür sorgen, dass die Baustelle gesichert ist und weder der Bauherr noch Dritte zu Schaden kommen kann (z. B. Abschrankung eines Loches, Sicherung von Gerüsten). Auch ihm vom Bauherrn überlassene Gegenstände müssen verwahrt werden. Soweit der Unternehmer diese Verkehrssicherungspflicht für den Bauherrn erkennbar verletzt, muss der Bauherr selbst für die Sicherheit der Baustelle sorgen. Zu der darüber hinaus bestehenden Verkehrssicherungspflicht des Architekten siehe Rn 295f.

334f Die Pflicht des Unternehmers zu Sicherheitsleistungen ergeben sich aus Vorschriften im BGB und in der MaBV, die zum Nachteil des Bauherrn durch Vereinbarungen nicht abgeändert werden dürfen:
Wenn ein Bauherr einen Bauvertrag mit einem Unternehmer abschließt, der im eigenen Namen für eigene Rechnung (z. B. der Fertighaushersteller) oder für fremde Rechnung ein Bauwerk für einen Bauherrn herstellt, also mit einem sogenannten Generalunternehmer (Rn 327), gilt für die Verpflichtung des Unternehmers folgendes:
Der Unternehmer muss, bevor er vom Bauherrn zur Ausführung seines Auftrages Vermögenswerte erhält oder zu deren Verwendung ermächtigt wird, in Höhe dieser Vermögenswerte entweder durch eine selbstschuldnerische Bankbürgschaft oder durch Abschluss einer Versicherung Sicherheit leisten. Die Sicherheit ist für etwaige Rückzahlungsansprüche und Schadenersatzansprüche des Bauherrn wegen etwaiger unerlaubter Handlungen (z. B. Veruntreuung) des Unternehmers oder den für ihn handelnden Personen (§ 2 MaBV). Außerdem muss der Unternehmer die ihm dann übergebenen Vermögenswerte von seinem Vermögen getrennt auf einem Sonderkonto bei einem Kreditinstitut verwalten und die betreffende Bank verpflichten, den Bauherrn unverzüglich zu benachrichtigen, wenn dieses Konto gepfändet oder das Insolvenzverfahren über das Vermögen des Baubetreuers eröffnet wird (§ 6 MaBV). Die Vermögenswerte des Bauherrn darf er nur für dessen Bauvorhaben verwendet werden (§ 4 MaBV). Wenn dann das Bauvorhaben im wesentlichen abgeschlossen ist und er dazu in der Lage ist, muss der Baubetreuer dem Bauherrn über die Verwendung der Mittel Rechnung legen (§ 8 MaBV).
Die vorgenannten Verpflichtungen entfallen, wenn der Unternehmer alle etwaigen Ansprüche des Bauherrn auf Rückgewähr und Auszahlung seiner geleisteten Zahlungen durch eine Bankbürgschaft oder Versicherung absichert (§ 7 MaBV).

334g Die Empfänger von Baugeld sind verpflichtet, dieses nur zu dem genannten Zweck zu verwenden, wenn sie sich nicht strafbar machen wollen. Auch haftet z. B. der Gesellschafter eines Bauträgers persönlich für diese Verpflichtung. Baugelder sind Geldbeträge, die der Bauherr einem Dritten, z. B.

einem Unternehmer, Architekten oder einer Bank zur Verfügung stellt oder zur Verfügung stellen lässt, um mit diesen vom Bauherr Dritten für Werksleistungen an seinem Bau oder Umbau geschuldeten Werklohnforderungen zu befriedigen. Auch Kaufpreiszahlungen durch Erwerber von Wohnungseigentum an den Bauträger gehören dazu.

2. Die hauptsächlichen Pflichten des Unternehmers aus dem Verbraucherbauvertrag

Beim Abschluss eines Bauvertrages mit einem privaten Bauherrn (Verbraucher (Rn 5) hat der Unternehmer zunächst die gleichen Pflichten, wie sie unter Rn 334c ff. oben beschrieben worden sind. Außerdem gilt folgendes: 335a

Rechtszeitig bevor der Unternehmer im Falle eines mit einem privaten Bauherrn abgeschlossenen Verbraucherbauvertrages (§ 650n) mit der Ausführung der von ihm zu leistenden Arbeiten beginnt, muss er diejenigen Planungsunterlagen erstellen und dem Bauherrn übergeben, die dieser benötigt, um den Behörden nachzuweisen, dass die Arbeiten unter Einhaltung der öffentlich-rechtlichen Vorschriften ausgeführt werden, ausgenommen, die Planungsunterlegen erstellt der Bauherr selber oder ein von ihm beauftragter Architekt.
Spätestens nach Fertigstellung seiner Arbeiten muss der Unternehmer die Planungsunterlagen erstellen und dem Bauherrn übergeben, die dieser benötigt, um den Behörden nachzuweisen, dass die Leistung tatsächlich unter Einhaltung der öffentlich-rechtlichen Vorschriften ausgeführt worden sind.

Diese Regelungen dürfen weder durch eine vorformulierte Klausel noch durch eine individuelle Vereinbarung aufgehoben oder umgangen werden.

Bei der Pflicht zu einer Sicherheitsleistung (Rn 334f) gilt außerdem: 335b
Der Unternehmer ist zu einer Sicherheitsleistung auch verpflichtet, wenn er vom Bauherr während seiner Arbeiten am Bauwerk Abschlagszahlungen auf seinen ihm nach Fertigstellung der vereinbarten Arbeiten zustehenden Gesamtwerklohn verlangt oder nach einer im Vertrag vereinbarten Bestimmung verlangen kann. Dann muss er vor der Fälligkeit der ersten Abschlagszahlung eine Sicherheit in Höhe von 5 % seiner vereinbarten Gesamtvergütung leisten.

Die Sicherheit ist dafür, dass er das versprochene Werk auch rechtzeitig und ohne wesentliche Mängel herstellen wird. Zu leisten ist die Sicherheit u.a. durch Hinterlegung von Geld oder Wertpapieren, durch einen tauglichen Bürgen oder durch eine Garantie oder eine Bankbürgschaft. Die Pflicht zur Sicherheitsleistung entfällt, wenn der Unternehmer dem Bauherrn gestattet, die von ihm zu leistenden Abschlagzahlungen bis zu dem Sicherheitsbetrag von 5 % der Gesamtvergütung einzubehalten (§ 650m Abs. 2 und 3).

Beispiel: Der Bauunternehmer verpflichtet sich gegenüber dem privaten Verbraucher, den Rohbau für ein unterkellertes Zweifamilienhaus für 500.000 € herzustellen. Es ist vereinbart, dass nach Herstellung des Untergeschosses, des Erdgeschosses und des 1. Obergeschosses jeweils eine Abschlagszahlung in Höhe von 150.000 € zu zahlen ist. Der Bauherr muss dann eine Abschlagszahlung überhaupt nur leisten, wenn der Unternehmer vor Fälligkeit der ersten Abschlagszahlung eine Sicherheit in Höhe von 5 % aus 500.000 € = 25.000 € leistet.

Gestattet der Bauunternehmer dem privaten Bauherrn, von der ersten Abschlagszahlung nur 150.000 € abzüglich 25.000 € = 125.000 € zu bezahlen, entfällt die Pflicht zur Leistung einer Sicherheit.

335c   Erhöht sich die Gesamtvergütung infolge einer Änderung oder Ergänzung des Verbraucherbauvertrages um mehr als 10 %, muss der Unternehmer bei der nächsten Abschlagszahlung eine weitere Sicherheit in Höhe von 5 % des zusätzlichen Vergütungsanspruchs leisten.

Beispiel: Erhöht sich die Gesamtvergütung im obigen Fall während der Arbeiten von 500.000 € um 60.000 € auf 560.000 €, muss der Unternehmer bei der auf die Änderung folgenden Abschlagszahlung eine weitere Sicherheit in Höhe von 5 % von 60.000 € = 3.000 € leisten, wenn der dem Bauherrn nicht erlaubt, den Betrag von der Abschlagszahlung einzubehalten.

Das für den Verbraucherbauvertrag ausgeführte gilt natürlich auch, wenn dieser mit dem Unternehmer von einem Baubetreuer namens und in Vollmacht des Bauherrn abgeschlossen worden ist.

3. Die hauptsächlichen Pflichten des Baubetreuers aus dem Baubetreuungsvertrag

336   Der Baubetreuer ist je nach dem im Vertrag festgelegten Leistungsumfang zur planerischen, technischen, meist auch organisatorischen, wirtschaftlichen und finanziellen Gestaltung, zur Durchführung, Beaufsichtigung, Bezahlung und Abrechnung des vom Bauherrn gewünschten Bauvorhabens verpflichtet. Dazu gehört, dass er die mit Architekt und Unternehmern abzuschließende Verträge aushandelt. Hat er vom Bauherr die entsprechende Vollmacht, kann er die Verträge im Namen des Bauherrn abschließen. Gehört zu seinem Auftrag auch die technische Gestaltung, muss er z. B. die Pläne des Architekten auch überprüfen. Ist er mit der Bezahlung der den Unternehmern zustehenden Entgelte beauftragt, muss der Baubetreuer auch die von den Unternehmern berechneten Vergütungen prüfen.

Zur Verfügung über vom Bauherrn zur Verfügung gestellte Mittel siehe Rn 334f und 334g. Die dort geschilderten Verpflichtungen zur Sicherheitsleistung gelten neben den beauftragten Unternehmern auch für einen Baubetreuer.

4. Die hauptsächlichen Pflichten des Unternehmers aus dem Bauträgervertrag

Hauptpflicht des Bauträgers ist es, die in der Bau- und Leistungsbeschreibung (Rn 327) festgelegten Arbeiten nach den im notariellen Kaufvertrag festgelegten Bedingungen zu erfüllen. Immer sind dabei die sogenannten allgemein anerkannten technischen Regeln, z. B. Teil C der VOB (Rn 325c), zu beachten und etwaige Anforderungen nach der Energiesparverordnung.

Beim Abschluss eines (notariell zu beurkundenden !) Bauträgervertrages, in dem sich der Unternehmer (Bauträger) zur Herstellung eines Gebäudes oder einer Wohnung und zur Übertragung des Eigentums an der Immobilie oder zur Bestellung eines Erbbaurechts verpflichtet, müssen die Zahlungen des Erwerbers bzw. Käufers nach § 3 MaVB durch entsprechende Bestimmungen im Vertrag sichergestellt werden. Für diese Absicherung gibt es 2 Möglichkeiten:

Möglichkeit 1: Der Bauträger (Verkäufer) wird verpflichtet, Zahlungen des Erwerbers nach rechtsgültigem Abschluss des Kaufvertrages, für den kein Rücktrittsrecht des Verkäufers vorgesehen ist, in den nachstehenden Teilbeträgen erst entgegenzunehmen, wenn der Notar das Vorliegen erforderlicher Genehmigungen bestätigt hat, eine Auflassungsvormerkung eingetragen werden kann, die Freistellung des Grundbuchs von nach dem Vertrag nicht zu übernehmenden Rechten erfolgt und die Baugenehmigung für das Gebäude oder die Wohnung erteilt ist (§ 3 Abs. 1 MaBV).
Die Teilbeträge auf den Kaufpreis sind wie folgt fällig (§ 3 Abs. 2 MaBV):

> 30 % nach Beginn der Erdarbeiten und 70 % während dem Baufortschritt nach Fertigstellung folgender Teilleistungen:
> 40 % (= 28 % des Gesamtentgelts): Rohbau und Zimmererarbeiten
> 8 % (= 5,6 %): Dachflächen und Dachrinnen
> 3 % (= 2,1 %): Rohinstallation der Heizungsanlage
> 3 % (= 2,1 %): Rohinstallation der Sanitäranlagen
> 3 % (= 2,1 %): Rohinstallation der Elektroanlagen
> 10 % (= 7,0 %): Fenstereinbau einschließlich Verglasung
> 6 % (= 4,2 %): Innenverputz ausgenommen Beiputzarbeiten
> 3 % (= 2,1 %): Estricharbeiten
> 4 % (= 2,8 %):Fliesenarbeiten im Sanitärbereich
> 12 % (= 8,4 %): Bezugsfertigkeit und Besitzübergabe
> 3 % (= 2,1 %): Fassadenarbeiten
> 5 % (= 3,5 %): vollständige Fertigstellung.

Möglichkeit 2: Der Bauträger (Verkäufer) wird verpflichtet, vor Entgegennahme mit dem Erwerber vereinbarter Teilzahlungen für alle etwaigen Ansprüche desselben auf Rückgewähr seiner geleisteten Zahlungen, also für den Fall, dass der Verkäufer seine Verpflichtung zur Herstellung des Bauwerks nicht erfüllt, eine Sicherheit entweder durch eine selbstschuldnerische Bankbürgschaft oder durch eine geeignete Versicherung zu leisten.

III. Die hauptsächlichen Pflichten des Bauherrn gegenüber dem Unternehmer

1. Die Pflicht zur Abnahme der geleisteten Arbeiten

338 Unter der Abnahme versteht man auch hier die <u>billigende Entgegennahme</u> des vom Unternehmer hergestellten Werkes, die ausdrücklich oder stillschweigend (durch schlüssiges Verhalten, konkludent) erklärt werden kann. Für die Abnahmepflicht des Bauherrn gegenüber einem Unternehmer gilt das gleiche, wie bei seiner Abnahmepflicht gegenüber dem Architekten unter Rn 300 ff. beschrieben worden ist.

Als stillschweigende (konkludente) Billigung kommt auch z. B. infrage, wenn der Bauherr das Werk des Unternehmers <u>ohne Beanstandung</u> benutzt, also in das gebaute Haus einzieht oder seinen Mieter einziehen lässt, insbesondere dann, wenn alle Wohnungseigentümer in ihre Wohnung eingezogen sind und den geschuldeten Kaufpreis bezahlt haben. Kein Benutzen in diesem Sinne ist es, wenn das Werk des Unternehmers zur Weiterführung der Arbeiten benutzt wird, wenn z. B. der Dachdecker das Dach deckt und damit die Arbeit des Zimmermanns benutzt. Ein Einzug in das Haus oder die Wohnung ist aber insbesondere dann keine stillschweigende Anerkennung der Leistung, wenn der Bauherr vor oder kurz nach seinem Einzug ausdrücklich erklärt, dass er die Leistung des Unternehmers nicht abnehmen will, oder wenn er zuvor oder zeitgleich erhebliche Mängel gerügt hat.

In Verträgen zwischen Bauherrn und Unternehmern findet man oft auch Klauseln darüber, wie die Abnahme durchzuführen ist. Viele vorformulierte Klauseln sind von der Rechtssprechung wegen unangemessener Benachteiligung des Bauherrn für unwirksam erklärt worden, z. B. eine Klausel, nach welcher
- eine Abnahme durch die tatsächliche Ingebraunahme der Wohnung erfolgt,
- der Bauherr einem vom Bauträger ausgewählten Sachverständigen oder auf einen Dritten unwiderrufliche Vollmacht für die Abnahme des Gemeinschaftseigentums erteilt,
- die Abnahme durch den Bauträger als Erstverwalter selbst oder durch einen vom Bauträger bestimmten Erstverwalter der GdWE erfolgen soll,
- ein späterer Käufer an eine von früheren Käufern erfolgte Abnahme des Gemeinschaftseigentums gebunden ist.

Die Abnahmepflicht besteht bei allen Werk- bzw. Bauverträgen. Beim Bauträgervertrag erfolgt die Abnahme des hergestellten Bauwerks in der Regel zusammen mit der Übergabe des Besitzes am übereigneten Grundstück (Rn 95).

Auch die Folgen der Abnahme des Werkes des Unternehmers sind dieselben wie unter Rn 300 ff. beschrieben: Der Vergütungsanspruch des Unternehmers wird spätestens jetzt fällig und der Gefahrübergang tritt ein.
Zu dem Fall, dass der Bauherr eine Leistung abnimmt, obwohl ihr wesentliche Mängel anhaftet, siehe Rn 367.

2. Die Pflicht zur Bezahlung der Vergütung

Eine weitere Hauptpflicht des Bauherrn ist die <u>Bezahlung</u> der dem Unternehmer zustehenden Vergütung, die im Gesetz als "Werklohn" bezeichnet wird. Während beim Bauträgervertrag die Vergütung im notariellen Vertrag festgelegt ist, gilt eine Pflicht zur Bezahlung eines Werklohns zwischen Bauherr und Unternehmer beim Bau- bzw. Verbraucherbauvertrag und auch bei Baubetreuungsvertrag als vereinbart (§ 632 Abs. 1). Die Höhe desselben ergibt sich aus der Vereinbarung. Ist die Höhe dort nicht festgelegt, schuldet der Bauherr bei Bestehen einer „Taxe" (= einem behördlich festgesetzten Preis) diese. Gibt es keine solche Taxe, gilt die „übliche Vergütung" als vereinbart (§ 632 Abs. 2), also die am Ort der Werkleistung für eine solche Leistung üblicherweise verlangte und bezahlte Vergütung, z. B. dort übliche Stundensätze für Meister, Gehilfen, Maschinenarbeiten, übliche Kosten für Materialverbrauch.
Zum möglichen Einbehalt eines Teils der fälligen Vergütung im Falle von Mängeln siehe Rn 368.

Im Vertrag wird die Vergütung entweder als Pauschalvergütung (Festpreis) oder auf Abrechnungsbasis vereinbart. Erstere wird in der Regel mit einem Bauträger vereinbart, häufig auch mit einem Generalunternehmer, der das ganze Bauwerk herstellt oder herstellen lässt, oder auch mit einem Baubetreuer. Behauptet der Bauherr im Prozess, es sei eine Pauschalvereinbarung vereinbart, muss der Unternehmer es beweisen, wenn er eine andere Vereinbarung behauptet.

> Beispiel: Der Unternehmer berechnet dem Bauherrn für Malerarbeiten 11.563 €. Der Bauherr behauptet, es sei eine Pauschalvergütung von 10.000 € für die Arbeiten vereinbart worden. Wenn der Unternehmer mehr als 10.000 € will, muss er beweisen, dass eine Vergütung von mehr als 10.000 € vereinbart worden ist.

Die Unterzeichnung von Stundenzetteln durch den Bauherrn oder seinen dazu Bevollmächtigten bedeutet keine Vereinbarung auf Abrechnungsbasis sondern bestätigt nur den Umfang der geleisteten Arbeiten.

339

Eine Pauschalvergütung ist auch dann vereinbart, wenn der Unternehmer vor Vertragsabschluß einen Kostenanschlag (§ 649) für die Vergütung unterbreitet und dabei die Gewähr für die Richtigkeit des Kostenanschlags übernimmt. Zu dem Fall, dass der Unternehmer keine Garantie für den Kostenanschlag übernimmt und der Kostenanschlag überschritten wird, siehe Rn 352.

340 Wird ein Pauschalpreis, also ein bestimmter fester Betrag für eine durch eine Beschreibung der Details (Aufstellung der vorgesehenen Arbeiten) oder des Leistungsziels (z. B. eines schlüsselfertigen Einfamilienhauses) für die Leistung des Unternehmers vereinbart wird, trägt dieser das Risiko von nicht erwarteter zusätzlicher Maßnahmen oder Massenänderungen im Rahmen der vereinbarten Leistungen. Ist z. B. die vom Maler zu streichende Fläche größer ist als die von ihm bei Vereinbarung des Festpreises angenommene, muss der Bauherr nur den Pauschalpreis bezahlen.
Bei wesentlichen Änderungen ist der vereinbarte Pauschalpreis aber nach oben oder unten anzupassen, wenn der Maler z. B. einen zunächst nicht vorgesehenen Raum auch streichen soll. Ebenso bei einer Änderung des Bauvertrages durch den Bauherrn (Rn 350b).
Welche Vergütung der Bauherr auf den vereinbarten Pauschalpreis im Falle einer Kündigung des Vertrages bezahlen muss, finden Sie unter Rn 351.

341 Ist die Höhe des Werklohns nicht vereinbart, wird dieser auf Abrechnungsbasis abgerechnet, ebenso wenn er so zwischen Bauherr und Unternehmer vereinbart ist. Abgerechnet wird dann nach einem Aufmaß, dem Einheitspreise, Material und Zeitaufwand zu Grunde liegen. Wird der Werklohn auf Abrechnungsbasis vereinbart, trägt der Bauherr das Risiko von Massenänderungen.

342 Fällig, also zu zahlen ist der vereinbarte Pauschalpreis bzw. die Vergütung auf Abrechnungsbasis
    nach Abnahme der fertiggestellten Leistung des Unternehmers durch den Bauherrn (§ 641 Abs. 1).
Ab diesem Zeitpunkt muss der Bauherr die geschuldete Vergütung verzinsen (§ 641 Abs. 4), die Vergütung auf Abrechnungsbasis natürlich erst ab Vorlage einer Rechnung durch den Unternehmer. Die Rechnung muss die an das Finanzamt abzuführende Umsatzsteuer enthalten. In der Regel erteilt der Unternehmer eine prüffähige Rechnung, da dadurch unnötigen Nachfragen des Bauherrn und im schlimmsten Fall eine gerichtliche Auseinandersetzung vermieden werden, in welcher der Unternehmer seine Forderung prüffähig darlegen muss. Sind im Vertrag die Fälligkeitsvorschriften der VOB Teil B vereinbart (Rn 325d), ist für eine Vergütung auf Abrechnungsbasis die Vorlage einer prüffähigen Rechnung durch den Unternehmer Fälligkeitsvoraussetzung. Prüffähig ist eine Rechnung, die von einem Fachmann ohne

weitere Information auf ihre Richtigkeit überprüft werden kann. Dazu das folgende Beispiel:

Der Dachdeckermeister berechnet für seine auf Abrechnungsbasis geleisteten Arbeiten:

"Dachdeckerarbeiten in der Zeit vom 18.05. – 01.06.2011"

Material	6.800 €
Arbeitsleistung	4.300 €
	11.100 €
19 % USt.	2.109 €
Summe	12.876 €

Diese Rechnung ist nicht prüffähig. Der Unternehmer muss das einzelne von ihm verwendete Material und die für dieses angesetzten Preise aufführen, sowie wann und von wem (z. B. von Hilfskräften, Gesellen, Vorarbeiter, Meister) welche Stunden geleistet worden sind und welcher jeweilige Stundenlohn in Rechnung gestellt wird. Nur dann kann ein Fachmann durch Vergleich mit dem hergestellten Werk die in der Rechnung aufgeführten Positionen überprüfen.

Im Streitfall muss der Unternehmer beweisen, dass die behaupteten Stunden tatsächlich geleistet wurden. Einen etwa unangemessenen Aufwand bei den Arbeiten muss der Bauherr darlegen und beweisen.

Ist die Vergütung in Teilbeträgen, sogenannten Abschlags- oder Vorschusszahlungen, zu bezahlen, spricht man von Teilrechnungen und der letzten Rechnung als Schlussrechnung. 343

Abschlagszahlungen muss der Bauherr im Falle eines Bauvertrages an den Unternehmer bezahlen, wenn das im Vertrag vereinbart ist, wobei durch eine solche Vereinbarung aber die nach dem Gesetz beim Werkvertrag bestehende Vorleistungspflicht des Unternehmers nicht ganz ausgehöhlt werden darf.

Beispiel für unwirksame Vertragsbestimmungen:
- der Bauherr hat den gesamten Werklohn bei Vertragsabschluss im voraus zu zahlen;
- der Bauherr hat 60 % des Gesamtpreises vor Beginn der Arbeiten zu bezahlen.

Zulässig ist in Verträgen mit Generalunternehmern eine vorformulierte Bestimmung (Rn 24) über Abschlagszahlungen, wenn deren Fälligkeit in etwa dem Baufortschritt angeglichen sind, wie es z. B. beim Bauträgervertrag unter Rn 327 beschrieben worden ist, also 40 % der Vergütung nach Fertigstellung des Rohbaus einschließlich Zimmererarbeiten, 8 % nach Fertigstellung von Dachflächen und Dachrinnen usw..

Auch wenn im Vertrag nichts über Abschlagszahlungen vereinbart ist, kann der Unternehmer Abschlagszahlungen verlangen, die der Bauherr aber nur dann bezahlen muss (§ 632 a), wenn

- der Unternehmer <u>bereits</u> eine Teilleistung <u>erbracht</u> hat und eine Abschlagszahlung für diese <u>verlangt</u>, und
- der Bauherr durch die erbrachte Teilleistung einschließlich bereitgestellter Baustoffe und Bauteile einen <u>Wertzuwachs erlangt</u> hat, z. B. durch deren Übereignung auf den Bauherrn, und
- der Unternehmer durch eine rasch und sicher überprüfbare Aufstellung seine Teilleistung <u>nachweist</u>, und
- der Teilleistung <u>kein wesentlicher Mangel</u> anhaftet.

344   Bei einem Verbraucherbauvertrag ist für eine Fälligkeit einer im Vertrag vereinbarte oder vom Unternehmer verlangte Abschlagszahlung darüber hinaus Voraussetzung, dass der Unternehmer <u>schon bei der ersten verlangten Abschlagszahlung</u> eine Sicherheit für die rechtzeitige Herstellung des versprochenen Werkes ohne wesentliche Mängel in Höhe von 5 % der Gesamtvergütung leistet. Alles nähere zu dieser Sicherheitsleistung wurde unter Rn 335b beschrieben.

3. Die Pflicht zur Leistung einer Sicherheit durch den Bauherrn

345   Auch der Bauherr ist nach Abschluss eines Architekten- oder Bauvertrages zur <u>Leistung einer Sicherheit</u> verpflichtet, wenn der tätige Unternehmer oder Architekt für seine nach dem Vertrag zu erbringende Leistungen eine Sicherheit für seinen Werklohn oder sein Honorar (zuzüglich 10 % pauschalierter Nebenkosten) verlangt (§ 648 a). Dabei muss der Unternehmer oder Architekt seine Leistung noch gar nicht erbracht haben. Andererseits kann die Sicherheit z. B. auch noch nach einer ohne einen Grund ausgesprochene Kündigung oder nach einer Abnahme des Werks verlangt werden.
Steht dem Bauherrn ein Baubetreuer zur Seite, ist der Bauherr zur Sicherheitsleistung gegenüber den für ihn tätigen Unternehmern bzw. Architekt verpflichtet, gegenüber dem Baubetreuer selbst nur, wenn dieser auch werkvertragliche Leistungen erbringt, also Architektenleistungen oder Leistungen, wie Unternehmer sie auf Grund eines Bauvertrages erbringen.
Zur Art der Sicherheit gilt das gleiche wie das bei den Abschlagszahlungen unter Rn 335b beschriebene. Die Kosten der Sicherheit, also z. B. für eine Bankbürgschaft, muss hier aber der Unternehmer dem Bauherrn in Höhe von 2 % jährlich erstatten.

Überhaupt keine Verpflichtung zu einer Sicherheitsleistung besteht nach § 650f Abs. 6 für einen Bauherrn, wenn dieser eine juristische Person des öffentlichen Rechts ist, also z. B. eine Gemeinde, oder für einen Bauherrn, der als Verbraucher einen Verbraucherbau-, Architekten- oder Bauträgervertrag abgeschlossen hat.

Die geschilderte Regelung ist zwingend, darf also auch durch eine Vereinbarung nicht geändert oder umgangen werden. Zu dem Fall, dass der Bauherr seine Pflicht zur Sicherheitsleistung nicht erfüllt, siehe Rn 355.

Ist der Bauherr Eigentümer des Grundstücks, auf dem die Bauleistungen erfolgen, muss er auf Verlangen des Unternehmers oder Architekten anstelle der oben beschriebenen Sicherheitsleistung eine Sicherungshypothek (Rn 189 ff.) auf seinem Grundstück im Grundbuch eintragen lassen (§ 648). Hier ist aber Vorraussetzung, dass der Unternehmer die Bauleistungen oder einen Teil derselben bereits erbracht und vom Bauherrn nicht bezahlt bekommen hat. Weigert sich der Bauherr, die Hypothek eintragen zu lassen, kann der Unternehmer sich über das Gericht im Wege einer einstweiligen Verfügung eine Vormerkung im Grundbuch eintragen lassen.
Die Möglichkeit des Unternehmers, eine Absicherung durch eine Sicherungshypothek zu erreichen, ist in der Praxis meist wegen im Grundbuch des Bauherrn bereits eingetragener vorrangiger Grundschulden nutzlos.

346

4. Beispiele für weitere Pflichten des Bauherrn

Der Bauherr muss alle Unternehmer über alles aufklären, was diese für ihre Leistung wissen müssen. Er muss sie auf ihm bekannte aber dem Unternehmer unbekannte Gefahren hinweisen, durch die bei den Arbeiten ein Schaden entstehen kann, z. B. wenn Kenntnis von in seinem Grundstück liegenden Versorgungsleitungen hat, die bei der Arbeit des Unternehmers beschädigt werden könnten.

347

Der Bauherr muss mitwirken, um dem Unternehmer seine Leistung zu ermöglichen (§ 642). Er muss z. B. dem Unternehmer zuverlässige Pläne und Unterlagen zur Verfügung stellen, für einen reibungslosen Ablauf der Arbeiten erforderliche Entscheidungen treffen und z. B. dafür sorgen, dass der vor dem Unternehmer am Bauwerk tätige Vorunternehmer mit seinen Arbeiten so rechtzeitig fertig ist, damit der Unternehmer zur vorgesehenen Zeit seine Arbeiten beginnen kann.
Die Verletzung der Pflicht zur Mitwirkung kann ein Kündigungsrecht (§ 643) des Architekten oder Unternehmers und eine Entschädigungsverpflichtung zur Folge haben (Rn 355).
Dagegen hat der Bauherr keine Überwachungspflicht. Auch Fehler eines Vorunternehmers sind dem Bauherrn nicht zuzurechnen.

Beschäftigt der Bauherr einen behördlich nicht zugelassenen Unternehmer, von dessen Tätigkeit auf dem Bausektor der Bauberufsgenossenschaft nichts bekannt ist, haftet der Bauherr für die der Bauberufsgenossenschaft zustehenden Beiträge. Der Bauherr sollte deshalb im eigenen Interesse sich vor Auftragsvergabe vom Unternehmer dessen Mitgliedschein für die Bauberufsgenossenschaft vorlegen lassen. Das gilt auch, wenn auf Grund eines

348

wegen einer Ohne – Rechnung - Abrede unwirksamen Vertrages auf dem Grundstück des Bauherrn Arbeiten durchgeführt werden.

C. Die Beendigung eines laufenden Werk- oder Bauvertrages und deren Folgen

Ein Werkvertrag, also ein Architekten- bzw. Ingenieurvertrag oder ein Bau- oder Verbraucherbauvertrag, kann während seiner Dauer geändert oder durch einen Widerruf, eine Kündigung oder einen Rücktritt beendet werden, solange das Werk noch nicht vollständig mangelfrei hergestellt worden ist, also auch noch solange behebbare Mängel nicht beseitigt sind:

I. Die Widerrufsrechte des Bauherrn

349a Als Verbraucher (Rn 5) hat ein Bauherr zunächst das unter Rn 10 beschriebene gesetzliche Widerrufsrecht von 14 Tagen oder länger. Vorkommen dürfte dieses bei allen Arten von Verträgen geltende Widerrufsrecht bei einem Bauvertrag allerdings nur dann, wenn Unternehmer von Haus zu Haus ziehen, um an einen Auftrag zu irgend welchen Werksleistungen, meist Reparaturen zu erhalten, und bei einem Architektenvertrag höchstens dann, wenn dieser zwischen Architekt und Bauherr ausnahmsweise ohne Bestellung des Architekten bei gleichzeitiger körperlicher Anwesenheit beider Parteien außerhalb der Geschäftsräume des Architekten zustande kommt.

349b Ein besonderes Widerrufsrecht hat jeder privater Bauherr als Verbraucher beim Abschluss eines Verbraucherbauvertrages (§ 650l). Dabei ist es gleichgültig, wo oder wie der Vertrag abgeschlossen wird. Dieses Widerrufsrecht entfällt nur, wenn der Vertrag ausnahmsweise notariell beurkundet worden ist. Alles Wichtige über dieses Recht steht in der nachstehenden Widerrufsbelehrung, die der Unternehmer dem Bauherrn mindestens in Textform zugehen lassen muss:

Widerrufsrecht
Sie haben das Recht, binnen 14 Tagen ohne Angabe von Gründen zu widerrufen.
Die Widerrufsfrist beträgt 14 Tage ab dem Tag des Vertragsschlusses. Sie beginnt nicht zu laufen, bevor Sie diese Belehrung in Textform erhalten haben.
Um Ihr Widerrufsrecht auszuüben, müssen Sie uns .... mittels einer eindeutigen Erklärung (z. B. Brief, Telefax oder E-Mail) über Ihren Entschluss, diesen Vertrag zu widerrufen, informieren.
Zur Wahrung der Widerrufsfrist reicht es aus, dass Sie die Erklärung über die Ausübung Ihres Widerrufsrechts vor Ablauf der Widerrufsfrist absenden.

Folgen des Widerrufs

Wenn Sie diesen Vertrag widerrufen, haben wir Ihnen alle Zahlungen, die wir von Ihnen erhalten haben, unverzüglich zurückzuzahlen.

Sie müssen uns im Falle des Widerrufs alle Leistungen zurückgeben, die Sie bis zum Widerruf von uns erhalten haben. Ist die Rückgewähr einer Leistung ihrer Natur nach ausgeschlossen, lassen sich etwa verwendete Baumaterialien nicht ohne Zerstörung entfernen, müssen Sie Wertersatz dafür bezahlen.

Dieses Widerrufsrecht darf weder durch eine vorformulierte Klausel noch durch eine individuelle Vereinbarung aufgehoben oder umgangen werden. Nicht vorgesehen ist dieses Widerrufsrecht beim Architektenvertrag, für den dafür ein besonderes Kündigungsrecht besteht (Rn 354).

II. Die Änderung eines Bauvertrages während seiner Laufzeit und deren Folgen

1. Die Änderung des Vertrages durch eine Vereinbarung

Wenn während der Arbeiten von Architekt oder Unternehmer aus irgend- 350a welchen Gründen, sei es wegen auftretender technischer Probleme, fehlender Konkretisierung oder Änderung der Wünsche des Bauherrn die im betreffenden Vertrag festgelegten Werkleistungen geändert oder ergänzt werden müssen, ist das, auch wegen der Folgen für die vom Bauherr zu leistenden Vergütung im Falle einer beim Bauherrn oder Unternehmer bestehenden Kompromissbereitschaft durch eine einvernehmliche Regelung möglich.

Bei einem Bauträgervertrag ist eine Änderung vor einer Auflassung (Rn 98) nur gültig, wenn sie notariell beurkundet worden ist. Siehe dazu Rn 81.

2. Die Änderung des Vertrages durch eine einseitige Anordnung des Bauherrn

Kommt eine wie unter Rn 350a geschilderte einvernehmliche Regelung nicht 350b zustande, hat bei Architekten- oder Bauverträgen, aber nicht bei Bauträgerverträgen, der Bauherr ein Recht zur Anordnung einer Änderung der für Architekt oder Unternehmer festgelegten Leistungen (§ 650b). Er kann

1 den vereinbarten Werkerfolg oder

2. die zur Erreichung des Werkerfolgs notwendige Leistung ändern.

Beispielsweise ändert der Bauherr den Werkserfolg, wenn er nach Vertragsabschluss für sein geplantes Zweifamilienhaus einen Ausbau des Dachgeschosses zu einer dritten Wohnung wünscht, oder er ändert die vereinbarte Leistung, wenn er statt vorgesehenen Fenstern aus Kunststoff solche aus

Holz möchte. Eine bestimmte Form für das Änderungsbegehren ist nicht vorgeschrieben, es kann also auch mündlich, in Text- oder elektronischer Form geschehen.

Die Anordnung setzt voraus, dass die Parteien zunächst versucht haben, über die gewünschte Änderung und die vom Bauherrn infolge der Änderung zu leistenden Mehr- oder Mindervergütung eine einvernehmliche Änderung zu erreichen. Erzielen die Parteien dann binnen 30 Tagen nach Zugang des Änderungsbegehren über die Änderung und die etwaige Mehr- oder Mindervergütung keine Einigung, kann der Bauherr die Änderung anordnen. Die Änderungsanordnung muss mindestens in Textform (Rn 19) erfolgen.

Der Architekt oder Unternehmer ist verpflichtet, der formgerecht erklärten Anordnung nachzukommen, bei einer Anordnung einer Änderung des Werkerfolges aber nur, wenn ihm die Ausführung zumutbar ist.
Für die vom Bauherr zu leistende Vergütung hat die Anordnung zur Folge, dass die Mehr- oder Mindervergütung nach den tatsächlich erforderlichen Kosten mit angemessenen Zuschlägen für allgemeine Geschäftskosten, Wagnis und Gewinn zu berechnen ist (§ 650c). Für das dem Architekten zu zahlende Architektenhonorar ist die HOAI maßgebend.

Gibt es Streit über die Anordnung oder kommt der Unternehmer der Anordnung nicht nach, kann der Bauherr darüber unter erleichterten Bedingungen eine einstweilige Verfügung des Gerichts (§ 650d; Rn 390) beantragen. Genauso kann der Unternehmer oder Architekt diese einstweilige Verfügung bei Gericht beantragen, wenn über die vom Bauherrn infolge der Änderung zu zahlende Vergütung gestritten wird. Die Beantragung dieser einstweiligen Verfügungen ist für die Parteien gegenüber dem normalen unter Rn 390 geschilderten Verfahren insofern erleichtert, als sie einen Verfügungsgrund nicht glaubhaft machen müssen.

III. Die Kündigung des Bauvertrages durch Bauherr oder Unternehmer und deren Folgen

Im Gegensatz zu einem Bauträgervertrag kann ein Werkvertrag mit verschiedenen rechtswirksamen Kündigungen beendet werden:

1. Das Kündigungsrecht des Bauherrn, zu dem er keinen Grund benötigt

351 Solange Architekt oder Unternehmer ihre festgelegten Leistungen noch nicht voll erbracht haben, kann der Bauherr den Architekten- oder Bauvertrag jederzeit kündigen, ohne dass er dazu irgend einen Grund haben muss (§ 648). Ausgeschlossen ist dieses Kündigungsrecht nur beim Bauträgervertrag oder dann, wenn dieses Kündigungsrecht im Vertrag durch eine indivi-

duell vereinbarte Bestimmung (Rn 27) ausgeschlossen worden ist. Durch eine vorformulierte Klausel im Vertrag ist der Ausschluss unzulässig und deshalb unwirksam.

Spricht der Bauherr diese Kündigung ohne Grund aus, muss die vom Bauherr zuleistende Vergütung so berechnet werden, indem erbrachte und noch nicht erbrachte Leistungen gegeneinander abgegrenzt werden, beim Pauschalvertrag (Rn 340) nach dem Verhältnis des Wertes der bewirkten Leistung zum Wert der noch geschuldeten Leistung, also:

(1) Soweit im Zeitpunkt der Kündigung schon <u>Leistungen erbracht</u> sind, erhält der Architekt oder Unternehmer den für diese Leistungen vereinbarten Teil des Honorars oder Werklohns.

> Beispiel: Der Bauherr beauftragt den Architekten für die Erstellung eines Wohngebäudes nach Honorarzone III zu anrechenbaren Baukosten von 500.000 € mit allen Grundleistungen. Nach dem zwischen Bauherr und Architekt abgeschlossenen schriftlichen Vertrag soll der Architekt dafür ein Gesamthonorar in Höhe von 60.000 € erhalten. Nachdem der Architekt 52 % seiner Leistungen erbracht hat, kündigt der Bauherr den Architektenvertrag. Vom vereinbarten Honorar stehen dem Architekten also zunächst 52 %, also 31.200 € zu.

(2) Für vereinbarte im Zeitpunkt der Kündigung aber noch <u>nicht erbrachte Leistungen</u> erhält der Architekt oder Unternehmer die vereinbarte Vergütung abzüglich des Betrages, den sie infolge der Vertragsbeendigung an Aufwendungen ersparen oder durch eine anderweitige Verwendung der Arbeitskraft erwerben können. Die dem Architekten oder Unternehmer danach zustehende Vergütung beträgt im Zweifel 5 % der für die ausstehenden Leistungen vereinbarten Vergütung (§ 649 bzw. 648 S. 3).

> Beispiel: Im obigen Beispiel kann der Architekt für die noch nicht geleisteten Arbeiten 5 % von 28.800 = 1.440 € verlangen.

Nach der genannten Vorschrift wird <u>nur vermutet</u>, dass die angemessene Vergütung für nicht mehr mögliche Leistungen 5 % der vereinbarten Vergütung beträgt. Wenn der Architekt oder Unternehmer also nachweisen kann, dass unter Berücksichtigung der abzuziehenden Aufwendungen mehr als 5 %, z. B. 15 %, angemessen sind, erhält er 15 % = 4.320 €. Wenn der Bauherr nachweisen kann, dass weniger oder gar nichts angemessen ist, erhält der Unternehmer weniger oder nichts.

In Bauverträgen finden sich oft vorformulierte Klauseln (Rn 24 ff.), die einen höheren Prozentsatz als 5 % der für nicht erbrachte Leistungen vereinbarten Vergütung geschuldet werden. Ein Prozentsatz von 10 % wurde vom BGH schon akzeptiert, während in einem anderen gerichtlich entschiedenen Fall 18 % als unangemessen und damit die Klausel als unwirksam angesehen wurde.

Voraussetzung für die Fälligkeit der unter (1) und (2) geschilderten Vergütung ist aber eine Abnahme der bis zur Kündigung erfolgten Leistung des Architekten oder Unternehmer, soweit eine solche möglich ist.

Die geschilderte Berechnung der Vergütung des Bauherrn ist auch anzuwenden, wenn der Vertrag mit dem Bauherrn nicht durch eine Kündigung, sondern durch eine einvernehmliche Aufhebung endet und über die Vergütung nichts anderes vereinbart wird.

2. Das Kündigungsrecht des Bauherrn wegen Überschreitung des Kostenanschlags

352 Wenn dem Architekten- oder Bauvertrag ein Kostenanschlag (Rn 339) zugrunde liegt, für dessen Richtigkeit der Unternehmer aber keine Gewähr übernommen hat, kann der Bauherr den Bauvertrag kündigen, wenn sich herausstellt, dass der Kostenanschlag <u>überschritten</u> wird (§ 649). Kündigt der Bauherr dann, muss er dem Architekten bzw. Unternehmer nur die bereits geleisteten Arbeiten vergüten. Etwaige Vorschüsse für noch nicht geleistete Arbeiten müssen zurückbezahlt werden. Konnte der Bauherr nicht kündigen, weil ihm der Unternehmer das Überschreiten der Kosten entgegen seiner Verpflichtung nicht mitteilte, muss der Bauherr nur die Vergütung bezahlen, die angefallen wäre, wenn der Bauherr in dem Zeitpunkt gekündigt hätte, zu dem ihm die Überschreitung hätte mitgeteilt werden müssen.

3. Das Kündigungsrecht von Bauherr und Unternehmer wegen eines wichtigen Grundes

353 Bei einem auf eine gewisse Dauer angelegten Vertragsverhältnis (sogenanntes Dauerschuldverhältnis) sieht das Gesetz vor, dass einer der Vertragspartner, also hier Bauherr, Architekt oder Unternehmer, solange die Leistungen noch nicht voll erbracht sind, den Vertrag kündigen kann, wenn ihr *„unter Berücksichtigung aller Umstände des Einzelfalls und unter Abwägung der beiderseitigen Interessen die Fortsetzung des Vertragsverhältnisses nicht zugemutet werden kann"*, wenn z. B. die andere Vertragspartei eine Vertragsverletzung von solchem Gewicht begeht, dass für die andere Partei die Fortsetzung des Vertrages nicht zumutbar ist. Das ist ein <u>wichtiger Grund</u> (§ 314 bzw. § 648a).

Beispiele: Es zeigen sich grobe Mängel der bisherigen Teilarbeit des Unternehmers; - Grober Vertrauensmissbrauch, weil der Architekt sich vom Unternehmer eine Provision zahlen lässt, oder weil der Bauherr Arbeiter des Unternehmers während der von diesem bezahlten Arbeitszeit für sich schwarz arbeiten lässt, oder nach Feierabend in erheblichem Umfang; - Mehrfaches Nichteinhalten fest vereinbarter Termine oder Fristen; - Der Unternehmer stellt zur Durchsetzung eines unberechtigten Nachtrags oder weil er unberechtigt den Vertrag gekündigt hat seine Arbeiten ein; - eine verbindlich vereinbarte Baukostenobergrenze wird überschritten.

Die Kündigung wegen eines wichtigen Grundes ist auch nur wegen eines Teiles der noch nicht erbrachten Leistung zulässig, wenn der Architekt oder Unternehmer in der Lage ist, die nicht gekündigte Leistung ohne Beeinträchtigung zu erbringen.

Wenn der wichtige Grund in einer Pflichtverletzung besteht, deren Folgen noch beseitigt werden kann, muss in der Regel vor Ausspruch der Kündigung eine angemessene Frist zur Abhilfe gesetzt werden oder eine Abmahnung erfolgen (§ 314 Abs. 2 bzw. § 648a Abs. 3)
Da ein Bauträgervertrag nicht auf eine gewisse Dauer angelegt ist, sieht das Gesetz für diesen keine Kündigungsmöglichkeit vor.
Wird der Vertrag aus wichtigem Grund gekündigt, sei es vom Bauherrn oder Architekt bzw. Unternehmer, kann der Unternehmer vom Bauherrn nur eine Vergütung für die bis zur Kündigung erbrachten Leistungen verlangen., etwaige Vorschüsse für noch nicht geleistete Arbeiten muss er zurückbezahlen. Eine etwaige Berechtigung des Kündigenden zum Schadenersatz wird durch die Kündigung nicht ausgeschlossen.

4. Die Sonderkündigungsrechte von Bauherr und Architekt beim Architekten- oder Ingenieurvertrag (§ 650r)

Haben Bauherr und Architekt einen Architektenvertrag abgeschlossen und dabei die wesentlichen Planungs- und/oder Überwachungsziele noch nicht festgelegt, sodass der Architekt zunächst eine Planungsgrundlage zur Ermittlung dieser Ziele erstellen und diese dem Bauherrn zusammen mit einer Kosteneinschätzung für das Vorhaben zur Zustimmung vorlegen muss (Rn 294), kann der Bauherr den Architektenvertrag innerhalb von 2 Wochen ab Vorlage der Planungsunterlagen mit Kostenschätzung kündigen.
Ist der Bauherr Verbraucher, erlischt das Kündigungsrecht nach den 2 Wochen nur, wenn der Architekten bei Vorlage der Unterlagen den Bauherrn in Textform über dieses Kündigungsrecht, die Frist von 2 Wochen und die Rechtsfolge der Kündigung unterrichtet hat. 354a

Nach Übergabe der unter Rn 294 und 354a genannten Unterlagen an den Bauherr kann der Architekt dem Bauherrn eine angemessene Frist für die Zustimmung zu den vorgeschlagenen Plangrundlagen setzen. Verweigert der Bauherr die Zustimmung oder gibt er innerhalb der Frist keine Erklärung zu den Unterlagen ab, kann der Architekt den Vertrag kündigen. 354b

Die Folge dieser Kündigung durch den Bauherrn oder Architekt ist, dass der Architekt nur die Vergütung verlangen kann, die auf bis zur Kündigung erbrachte Leistungen entfällt. 354c

5. Das Kündigungsrecht von Architekt und Unternehmer bei Unterbleiben notwendiger Leistungen durch den Bauherrn

355 Abgesehen bei Vorliegen eines wichtigen Grundes darf der Unternehmer einen Bauvertrag kündigen, wenn der Bauherr eine für die Bauarbeiten notwendige Handlung (Rn 347) nicht vornimmt (§ 643).

Beispiele: Der Bauherr liefert keine Pläne; - der Bauherr verwehrt dem Unternehmer das Betreten der Baustelle; - der Bauherr sorgt nicht für eine erforderliche Genehmigung.

Vorher muss der Unternehmer dem Bauherrn aber eine angemessene Frist zur Erfüllung seiner Pflicht setzen und die Kündigung ankündigen.
Außerdem kann der Unternehmer dem Bauherrn kündigen, wenn er dem Bauherrn erfolglos eine Frist zur Leistung einer Sicherheit (Rn 345) gesetzt hat.
Für die dem Unternehmer in diesen Fällen zustehende Vergütung gilt das gleiche wie bei einer grundlosen Kündigung des Bauherrn (Rn 351).

6. Die Form der oben beschriebenen Kündigungen

356 Die Willenserklärung „Kündigung" ist normalerweise formlos, also auch mündlich gültig. Eine bestimmte andere Form ist nur erforderlich, wenn das gesetzlich vorgeschrieben ist. Für jede Kündigung eines Architekten- oder Bauvertrages schreibt § 650h jetzt vor, dass eine Kündigung nur rechtswirksam ist, wenn sie mindestens schriftlich (Rn 16) erfolgt.

IV. Das Recht zum Rücktritt vom Vertrag

357 Abgesehen von dem Fall, dass einer Vertragspartei im Vertrag ein „vertragliches Rücktrittsrecht" (Rn 108) eingeräumt worden ist, was bei Werk- bzw. Bauverträgen selten vorkommt, gibt es ein gesetzliches Rücktrittsrecht einer Vertragspartei, wenn die andere Vertragspartei schuldhaft ihre Leistungspflichten nicht oder nicht so wie geschuldet erfüllt. Dann kann dieser Partei eine angemessene Nachfrist zur Vertragserfüllung gesetzt werden, nach deren fruchtlosem Ablauf die vertragstreue Partei vom Vertrag zurücktreten kann (§§ 280 Abs. 1, 323 Abs. 1). Der Rücktritt ist im Gegensatz zur einer Kündigung des Vertrages formlos, also auch mündlich rechtswirksam.
Keine Nachfrist muss z. B. gesetzt werden, wenn der Verpflichtete seine Leistung ernsthaft und endgültig verweigert (§§ 281 Abs. 2, 323 Abs. 2).

Beispiel: Der Bauherr B vereinbart im Spätfrühjahr 2017 mit dem Unternehmer U, dass dieser in der Zeit vom 03. bis 14.07.2017 am Haus des Bauherrn eine Wärmedämmung anbringen soll. Dann schließt er mit dem Architekten A einen Architektenvertrag, in dem sich A verpflichtet, die Arbeiten des U in der genannten Zeit zu überwachen (Grundleistung Nr. 8, Rn 295f). Am 26.6.2017 teilt A dem B mit, dass er die Arbeiten nicht überwacht wird, weil er während dieser Zeit überraschender weise an einer für ihn sehr wichtigen Fortbildungsveranstaltung teilnehmen wird. Der Bauherr kann vom Vertrag mit dem Architekten zurücktreten (§§ 280 Abs. 1, 323) und die Überwachung von einem anderen Architekten durchführen lassen.

Die Folge eines Rücktritts ist, dass die Vertragsparteien etwa empfangene Leistungen einander zurückgewähren müssen (§ 346). Ein in obigem Beispiel vom Bauherrn an den Architekten für noch nicht geleistete Arbeiten gezahlter Vorschuss muss dieser zurückerstatten.

Eine etwaige Berechtigung zum Schadenersatz wird durch den Rücktritt nicht ausgeschlossen. Findet B in obigem Beispiel nur einen Architekten, der gegen ein höheres Honorar die Überwachung übernimmt, kann er von A die ihm entstehenden Mehrkosten als Schadenersatz verlangen (§§ 280 Abs. 1, 281).

V. Die Pflicht zur Leistung von Schadenersatz

Zur Schadenersatzverpflichtung einer Partei wegen schon bei den Vertragsverhandlungen begangener Pflichtverletzungen siehe Rn 104. Hier geht es um die Folgen, wenn Bauherr, Architekt oder Unternehmer ihre nach dem Vertrag bestehenden Verpflichtungen nicht rechtzeitig, nicht richtig oder überhaupt nicht erfüllen.

Die Pflicht zur Erstattung eines Verzugschadens

Erfüllt eine Vertragspartei eine Verpflichtung nicht zur oder innerhalb der vereinbarten Zeit, kann er für den der anderen Vertragspartei entstandenen Schaden haften (§§ 280 Abs. 2, 286). Bedingung ist aber, dass die Voraussetzungen eines Verzuges (Rn 35) gegeben sind.   358

> Beispiele: Der Bauherr bezahlt den dem Dachdecker zustehenden Restwerklohn auch auf dessen Mahnung nicht. Er schuldet ab Zugang der Mahnung Verzugszinsen in Höhe von mindestens 5 % über dem Basiszins; - Nach dem Bauvertrag muss der Unternehmer restliche Arbeiten zwischen dem 07.06. und 28.06. ausführen, damit der Bauherr am 30.06. einziehen kann. Obwohl die vorherigen Bauarbeiten rechtzeitig fertig waren, beginnt der Unternehmer so spät, dass seine Arbeiten erst am 15.07. fertig sind. Er hat den dem Bauherrn durch die Verzögerung entstehenden Schaden zu ersetzen, z. B. eine vom Bauherrn noch an seinen bisherigen Vermieter zu zahlende Miete oder einen Mietzinsverlust, wenn der Bauherr die Wohnung seinem Mieter statt am 01.07. erst am 01.08. zur Verfügung stellen kann.

Sind im Architektenvertrag bestimmte Fristen oder Termine festgelegt, lässt sich ein Verzug meist leicht feststellen. Wenn z. B. vereinbart ist, dass die Bauvorlagen bis spätestens 30.11. fertiggestellt sein müssen, befindet sich der Architekt ab 1.12. in Verzug, wenn er die Bauvorlagen aus von ihm zu vertretenden Gründen nicht fertiggestellt hat. Oder ist vereinbart, dass der Architekt die für den Baugenehmigungsantrag erforderlichen Bauvorlagen innerhalb von 6 - 8 Wochen fertig zu stellen hat, kann der Bauherr ihn nach der 8. Woche mahnen. Leistet der Architekt auf die Mahnung nicht, kommt er mit seiner Leistung in Verzug. Der Schaden des Bauherrn kann z. B. darin bestehen, dass er einen zugesagten Zuschuss nicht mehr erhält.

Unverschuldet ist die verzögerte Fertigstellung der Arbeiten durch einen Unternehmer z. B., wenn die Witterung die Durchführung der Arbeiten nicht zugelassen hat.

Um nötigen Druck auf den Unternehmer ausüben zu können, kann der Bauherr im Vertrag mit dem Unternehmer auch eine Vertragsstrafe (Rn 383) für den Fall der verspäteten Fertigstellung der Arbeiten festlegen lassen, z. B. die Verpflichtung zur Zahlung eines bestimmten Betrages für jeden Arbeitstag der Fristüberschreitung. Für die vereinbarte Vertragsstrafe gilt: Sie muss vom Unternehmer bezahlt werden, wenn er in Verzug gerät. Die Vertragsstrafe ist aber auf einen sonstigen Verzugschaden anzurechnen.

2. Die Pflicht zur Erstattung anderer Schäden

359 Abgesehen von einer unter Rn 360 ff. beschriebenen Haftung für Mängel kommt eine Schadenersatzverpflichtung des Architekten oder Unternehmers infrage, wenn diese schuldhaft eine Verpflichtung verletzen:

Ist z. B. in einem Bauvertrag auf Grund einer „individuellen" getroffenen Vereinbarung (Rn 27) ausnahmsweise für die Gewährleistung die nach der VOB nur 2 Jahre geltende Verjährungsfrist festgelegt, muss der Architekt den Bauherrn beim Auftreten von Mängeln besonders darauf hinweisen (Rn 295g). Sonst muss er den Bauherrn so stellen, als gelte die 5 Jahre dauernde Frist des BGB.

Verletzt der mit der Planung (Phasen 1 – 6) und Objektüberwachung (Phase 8) beauftragte Architekt die Verpflichtung, bei der Feststellung eines Mangels den Bauherrn auch über einen etwaigen eigenen Planungsfehler als Ursache zu unterrichten (Rn 295f), und ist die Gewährleistungsfrist von 5 Jahren für diesen Mangel bereits abgelaufen, muss er den Bauherrn im Wege des Schadenersatzes so stellen, wie wenn die Gewährleistungsfrist noch nicht abgelaufen wäre, also die Gewährleistungsrechte des Bauherrn erfüllen (= sogenannte Sekundärhaftung).

Oft gibt es Streit zwischen Architekt und Bauherr, wenn das Bauvorhaben mehr als geplant kostet. Auch dann kann eine mangelhafte Leistung des Architekten gegeben sein: Der Architekt ist gegenüber dem Bauherrn zum Schadenersatz wegen Überschreitung der Bausumme verpflichtet, wenn diese darauf zurückzuführen ist, dass der Architekt schuldhaft die Kosten falsch geschätzt hat. An einem Verschulden fehlt es z. B., wenn die höheren

Kosten durch unvorherzusehende Kostensteigerungen, oder durch zusätzliche Bauleistungen oder Änderungswünsche entstanden sind.

Für den Bauherrn ist es in der Regel schwierig, dem Architekten ein Verschulden nachzuweisen, ausgenommen dem Architekten ist z. B. ein grober Rechenfehler unterlaufen. Eine geringfügige Kostenüberschreitung spricht niemals für eine Pflichtverletzung. Sogar Kostenüberschreitungen bis zu 50 % können nach der Rechtsprechung immer noch innerhalb des Karenzbereiches liegen, bei dem der Bauherr eine Pflichtverletzung des Architekten beweisen muss. Bei einer höheren, also über 50 % liegenden Überschreitung muss dann aber der Architekt beweisen, dass diese von ihm nicht verschuldet worden ist.

Ist ein Verschulden des Architekten an der Kostenüberschreitung gegeben, ist die nächste Frage, welcher Schaden dem Bauherrn dadurch entstanden ist. Meist besteht ein Schaden bei einer Kostenüberschreitung nicht am Bauwerk, da dieses eben mehr wert ist. Der Schaden kann jedoch darin liegen, dass der Bauherr höhere Kosten finanzieren muss.

Wenn der Bauherr die von ihm nicht einkalkulierten höheren Herstellungskosten als Schaden geltend macht, müssen bei der Berechnung des Schadens der Verkehrswert des Bauwerks und etwaige steuerliche Vergünstigungen abgezogen werden.

Vereinbaren Bauherr und Architekt eine bestimmte Baukostenobergrenze (Rn 289), kann der Bauherr im Falle deren Überschreitung zum Schadenersatz berechtigt sein. Im Streitfall muss der Bauherr neben seinem Schaden darlegen und beweisen, dass die Baukostenobergrenze vereinbart worden ist, während der Architekt eine etwaige Änderung der Baukostenobergrenze nach oben oder unten darlegen und beweisen muss.

D. Die Gewährleistungspflicht des Architekten oder Unternehmers und die Gewährleistungsrechte des Bauherrn

Dem Käufer einer Immobilie stehen Gewährleistungsrechte nach den §§ 434 ff. zu, die im 2. Kapitel unter Rn 110 ff. beschrieben sind. Dem Bauherrn stehen, wenn die geschuldete Leistung oder das hergestellte Bauwerk mangelhaft ist, Gewährleistungsrechte gegen den Architekten oder Unternehmer nach Werkvertragsrecht der §§ 633 ff. zu, die nachstehend beschrieben werden.

I. Die Gewährleistungspflicht von Architekt und Unternehmer

1. Gewährleistungspflicht und Garantie

Im Gegensatz zu einem Dienstverpflichteten, z. B. einem Arbeitnehmer, haftet der aus einem Werkvertrag Verpflichtete für den Erfolg seiner Leistung. Der Architekt haftet dafür, dass die am Bau tätigen Unternehmer das Bau-

360

201

werk plangerecht und mangelfrei, also ohne Fehler und mit den zugesicherten Eigenschaften herstellen können, das heißt „in der vereinbarten Beschaffenheit" (§ 633). Er und der Unternehmer haften dafür, dass das Bauwerk keinen auf ihre Leistungen zurückzuführenden Mangel aufweist, und –so die Rechtssprechung des BGH – dass das Werk mindestens dem im Zeitpunkt der Herstellung bestehenden <u>Stand der Technik</u> entsprechend beschaffen ist. Das gilt auch, ohne dass das oder z. B. die Geltung von Teil C der VOB (Rn 325d, 334a) ausdrücklich vereinbart oder im Vertrag festgelegt worden ist oder wenn der Stand der Technik zwischen Vertragsabschluss und Abnahme geändert worden ist.

361 Der <u>Bauträger</u> pflegt das Bauwerk in der Regel nicht selbst, sondern durch von ihm beauftragte Unternehmer herstellen zu lassen. Bei einer mangelhaften Ausführung der Arbeiten besteht daher eine Gewährleistungspflicht der beauftragten Unternehmer gegenüber dem Bauträger, dem die unter Rn 368 ff. beschriebenen Gewährleistungsrechte zustehen, während er wiederum gegenüber dem Bauherrn für eine mangelhafte Leistung der Handwerker einstehen muss. Bauträger pflegen deshalb im Bauvertrag mit dem Bauherrn ihre eigenen Gewährleistungsrechte gegen die von ihnen beauftragten Handwerker oder Unternehmer an den Bauherrn abzutreten. Das hat dann zur Folge, dass der Bauherr sich bei Mängeln direkt mit den einzelnen Handwerkern herumschlagen muss. Für den Bauherrn ist es deshalb ratsam, eine solche Abtretung im Bauvertrag möglichst nicht zu akzeptieren. Muss der Bauherr im Bauvertrag eine Abtretung hinnehmen, sollte er darauf bestehen, dass in den Vertrag die Verpflichtung des Bauträgers aufgenommen wird, die Gewährleistungsrechte des Bauherrn gegenüber den vom Bauträger beauftragten Unternehmern notfalls für den Bauherrn gerichtlich geltend zu machen.

Außerdem haftet der Bauträger dem Bauherrn entgegen einer vereinbarten Abtretung der Gewährleistungsrechte für Mängel direkt, wenn und soweit der Bauherr seine Gewährleistungsrechte gegenüber dem die Leistung ausführenden Handwerker nicht realisieren kann, weil dieser z. B. in Insolvenz geraten ist, oder weil der abgetretene Anspruch des Bauträgers gegen den Handwerker schon nach 2 Jahren verjährt ist, weil zwischen Bauträger und Handwerker die VOB vereinbart war. Deshalb ist es für einen Bauträger oder Generalunternehmer andererseits wichtig, mit seinen Handwerkern oder Unternehmern nicht die 2 - jährige Verjährungsfrist nach VOB sondern auch die 5 - jährige Frist nach BGB zu vereinbaren. Er läuft sonst Gefahr, seinem Bauherrn noch zu haften, wenn er selbst gegen den Einzelunternehmer oder Handwerker wegen Verjährung keine Gewährleistungsrechte mehr geltend machen kann.

Einen <u>Baubetreuer</u> trifft dagegen keine Gewährleistung für Mängel am errich- 362
teten Bauwerk gegenüber dem Bauherrn. Diese trifft hier den einzelnen am
Bau tätigen Unternehmer (Architekt, Bauunternehmer, Zimmermann,
Dachdecker usw.), da der Baubetreuer die entsprechenden Verträge mit
den Unternehmern im Namen des Bauherrn abgeschlossen hat. Der Baubetreuer ist jedoch verpflichtet, für die Beseitigung von Mängeln durch den
jeweils Verpflichteten zu sorgen, es sei denn, dass diese Verpflichtung im
Vertrag ausgeschlossen worden ist. Der Baubetreuer hat z. B. auch die
Pflicht zu prüfen, ob die Bauausführung mit den Flächenangaben im Prospekt und den abgeschlossenen Verträgen übereinstimmt.

Wenn in einem Werkvertrag von einer "<u>Garantie</u>" die Rede ist, kann das je 363
nach dem Willen der Vertragsparteien verschiedenes bedeuten, nämlich:
* Die Zusicherung einer bestimmten Eigenschaft (Beschaffenheitsverein-
  barung), oder
* die Übernahme einer besonderen Verpflichtung neben der Gewährleistungspflicht, z. B. den Bauherrn im Falle einer unerwarteten Entwicklung
  schadlos zu stellen, oder auch für Mängel haften zu wollen, deren Ursache erst nach Gefahrübergang eingetreten sind, oder
* nur eine andere Bezeichnung der gesetzlichen Gewährleistungspflicht.
Welche Bedeutung gemeint ist, muss durch Auslegung der Vereinbarung im
Vertrag ermittelt werden, in der Regel wird unter Garantie die zuletzt genannte Bedeutung verstanden.

2. Der Rechtsmangel und der Sachmangel

Ein <u>Rechtsmangel</u> (§ 633 Abs. 3) besteht, wenn eine andere Person in Be- 364a
zug auf das Werk Rechte geltend machen kann, die der Bauherr nicht etwa
im Werkvertrag übernommen hat.
  Beispiel: Versorgungsleistungen (Strom-, Wasser-, Abwasserleitungen)
  werden bei Bau des Hauses durch das Grundstück des Nachbarn geführt, der vom Bauherrn die Beseitigung der Leistungen verlangen kann.

Beim <u>Sachmangel</u> (§ 633 Abs. 2) wird auf die „Beschaffenheit" des Bau- 364b
werks abgestellt, also auf dessen tatsächlichen Zustand. Kein Sachmangel ist
gegeben, wenn das Bauwerk der vereinbarten Beschaffenheit entspricht
und sich für die nach dem Vertrag vorgesehene oder für die gewöhnliche
Verwendung eignet. Neben der Vereinbarung sind auch andere Umstände,
z. B. Angaben in einem Prospekt maßgebend. Siehe Beispiele unter Rn 365.

Bei der Abnahmepflicht des Bauherrn (Rn 300 ff., 338) und dessen Gewähr- 364c
leistungsrechten (Rn 368 ff.) wird noch zwischen <u>unwesentlichen</u> und <u>we-
sentlichen</u> Mängeln unterschieden: Unwesentlich ist ein Mangel, wenn er
die Gebrauchstauglichkeit des hergestellten Werkes nicht beeinträchtigt
und im Falle seiner Behebbarkeit mit geringem Kosten- und Zeitaufwand

behoben werden kann, insbesondere bei geringfügigen optischen Beeinträchtigungen.

> Beispiele: Bei der Dacheindeckung sind versehentlich 5 andersfarbige Dachpfannen verwendet worden; - in einem der 5 Zimmer des Hauses ist die neue Tapete an einer Stelle etwas eingerissen; - die Wohnfläche der Wohnung hat statt 120 qm nur 118 qm.

364d Soweit eine Gewährleistungspflicht des Architekten oder Unternehmers nicht nach Rn 367 ausgeschlossen ist, haften diese für einen Mangel an ihrer <u>Leistung</u> oder ihrem <u>Werk</u>, der im <u>Zeitpunkt der Abnahme</u> vorhanden ist. Keine Rolle spielt, ob der Mangel sichtbar, versteckt vorhanden oder erst später erkennbar geworden ist. Nur wenn ein Mangel erst nach der Abnahme und damit nach Gefahrübergang (Rn 300) entsteht, haften Architekt oder Unternehmer nicht.

> Beispiel: Der Dachdecker haftet, wenn vor Abschluss seiner Arbeiten, also vor Abnahme derselben bei einem Unwetter mehrere Dachplatten beschädigt werden. Geschieht das erst nach der Abnahme, geht der Schaden den Dachdecker nichts mehr an.

Bei einem Streit über die Haftung für einen Mangel muss bis zur Abnahme der Unternehmer beweisen, dass kein Mangel gegeben ist, nach der Abnahme muss der Bauherr beweisen dass ein Mangel gegeben war.

364e Ob der Mangel vom Unternehmer <u>verschuldet worden ist</u>, kommt es zunächst nicht an, denn er haftet auch für ohne sein Verschulden eingetretene Mängel. Er haftet z. B. für beim Bau verwendete mangelhafte Ziegel, auch wenn er dem Ziegel den Mangel nicht ansehen konnte. Ein Verschulden spielt dagegen bei der Frage eine Rolle, welche Gewährleistungsansprüche der Bauherr geltend machen kann (Rn 374).

365a Für vom Architekten zu vertretende Mängel kommen beispielsweise infrage:

> Der Architekt berät den Bauherrn fehlerhaft, - oder er berechnet den Wärmebedarf, die Wohnfläche oder die Baukosten falsch oder schätzt letztere falsch, - es unterläuft ihm ein Fehler bei der Rechnungsprüfung, - oder er erfüllt Teile der von ihm in einzelnen Phasen zu erbringende Leistungen gar nicht, wenn er z. B. in Phase 2 nur eine Kostenschätzung, in Phase 3 keine Kostenberechnung macht, oder eine Phase überhaupt nicht erbringt..

Ein fehlerträchtiger Bereich bei der Leistung eines Architekten ist die <u>Planung</u>: die <u>Objektüberwachung</u>:

> Beispiele: Der Architekt plant eine zu geringere Raumhöhe, - oder eine unzweckmäßige Konstruktion, - oder eine Tiefgarage, die nicht den öffentlich-rechtlichen Vorschriften entspricht und von Mittelklassewagen nicht benutzt werden kann; - oder ein nicht genehmigtes oder nicht genehmigungsfähiges Bauwerk, ausgenommen dem Bauherrn sind die

möglichen Risiken oder Einwände von Baubehörde oder Nachbarn bekannt, - oder eine fehlerhafte Deckenaufhängung, Balkonabdichtung oder Bauwerksabdichtung gegen Wasser, - oder die Verwendung nicht brauchbaren Materials; - Andererseits kann ein Sachmangel auch darin bestehen, dass durch eine Überdimensionierung von Bauteilen unnötige Mehrkosten entstehen. Übernimmt ein zweiter vom Bauherrn beauftragter Architekt für seine Leistungen Pläne des vom Bauherrn gekündigten Vorgängers, haftet er und nicht der Bauherr für Fehler der Pläne, denn der 2. Architekt darf Pläne nicht ungeprüft übernehmen. Verletzt der Statiker bei seiner Planung einfache bauphysikalische Regeln, haftet dafür auch der Architekt, der diese Regeln auch kennen muss, z. B. dass bei unterschiedlichen Baumaterialien Dehnfugen vorzusehen sind.

Ein weiterer fehlerträchtiger Bereich bei der Leistung eines Architekten ist die Ausführung der Planung:

Beispiele: Der vom Architekten vorbereitete Vertrag mit Bauhandwerkern ist unklar oder fehlerhaft, - eine Ausschreibung ist fehlerhaft, oder eine verbindlich vereinbarte Baukostenobergrenze oder Kostenrahmen wird aus nicht vom Bauherrn zu vertretenden Gründen überschritten, der Architekt übersieht Mängel einer Unternehmerleistung,

Ein fehlerträchtigster Bereich bei der Leistung eines Architekten ist die Objektüberwachung. Bestehen z. B. am fertigen Bauwerk oder auch schon an Werkleistungen einzelner Unternehmer grobe Mängel oder solche an besonders schadenträchtigen Bauteilen, wird eine Verletzung der Überwachungspflicht durch den Architekten sogar vermutet.

Vom Unternehmer zu vertretende Mängel ihrer Leistung treten insbesondere auf, wenn die anerkannten Regeln der Baukunst, Anweisungen des Architekten oder Anleitungen und Verarbeitungshinweise von Baustoffherstellern nicht beachtet werden. Im letzteren Fall ist die Leistung des Unternehmers dann mangelhaft, wenn der Bauherr dadurch eine Herstellergarantie verliert. Ebenso führen Verstöße gegen die anerkannten Regeln der Technik – siehe Rn 325c, Teil C der VOB – zu Mängeln. 365b

Weitere Beispiele: Das verwendete Material ist nicht brauchbar, - Material führt zu Ausdünstungen, - die Werkleistung ist für Folgeleistungen anderer Unternehmer ungeeignet, - die Kellerabdichtung ist fehlerhaft, - Beschränkte Benutzbarkeit eines Raumes wegen zu geringer Höhe; - Minderfläche einer vereinbarten Wohnfläche.

3. Zusammentreffen von Gewährleistungspflichten mehrerer Unternehmer

Bei fehlerhaften Leistungen des Architekten oder der bei den Arbeiten für 366
die Herstellung oder den Umbau eines Bauwerks tätigen Unternehmer kommt deren alleinige oder gemeinsame Haftung für die Gewährleistungsansprüche des Bauherrn infrage:

Fall 1: Der im Zeitpunkt der Abnahme der Werkleistung des Unternehmers vorhandene Sachmangel ist auf eine fehlerhafte Leistung des Architekten zurückzuführen, was z. B. bei einem auf einen Planungsfehler zurückzuführenden Mangel in der Regel der Fall ist. Dann haftet für die Gewährleistungsansprüche des Bauherrn der Architekt allein, besonders wenn der Unternehmer gegen den Plan des Architekten Bedenken erhob.

Fall 2: Der im Zeitpunkt der Abnahme der Werkleistung des Unternehmers vorhandene Sachmangel ist allein auf die Werkleistung eines Unternehmers oder Handwerkers zurückzuführen und konnte auch durch eine ordnungsgemäße Bauüberwachung durch den Architekten nicht vermieden werden. Dann haftet der Unternehmer oder Handwerker für die Gewährleistungsansprüche in der Regel dieser allein.

Fall 3: Hätte der im Zeitpunkt der Abnahme der Werkleistung des Unternehmers vorhandene Sachmangel bei ordnungsgemäßer Bauüberwachung nicht entstehen können, haften Architekt und Unternehmer oder Handwerker gemeinsam für die Gewährleistungsansprüche des Bauherrn. Weist die Bauleistung z. B. erhebliche leicht erkennbare Mängel auf, spricht der Anschein dafür, dass der Architekt seiner Überwachungspflicht nicht genügend nachgekommen ist und deshalb mithaftet.
Bei einer solchen gemeinsamen Haftung muss der Bauherr zunächst dem Unternehmer oder Handwerker eine angemessene frist zur Nacherfüllung (Rn 369) setzen. Erst wenn dieser dann seiner Verpflichtung nicht nachkommt, kann der Bauherr den Architekten zusammen mit dem Unternehmer oder Handwerker in Anspruch nehmen (§ 650t).

Fall 4 : Ist der im Zeitpunkt der Abnahme der Werkleistung des Unternehmers vorhandene Sachmangel auf die Werkleistung mehrerer Unternehmer oder Handwerker zurückzuführen, haften diese für die Gewährleistungsansprüche des Bauherrn gemeinsam. Der Bauherr kann seine Gewährleistungsansprüche nur gegenüber einem dieser Haftenden oder gegen sie alle gemeinsam geltend machen, erhält aber die Gewährleistung nur einmal. Eine andere Frage ist dann, ob und in welchem Umfang einer der Haftenden gegen den anderen im Innenverhältnis einen Ausgleich verlangen kann (§ 426).

4. Der Ausschluss der Gewährleistungspflicht

367   Die Gewährleistungspflicht von Architekt oder Unternehmer besteht in folgenden Fällen ausnahmsweise nicht:
- Wenn der Bauherr bei der Abnahme der Leistung des Architekten (Rn 300 ff.) oder des Unternehmers (Rn 338) einen Mangel kennt, muss er sich spätestens bei der Abnahme seine Gewährleistungsrechte vorbehalten. Tut er das nicht, verliert er die nach Rn 368 ff. zustehenden Gewährleistungsrechte (§ 640 Abs. 2) hinsichtlich dieses Mangels, ausgenommen einen etwaigen Schadenersatzanspruch (Rn 374).

- Ein stillschweigender und auch zulässiger Gewährleistungsausschluss wird angenommen, wenn der Mangel auf die nicht vom Unternehmer stammende Leistungsbeschreibung, auf eine Anordnung des Bauherrn oder auf einen von diesem zur Verfügung gestellten Baustoff zurückzuführen ist, ausgenommen der Unternehmer hat den Bauherrn schuldhaft auf den zu erwartenden Mangel nicht hingewiesen. Ebenso wird ein Ausschluss der Gewährleistungspflicht angenommen, wenn der Unternehmer den Bauherrn ausdrücklich auf bei der geplanten Ausführung bestehende bestimmte erhebliche Risiken hingewiesen hat.
- Keine Gewährleistungspflicht von Architekt oder Unternehmer besteht auch, wenn im Vertrag diese ausdrücklich ausgeschlossen worden ist. Bei der Herstellung eines neuen Gebäudes oder einer Wohnung ist ein solcher vertraglicher Ausschluss der Gewährleistungsverpflichtung nicht zulässig und deshalb unwirksam, weil der Bauherr dadurch unangemessen benachteiligt würde. Zu einer Ausnahme beim Abschluss eines notariellen Vertrages siehe unter Rn 116.
  Auch ein zulässiger Ausschluss oder eine zulässige Beschränkung der Gewährleistungspflicht, z. B. bei einer Reparaturarbeit gilt nicht, wenn der Unternehmer den Mangel arglistig verschwiegen oder eine Garantie für die Beschaffenheit der Leistung übernommen hat (§ 639).
- Der Architekt oder Unternehmer kann eine Beseitigung eines Mangels verweigern, wenn die nach Rn 369a mögliche Nacherfüllung nur mit unverhältnismäßigem Aufwand oder unverhältnismäßigen Kosten möglich wäre, wenn z. B. der Erfolg einer Mängelausbesserung in keinem vernünftigen Verhältnis zur Höhe des dafür notwendigen Aufwands steht, wenn bei einem objektiv geringen Interesse des Bauherrn vom Unternehmer erhebliche und vergleichsweise unangemessene Aufwendungen verlangt würden. Dabei ist auch ein Verschulden des Unternehmers am Mangel zu berücksichtigen.
  Hauptsächlich bei geringen Schönheits- oder optischen Mängeln wird von einem objektiv geringen Interesse des Bauherrn ausgegangen.

Wenn der Unternehmer die Nacherfüllung wegen unangemessen hoher Kosten berechtigterweise verweigert, kann der Bauherr aber die Unverhältnismäßigkeit durch das Angebot einer Zuzahlung beseitigen.

II. Die Gewährleistungsrechte des Bauherrn

Kann der Bauherr bei Fälligkeit einer von ihm geschuldeten Vergütung vom Architekten oder Unternehmer die Beseitigung eines Mangels verlangen, kann er einen angemessenen Teil der dem für den Mangel Haftenden zustehenden Vergütung zurückbehalten, in der Regel das Doppelte der für die Beseitigung des Mangels entstehenden Kosten (§ 641 Abs. 3). Nicht dazu gehören vom Unternehmer auch zu erstattender Mangelfolgekosten.

368

Im Falle des Einbehalts eines Teils der Vergütung oder wenn kein Einbehalt erfolgt oder möglich ist, und die Gewährleistungspflicht von Architekt oder Unternehmer besteht, kann der Bauherr gemäß § 634 je nach Vorliegen bestimmter Voraussetzungen

- Nacherfüllung verlangen,
- den Mangel selbst beseitigen und Ersatz der erforderlichen Aufwendungen verlangen,
- vom Vertrag zurücktreten oder die Vergütung mindern,
- Schadenersatz oder Ersatz vergeblicher Aufwendungen verlangen.

Bei der Geltendmachung dieser nach Rn 369 ff. geschilderten Gewährleistungsrechte muss der Bauherr eine bestimmte Reihenfolge einhalten, denn der Architekt oder Unternehmer hat in aller Regel zunächst das Recht, einen ihm gegenüber gerügten Mangel zu beseitigen. Im einzelnen:

1. Das Recht, Nacherfüllung zu verlangen

369a Dieses Recht bedeutet, dass dem Architekten oder Unternehmer die Möglichkeit gegeben werden muss, nach <u>deren Wahl</u> entweder den <u>Mangel zu beseitigen</u> oder ein <u>neues Werk herzustellen</u> (§ 635 Abs. 1). Alle dadurch entstehenden Kosten inklusive Transport-, Wege-, Arbeits- und Materialkosten haben im Verhältnis zum Bauherrn der Architekt oder Unternehmer zu tragen (§ 635 Abs. 2). Zum Recht des Unternehmers auf Nacherfüllung beim Kauf von mangelhaften Baustoffen gegenüber ihrem Lieferanten siehe Rn 117.

Welche Art der Nachbesserung vom Verpflichteten gemacht wird, kann der Bauherr nicht vorschreiben, gleichgültig ob der Mangel vor der Abnahme (Rn 375) oder erst danach (Rn 376 f.) entdeckt worden ist. Nur wenn die vertragsmäßige Erfüllung der Ansprüche des Bauherrn auf andere Weise als durch eine Neuherstellung nicht erreicht werden kann, kann der Bauherr diese verlangen und etwaige andere untaugliche Angebote zurückweisen.
Wenn der Verpflichtete ein neues Werk herstellt, muss der Bauherr das mangelhafte Werk zurückgeben, soweit eine Rückgabe möglich ist (§ 635 Abs. 4).

369b Eine Nacherfüllung ist ausgeschlossen, wenn eine solche für jedermann <u>unmöglich ist</u> (§ 275 Abs. 1). Hat der Bauherr z. B. wegen einer mangelhaften Rechnungsprüfung des Architekten an den inzwischen insolventen Unternehmer zuviel bezahlt, nützt eine neue Rechnungsprüfung genauso wenig wie eine Berichtigung des Fehlers. Genauso wenig kann, wenn kein Bautagebuch geführt wurde, ein solches nach dem Ende der Objektüberwachung erst noch geführt werden. Auch einen Planungsfehler kann der Architekt nicht mehr beheben, wenn sich dieser <u>im Bauwerk bereits verkörpert</u> hat.

Beispiel: Berücksichtigt der Architekt in seinem Plan einen Grundwasserspiegel nicht, hat sich dieser bereits mit Beginn des Baugrubenaushubs im Bauwerk verkörpert.

2 . Das Recht zur Beseitigung des Mangels und zum Ersatz der erforderlichen Aufwendungen (§ 637).

Der Bauherr darf einen behebbaren Mangel erst dann selbst zu beseitigen oder beseitigen lassen, wenn folgende Voraussetzungen gegeben sind: 370
- Der Bauherr muss berechtigt sein, vom Architekten oder Unternehmer eine auch mögliche Nacherfüllung zu verlangen. Letzterer darf diese also nicht berechtigterweise verweigert haben (Rn 367 f.).
- Der Bauherr muss dem Architekten oder Unternehmer erfolglos eine angemessene Frist zur Nacherfüllung gesetzt haben. Angemessen ist auf jeden Fall die Frist, welche der Unternehmer selbst angibt. Keiner Fristsetzung bedarf es, wenn der Architekt oder Unternehmer ernsthaft und endgültig eine mögliche zumutbare Nacherfüllung abgelehnt hat, oder wenn eine Nacherfüllung fehlgeschlagen oder dem Bauherrn nicht zumutbar ist.

Sind die unter Rn 370 genannten beiden Voraussetzungen gegeben und die angemessene Frist ist abgelaufen, kann der Bauherr den Mangel selbst beseitigen oder beseitigen lassen und kann die durch die Beseitigung des Mangels entstehenden Kosten vom Architekten oder Unternehmer erstattet verlangen. Zu den Kosten gehören z. B. auch etwa für eine anderweitige Unterbringung und Verpflegung entstehende Aufwendungen. Auch eine Erhöhung der Beseitigungskosten wegen inzwischen gestiegener Baukosten, muss der Unternehmer tragen, ausgenommen den Bauherrn trifft an der Erhöhung ein Mitverschulden (§ 254).   371
Der Bauherr kann aber auch schon vor der Beseitigung für seine voraussichtlichen Aufwendungen einen Vorschuss verlangen (§ 637 Abs. 3), über den er nach Beseitigung des Mangels abrechnen muss. Übersteigt der Vorschuss seine Kosten, muss er die Differenz zurückbezahlen. Umgekehrt kann er einen Fehlbetrag nachfordern.

Zu dem Fall, dass der Bauherr den Mangel beseitigt, ohne dass die genannten Voraussetzungen gegeben sind, siehe Rn 377.

3. Das Recht zum Rücktritt vom Vertrag oder zur Minderung der Vergütung

Der Bauherr kann vom Vertrag mit dem Architekten oder Unternehmer <u>zurückzutreten</u> (§§ 280, 281, 323, 636):   372
- Wenn die beiden unter Rn 370 geschilderten Voraussetzungen gegeben sind oder eine Nacherfüllung ist nicht möglich ist, und

- es sich nicht nur um einen unwesentlichen sondern wesentlichen Mangel (Rn 364c) handelt.

Erklärt der Bauherr gegenüber dem Architekten oder Unternehmer in diesem Fall den Rücktritt, bedeutet das, dass der Architekten- bzw. Bauvertrag ab Zugang der Rücktrittserklärung endet. Bereits erfolgte ordnungsgemäße Teilleistungen müssen dem Architekten oder Unternehmer vergütet werden. Außerdem kann der Bauherr dann eine etwa doch mögliche Nacherfüllung, Selbstbeseitigung oder Minderung nicht mehr geltend machen, dagegen einen etwaigen nach Rn 374 bestehenden Schadenersatzanspruch.

373 Statt einem Rücktritt kann der Bauherr unter den unter Rn 372 genannten Voraussetzungen auch eine   Minderung der geschuldeten Vergütung verlangen (§ 638). Für die Geltendmachung des Minderungsrechts reicht auch ein unwesentlicher Mangel aus.

Die Berechnung einer in der Regel durch eine Schätzung zu ermittelnde Minderung erfolgt so: Die vereinbarte Vergütung wird im Verhältnis zwischen dem Wert der Leistung ohne Mangel und dem Wert der Leistung mit Mangel ermäßigt. Vereinbaren z. B. Architekt und Bauherr für den Entwurf eines Planes für ein Einfamilienhaus ein Honorar von 7.000 €, beträgt die Minderung im Falle einer Mangelhaftigkeit: Wenn die Leistung des Architekten ohne Mängel z. B. mit 6.500 € und mit dem Mangel mit 6.250 € bewertet wird, beträgt die Minderung des Honorars von 7.000 € im Verhältnis von 6.500 zu 6.250 = 26 zu 25 = 269,23 €.

Macht der Bauherr eine Minderung geltend, ist damit ebenfalls ein etwa bestehender Nacherfüllungsanspruch, Selbstbeseitigungsrecht und auch ein etwaiger Schadenersatzanspruch ausgeschlossen.

4. Das Recht auf Schadenersatz oder Ersatz vergeblicher Aufwendungen

374 Neben einem Rücktritt (Rn 372) oder statt einer Minderung der Vergütung (Rn 373) kann der Bauherr auch Schadenersatz und den Ersatz vergeblicher Aufwendungen verlangen, wenn die dort beschriebenen Voraussetzungen gegeben sind, wenn also eine Fristsetzung zur Nacherfüllung fruchtlos abgelaufen oder nicht erforderlich oder eine Nacherfüllung nicht möglich ist. Dafür reicht aber für einen Schadenersatzanspruch auch ein unwesentlicher Mangel aus. Hinzukommen muss dagegen, dass der Mangel vom Architekten oder Unternehmer zu vertreten ist, dass er ihn also verschuldet hat, wovon bei einer fehlerhaften Planung auch zunächst immer auszugehen ist.

Beispiele: In dem unter Rn 369b beschriebenen Beispiel kann der Bauherr die Mehrkosten verlangen, die dadurch entstehen, dass der Architekt bei seiner Planung den Grundwasserspiegel nicht berücksichtigte; - wenn die für das Bauwerk vereinbarte Baukostenobergrenze überschritten wird, kann der Bauherr verlangen, dass für die Berechnung des dem

Architekten zustehenden Honorars nur die vereinbarten Baukosten zugrunde gelegt wird.

Kein Verschulden ist z. B. gegeben, wenn an einem Teil der vom Dachdecker bei der Dacheindeckung verwendeten Dachpfannen nach einem Jahr Risse auftreten und der Dachdecker den Pfannen nicht ansehen konnte, dass sein Lieferant erstmalig Pfannen schlechterer Qualität geliefert hatte.

III. Die Geltendmachung der Gewährleistungsrechte durch den Bauherrn

Der Bauherr kann ein Gewährleistungsrecht erst geltend machen, wenn er einen Mangel an der Arbeit des Architekten oder Unternehmers festgestellt und diesem gegenüber gerügt, ihn also mündlich oder schriftlich zur Beseitigung des Mangels aufgefordert hat. Ist ein Architekt mit der Objektüberwachung beauftragt, ist es dessen Sache, bei den Bauarbeiten der einzelnen Unternehmer zu Tage tretende Mängel für den Bauherrn festzustellen:

1. Der schon während den Bauarbeiten entdeckte Mangel

Auf einen <u>vor der Abnahme</u> an der Arbeitsleistung des Architekten oder Unternehmers entdeckten Mangel kann und sollten Bauherr und der mit der Objektüberwachung beauftragte Architekt möglichst umgehend hinweisen, damit der betroffene Unternehmer den Mangel beheben und nicht riskieren muss, seine Arbeit nicht abgenommen zu bekommen. Es ist dann dessen Sache, den Mangel zu beseitigen. Lehnt er das unberechtigterweise ernsthaft und endgültig ab und bietet er sein Werk als fertiggestellt zur Abnahme an, kann der Bauherr seine Gewährleistungsrechte (Rn 368 ff.) wegen des Mangels geltend machen, auch ohne dass eine Abnahme erfolgt ist. Das gleiche gilt, wenn der Bauherr nach Fehlschlagen mehrerer Nachbesserungsversuche von Architekt oder Unternehmer eine weitere Nachbesserung durch diese ablehnt.

375

2. Bei der Abnahme bestehender Mängel

Kennt der Bauherr bei der Abnahme einen Mangel, muss er sich bei der Abnahme seine Gewährleistungsrechte hinsichtlich dieses bestimmten Mangels vorbehalten, also erklären, dass er den Mangel nicht akzeptiert. Tut er das nicht, verliert er hinsichtlich dieses Mangels seine unter Rn 369 bis 373 beschriebenen Rechte. Er kann wegen dieses Mangels nur Schadenersatz in Geld inklusive Beseitigungskosten verlangen. Voraussetzung ist aber dann, dass der Unternehmer den Mangel verschuldet hat (Rn 374).

376

3. Alle übrigen Mängel

377 Wenn der Bauherr sich hinsichtlich eines ihm bekannten Mangels seine Rechte vorbehalten hat oder einen Mangel erst nach der Abnahme entdeckt, kann er innerhalb der Gewährleistungsfrist (Rn 381) die unter Rn 369 bis 374 genannten Rechte geltend machen.

Bei einem <u>behebbaren Mangel</u> muss der Bauherr auf jeden Fall <u>zuerst</u> Nacherfüllung (Rn 369 f.) verlangen, damit also Architekt oder Unternehmer den Mangel beseitigen oder ein neues mangelfreies Werk liefern kann. Macht der Bauherr Nacherfüllung nicht geltend und beseitigt er den Mangel selbst oder lässt ihn beseitigen, muss er die ihm dadurch entstandenen Kosten selbst tragen und kann diese vom Architekt oder Unternehmer nicht erstattet verlangen, ausgenommen in dem Fall, dass eine Notmaßnahme erforderlich war.

Erfüllt der Architekt oder Unternehmer das berechtigte und mögliche Nacherfüllungsverlangen des Bauherrn nicht oder verweigert er unberechtigterweise eine Nacherfüllung oder bestreitet er die Mangelhaftigkeit, kann der Bauherr den Unternehmer <u>auf Erfüllung verklagen</u>. Er wird das tun, wenn er möchte, dass der Mangel gerichtlich festgestellt wird und der gerügte Architekt oder Unternehmer den Mangel beseitigt. Statt einer solchen Leistungsklage (Rn 386) kann der Bauherr dem Architekten oder Unternehmer in nachweisbarer Form auch eine angemessene Frist (in der Regel zwischen 1 und 4 Wochen) zur Nacherfüllung setzen. Nach fruchtlosem Ablauf der Frist verliert der Architekt oder Unternehmer sein Nachbesserungsrecht. Der Bauherr hat dann folgende Möglichkeiten, wobei im Falle eines behebbaren Mangels die Möglichkeit Nr. 2 für den Bauherrn die günstigere ist:

Möglichkeit 1: Der Bauherr kann den Mangel selbst beseitigen und vom Architekten oder Unternehmer seine ihm dadurch entstandenen Aufwendungen verlangen (Rn 370), ebenfalls erforderlichenfalls durch eine Leistungsklage.

Möglichkeit 2: Er kann die erforderlichen Kosten – eventuell durch einen Sachverständigen, am besten im Rahmen eines gerichtlichen Beweissicherungsverfahrens (Rn 391) feststellen und in Höhe dieser Kosten vom Architekten oder Unternehmer einen Vorschuss verlangen, auch erforderlichenfalls durch eine Leistungsklage.

378 Wenn die Beseitigung des Mangels vom Architekten oder Unternehmer unberechtigterweise abgelehnt worden ist oder dessen Behebung nicht möglich ist, hat der Bauherr folgende weitere Möglichkeiten:

Möglichkeit 3: Er kann vom Vertrag zurücktreten oder die Vergütung mindern (Rn 372 f.), oder

Möglichkeit 4: Er kann Schadenersatz verlangen, aber nur, wenn der Mangel vom Unternehmer verschuldet worden ist (Rn 374).

E. Die Verjährung der gegenseitigen Ansprüche von Bauherr und Architekt oder Unternehmer

I. Die Verjährung von Erfüllungs-, Schadenersatz- und Ausgleichsansprüchen

Zur Verjährung, deren Hemmung oder Neubeginn siehe zunächst Rn 32.

Die Ansprüche des Bauherrn gegen seinen Architekten oder Unternehmer 379
auf Herstellung des vereinbarten Werkes (Rn 294 ff., 337) verjähren innerhalb der 3 Jahre dauernden Regelverjährungsfrist (§ 195). Diese gilt auch für die Ansprüche des Architekten oder Unternehmers gegen den Bauherrn auf Zahlung der vereinbarten Vergütung (Rn 303 ff., 339 ff.), ebenso für einen Rückzahlungsanspruch des Bauherrn, wenn er versehentlich mehr als geschuldet an den Architekten oder Unternehmer bezahlte.
Das gleiche gilt für gegenseitige Ansprüche von Bauherr, Architekt und Unternehmer auf Schadenersatz wegen Verzugs (Rn 358) oder Nichterfüllung (Rn 359 f.). Ebenso gilt die 3 – jährige Regelverjährungsfrist, wenn bei einer gemeinsamen Haftung mehrerer Unternehmer einer vom anderen einen Ausgleich (Rn 366) geltend machen will.

Die Regelverjährungsfrist von 3 Jahren beginnt am Schluss des Jahres zu lau- 380
laufen, in dem der Anspruch entstanden ist und die Person des Schuldners und die den Anspruch begründenden Umstände bekannt geworden sind (§ 199 Abs. 1). Die Erfüllungsansprüche des Bauherrn entstehen in der Regel mit Vertragsabschluss oder in einem im Vertrag festgelegten Zeitpunkt. Die Vergütungsansprüche von Architekt oder Unternehmer entstehen in der Regel im Zeitpunkt der Abnahme und Übergabe der prüffähigen Rechnung (Rn 300, 317c, 338, 342). Schadenersatzansprüche entstehen mit der betreffenden Verletzungshandlung und werden bekannt, wenn der Berechtigte von dieser erfährt.

> Beispiel: Der Architekt übergibt am 10.3.2017 dem Bauherrn seine prüffähige Rechnung. Die 3 – jährige Regelverjährungsfrist beginn am 1.1. 2018 und endet am 31.12.2020.

II. Die Verjährung der Gewährleistungsansprüche des Bauherrn

Zur Verjährung, deren Hemmung oder Neubeginn siehe zunächst Rn 32.

Die dem Bauherrn bei Arbeiten an einem Bauwerk gegen den Architekten 381
oder Unternehmer zustehenden Ansprüche auf

> Nacherfüllung (Rn 369 f.),
> Selbstbeseitigung und Aufwendungsersatz (Rn 370 f.) und
> Schadenersatz (Rn 374)

verjähren in 5 Jahren (§ 643 a Abs. 1, Nr. 2) ab der Abnahme, auch wenn die Abnahme früher als vereinbart erfolgt. Eine Verkürzung der 5 Jahre dauernden Verjährungsfrist durch eine vorformulierte Klausel im Vertrag ist wegen Unangemessenheit gegenüber dem Bauherrn unwirksam. Die Installation einer Photovoltaikanlage auf einem Gebäude ist ein Bauwerk, wenn die Anlage nicht nur aufgestellt sondern mit dem Gebäude zur dauernden Nutzung durch umfangreiche handwerklicher Installations- und Anpassungsarbeiten fest eingebaut wird.

Die Frist beginnt nicht erst am Ende des Jahres wie die Regelverjährungsfrist (Rn 380), sondern mit der <u>Abnahme</u>. Erfolgt keine Abnahme oder kommt eine solche nicht infrage, beginnt die Frist mit der <u>Fertigstellung der Leistung</u>. Bei Überwachungsfehlern des mit der Objektüberwachung und -betreuung beauftragten Architekten beginnt die Verjährungsfrist nicht mit der Abnahme des Bauwerks vom Unternehmer, sondern erst mit der Beendigung der Objektbetreuung. War der Architekt nur mit der Planung (Phasen 1 – 6) beauftragt, beginnt die Verjährungsfrist für Gewährleistungsansprüche wegen mangelhafter Planung mit der Abnahme der Planungsleistungen. Ist die 5 Jahre dauernde Verjährungsfrist abgelaufen, kann der Bauherr diesen Architekten nicht mehr in Anspruch nehmen. Die Sekundärhaftung (Rn 366) trifft diesen Architekten nicht, da er nicht mit den Phasen 8 oder/und 9 beauftragt und deshalb nicht zur Prüfung von Mängelursachen verpflichtet war.

Kennt der Architekt oder Unternehmer einen Mangel am Bauwerk oder an seiner Leistung, und ist er sich bewusst, dass der Mangel für die Abnahme durch den Bauherrn entscheidend ist, ihn also von der Abnahme abhalten würde, ist der Architekt oder Unternehmer verpflichtet, dem Bauherrn den Mangel zu offenbaren. Tut er das nicht, handelt er arglistig mit der Folge, dass die Frist für die Verjährung der Gewährleistungsansprüche des Bauherrn erst beginnt, wenn der Bauherr den Mangel entdeckt (§§ 195, 199, 634 Abs. 3). Das kann in manchen Fällen auch erst 10 oder 20 Jahren nach der Fertigstellung des Bauwerks sein.

Beispiele: Der Unternehmer verwendet vertragswidrig nicht erprobtes oder schlechtes Material; - der Architekt verschweigt, dass er die vertraglich übernommene Bauüberwachung nicht durchgeführt hat.

Endet das Vertragsverhältnis zwischen Bauherr und Architekt oder Unternehmer durch eine Kündigung, beginnt die Frist zur Verjährung von Gewährleistungsansprüchen mit der Kündigung, wenn der Bauherr die Abnahme der bisherigen Leistung verweigert.

Gewährleistungsrechte gegenüber einem Bauträger, der Gemeinschaftseigentum für mehrere Erwerber herstellt, verjähren erst, wenn die Gewährleistungsrechte des letzten Erwerbers verjähren.

6. KAPITEL

Die Durchsetzung der Rechte und Pflichten und die dadurch entstehenden Kosten

A. Die Geltendmachung von Ansprüchen und Rechten

Wenn jemand bestehende Verpflichtungen nicht erfüllt, muss der Berechtigte seinen Anspruch gegen diesen in der Regel durch einen entsprechenden Antrag oder eine Klage gerichtlich geltend machen, ausgenommen es besteht bei einer Geldforderung die Möglichkeit zu einer Aufrechnung (Rn 29), oder wenn ausnahmsweise ein Recht zur Selbsthilfe besteht. Letzteres gibt es nur, wenn „obrigkeitliche Hilfe" nicht so rechtzeitig erlangt werden kann, dass ohne das Eingreifen ein Anspruch vereitelt würde (§ 229), z. B. bei Besitzbeeinträchtigungen (Rn 157).

Zur Möglichkeit eines Unternehmers, seinen Werklohn nach dem Forderungssicherungsgesetz abzusichern, siehe Rn 345 ff., und des Bauherrn zur Absicherung bezahlter Vorschüsse Rn 334 f., 335b.

I. Druckmittel zur Durchsetzung von Ansprüchen

Durch die Geltensmachung eines <u>Zurückbehaltungsrechts</u> (Rn 29) kann erreicht werden, dass ein Schuldner seine Pflicht erfüllt, um seinerseits einen eigenen Anspruch befriedigt zu bekommen.   382

> Beispiel: Der Bauherr behält von einer dem Unternehmer zustehenden Vergütung einen Teil ein, bis am Werk des Unternehmers vorhandene Mängel beseitigt sind (Rn 368).

Ein gutes Druckmittel ist die Vereinbarung einer <u>Vertragsstrafe</u>. Sie darf den Schuldner aber nicht unangemessen benachteiligen. Bei Bauarbeiten ist die Vereinbarung einer Strafe von 0,2 bis 0,3 % der Auftragsumme für jeden in Verzug geratenen Werktag zulässig, wenn eine Höchstgrenze bis insgesamt 5 % der Auftragsumme festgelegt ist. Bezahlen muss der Unternehmer eine im Bauvertrag vereinbarte Vertragsstrafe aber immer nur, wenn er mit seiner Leistung in Verzug gerät (§ 339), ihn also auch ein Verschulden trifft.   383

II. Die verschiedenen gerichtlichen Verfahren

1. Das gerichtliche Mahnverfahren

Ein Gläubiger kann wegen einer auf bürgerlichem Recht beruhenden <u>Geldforderung</u> bei der Mahnabteilung eines Amtsgerichts einen Mahnbescheid beantragen. Zuständig dafür ist eine in den einzelnen Bundesländern in der Regel zentral bei einem Amtsgericht eingerichtete <u>Mahnabteilung</u>.. Ein-   384 reichen muss der Gläubiger seinen Antrag bei der Mahnabteilung, in dessen Bezirk er seinen Wohn- oder Firmensitz hat. Wenn der Schuldner gegen den vom Amtsgericht erlassenen ihm zugestellten Bescheid nicht innerhalb von 2 Wochen <u>Widerspruch</u> einlegt, erlässt das Amtsgericht auf Antrag des Gläubigers einen Vollstreckungsbescheid, der einem vorläufig vollstreckbaren Urteil gleichsteht, mit dem der Gläubiger gegen den Schuldner die Zwangsvollstreckung betreiben kann (Rn 406). Gegen den ihm zugestellten Vollstreckungsbescheid kann der Schuldner innerhalb weiterer 2 Wochen einen <u>Einspruch</u> einlegen. Auf einen Widerspruch oder Einspruch wird auf Antrag des Gläubigers oder Schuldners in einem streitigen Verfahren vom zuständigen Gericht geprüft, ob der Anspruch besteht. Zur Zuständigkeit der Gerichte im streitigen Verfahren siehe Rn 394 ff..

Dieses gerichtliche Mahnerfahren bietet dem Gläubiger die Möglichkeit, billiger und schneller zu einem vollstreckbaren Schuldtitel zu kommen. Wenn vom Schuldner ein Rechtsmittel eingelegt wird, geht es aber etwas langsamer als bei Einleitung eines Verfahrens durch eine Klage.

2. Das Schlichtungsverfahren

385 Das frühere obligatorische Schlichtungsverfahren ist seit 2013 abgeschafft. Nur in einigen Bundesländern gibt es noch ein vor einem Gerichtsverfahren durchzuführendes Schlichtungsverfahren bei Nachbarrechtsstreitigkeiten.

3. Das streitige Verfahren in bürgerlichen Rechtsstreitigkeiten

Bei einer Klage eines Klägers gegen einen Beklagten oder in dem auf ein Mahnverfahren anschließenden streitigen Verfahren gibt es je nach Anspruch verschiedene Arten von Klagen und Anträgen:

386 Mit der <u>Leistungsklage</u> können Ansprüche auf eine bestimmte Leistung geltend gemacht werden, also auf
- die Bezahlung eines Geldbetrages (z. B. Kaufpreis, Provision, Honorar, Mängelbeseitigungskosten, Werklohn, Wohngeld, Schadenersatz),
- die Herausgabe eines Gegenstandes, also einer beweglichen oder unbeweglichen Sache (z. B. eines Grundstücks),
- die Abgabe einer Willenserklärung, also z. B. der Anspruch auf Übertragung des Eigentums am gekauften Grundstück, oder die Einräumung eines Rechts an einem solchen (Bestellung einer Hypothek, Grundschuld, eines Vorkaufsrechts), oder die Abnahme eines Werkes (Rn x),
- die Verpflichtung zur Änderung der Satzung einer WohnungsGdWE (Rn 261) oder die Verpflichtung zur Veräußerung eines Wohnungseigentums,

- die Beseitigung einer Besitzbeeinträchtigung, z. B. eines Überbaus, einer Vertiefung oder Erhöhung eines Grundstücks oder rechtswidrig gesetzter Pflanzen oder Bäume,
- die Beseitigung eines Mangels.

Mit einer <u>Unterlassungsklage</u> kann ein Immobilieneigentümer vorbeugend gegen Besitzstörungen vorgehen, z. B. gegen unzulässige Einwirkungen auf sein Grundstück oder Wohnungseigentum.   387

Eine <u>Duldungsklage</u> kommt gegen einen Grundstückeigentümer (Rn 174 ff.) oder einen Wohnungseigentümer (Rn 236) infrage.   388

Durch eine <u>Feststellungsklage</u> kann jemand feststellen lassen, ob ein bestimmtes Rechtsverhältnis besteht (§ 256 ZPO).   389
> Beispiel: Das Gericht stellt auf Antrag eines Wohnungseigentümers fest, dass ein Beschluss der GdWE nichtig ist oder eine Bestimmung in der Satzung unwirksam ist (Rn 268).

Mit einer „Einstweiligen Verfügung" kann das Gericht auf Antrag in einem dringenden Fall eine vorläufige Regelung treffen, wenn der Antragsteller einen <u>Verfügungsgrund</u> glaubhaft machen kann: dass sonst die Gefahr bestehen würde, dass das Recht einer Partei vereitelt oder wesentlich erschwert werden könnte, oder dass eine vorläufige Regelung zur Abwendung wesentlicher Nachteile oder zur Verhinderung drohender Gewalt nötig erscheint (§§ 935, 949 ZPO). Siehe dazu eine Erleichterung beim Bauvertrag unter Rn 350b.   390

Das „Selbständige Beweisverfahren" (§§ 493 ff. ZPO) ist dazu da, wenn außerhalb eines anderen Verfahrens der Zustand oder der Wert einer Sache festgestellt werden soll.   391
> Beispiel: Es sollen bestimmte Mängel an einem von einem Unternehmer hergestellten Bauwerk, deren Ursachen und die Höhe von Beseitigungskosten festgestellt werden.

Auf eine <u>Anfechtungsklage</u> eines Wohnungs- oder Teileigentümers entscheidet das Gericht darüber, ob ein Beschluss der GdWE gültig oder ungültig ist (Rn 245).   392

4. Das Verfahren in öffentlich – rechtlichen Streitigkeiten

Zwischen natürlichen Personen und juristischen Personen des Privatrechts (Rn 4) und den staatlichen Stellen und Behörden werden Streitigkeiten, die auf Grund der Überordnung des Staates über den Bürger entstanden sind, vor den Verwaltungsbehörden und den Verwaltungsgerichten ausgetragen.. Näheres dazu siehe Rn 405.   393

III. Die Zuständigkeit der Gerichte

Folgende Gerichte sind in den unter Rn 384 ff. genannten Verfahren zuständig:

1. Das Amtsgericht

Während das gerichtliche Mahnverfahren von ganz bestimmten Amtsgerichten (Rn 384) durchgeführt wird, sind die <u>Zivilabteilungen der Amtsgerichte</u> in 1. Instanz in folgenden Sachen zuständig:

394 • In allen das WEG betreffenden Angelegenheiten, ausgenommen wenn ein Außenstehender Ansprüche gegen einen Wohnungseigentümer oder die GdWE geltend macht, ferner

395 • in allen nicht unter Rn 394 fallenden bürgerlichen Rechtsstreitigkeiten soweit der Gegenstandswert der Streitsache bis 5.000 € beträgt.

Als erstinstanzliches Gericht ist bei den Amtsgerichten in der Regel das Amtsgericht „örtlich" zuständig, in dessen Bezirk die beklagte Partei ihren Wohn- oder Firmensitz hat = sogenannter allgemeiner Gerichtstand, § 13 ZPO). Weitere örtliche Gerichtstände sind in den §§ 15 ff. ZPO geregelt.

2. Das Landgericht

396 Die Zivilkammer eines Landgerichts entscheidet in <u>1. Instanz</u> über die unter Rn 395 genannten Streitsachen, wenn der Gegenstandswert über 5.000 € liegt. Für die örtliche Zuständigkeit dieses Landgerichts gilt auch das unter Rn 396 für die örtliche Zuständigkeit des Amtsgerichts beschriebene.

397 In <u>2. Instanz</u> entscheiden die Zivilkammern des Landgerichts über zulässige Rechtsmittel gegen Entscheidungen des dem Landgericht untergeordneten Amtsgerichts in den unter Rn 395 genannten Angelegenheiten.
Beispiel: Über ein Rechtsmittel gegen eine nach Rn 395 getroffenen Entscheidung des Amtsgerichts Tübingen entscheidet das diesem übergeordnete Landgericht Tübingen.

398 Über ein Rechtsmittel gegen eine Entscheidung des Amtsgerichts in den unter Rn 394 genannten Angelegenheiten entscheidet das für den Ort des Sitzes des übergeordneten Oberlandesgerichts zuständige Landgericht.
Beispiel: Über Rechtsmittel gegen eine in einer WEG – Sache ergangenen Entscheidung des Amtsgerichts Ulm entscheidet nicht das Landgericht Ulm sondern das Landgericht Stuttgart, weil es für den Ort des Sitzes des Oberlandesgerichts Stuttgart, also für Stuttgart zuständig ist.

3. Das Oberlandesgericht

399 Die Zivilsenate des dem Landgericht übergeordneten Oberlandesgerichts entscheiden über zulässige Rechtsmittel gegen erstinstanzliche Entscheidungen (Rn 396) des Landgerichts.

4. Der Bundesgerichtshof

Die Zivilsenate beim Bundesgerichtshof entscheiden über zulässige Rechts-   400
mittel gegen in 2. Instanz erlassene Entscheidungen.

5. Die Verwaltungsgerichte

Über Klagen wegen öffentlich – rechtlicher Streitigkeiten verhandeln und   401
entscheiden das Verwaltungsgericht, über Rechtsmittel gegen dessen Entscheidung das dem Verwaltungsgericht übergeordnete Oberverwaltungsge-
richt, das in einigen Bundesländern "Verwaltungsgerichtshof" heißt, z. B. in
Baden-Württemberg, Bayern, Hessen, Bremen. Über ein Rechtsmittel gegen
dessen Entscheidung ist das Bundesverwaltungsgericht zuständig.

IV.   Die Vertretung der Prozessparteien durch Rechtsanwälte

In allen Verfahren vor einem Landgericht, Oberlandesgericht, Bundesver-   402
waltungsgericht oder dem Bundesgerichtshof muss eine Prozesspartei, die
einen Antrag stellen will, durch einen bei dem Gericht zugelassenen
Rechtsanwalt vertreten sein. Für eine das Verfahren einleitende Partei (Kläger, Berufungskläger, Antragsteller) gilt das immer, denn ein das Verfahren
einleitender Antrag ist dann unzulässig, wenn bei den genannten Gerichten
der Antrag nicht von einem dort zugelassenen Rechtsanwalt gestellt wird.
Die andere Prozesspartei (Beklagter, Berufungsbeklagter, Antragsgegner)
muss vor diesen Gerichten durch einen Rechtsanwalt vertreten sein, wenn
sie sich gegen die Anträge wehren will. Lässt sie sich nicht vertreten, wird
sie mit ihren Einwendungen nicht gehört und muss damit rechne, dass den
Anträgen der anderen Partei stattgegeben wird.

B. WEG – Verfahren, Verwaltungs- und Verwaltungsgerichtsverfahren

Während für Streitigkeiten über die in den Kapiteln 2, 3 und 5 beschriebenen Ansprüche bürgerlichen Rechts das unter Rn 384 ff. beschriebene
maßgebend ist, gibt es für die Angelegenheiten nach dem WEG und für das
Baugenehmigungsverfahren (Rn 149 ff.) ein paar Besonderheiten.

I. Das Verfahren in WEG – Angelegenheiten

1. Streitigkeiten wegen Rechten und Pflichten nach dem WEG (§ 43 WEG)

Hier geht es u. a. um folgende Streitigkeiten zwischen Wohnungseigentü-   403
mern, GdWE und Verwalter:
- Streitigkeiten über die sich aus der Gemeinschaft und der Verwaltung
  des gemeinschaftlichen Eigentums ergebenden Rechte und Pflichten der
  Wohnungseigentümer untereinander;

- Streitigkeiten über Rechte und Pflichten zwischen GdWE und Wohnungseigentümern;
- Streitigkeiten über Rechte und Pflichten des Verwalters bei der Verwaltung des gemeinschaftlichen Eigentums;
- Streitigkeiten über die Gültigkeit von Beschlüssen der Wohnungseigentümer.

  Beispiele: Umwandlung von Gemeinschaftseigentum in Sondereigentum und umgekehrt; - Streit über Bestehen und Umfang eines Sondernutzungsrechts; - Beeinträchtigungen durch Wohnungseigentümer beim Gebrauch des gemeinschaftlichen Eigentums; - Streit über die Verpflichtung zur Veräußerung von Wohnungseigentum; - Durchsetzung der Pflicht zur Verwaltung; - Ansprüche eines Wohnungseigentümers gegen die Gemeinschaft oder gegen den Verwalter; - Streit über die Verwalterführung; - Feststellung der Nichtigkeit oder Anfechtbarkeit von Beschlüssen.

Für solche Streitigkeiten, für die auch die unter Rn 384 ff. genannten Verfahrensarten zur Verfügung stehen, ist das Amtsgericht ohne Rücksicht auf den Streitwert zuständig. Ist auf der Kläger- oder Beklagtenseite die GdWE beteiligt, muss dem Gericht eine Liste der einzelnen Wohnungseigentümer mit vollständigen Namen und Anschriften vorgelegt werden.

2. Das Verfahren über die Pflicht zur Veräußerung von Wohnungseigentum

404   Wenn von einem Wohnungseigentümer wegen besonders schweren Pflichtverletzungen verlangt werden kann, dass er sein Wohnungseigentum veräußert, muss die GdWE darüber in einer Versammlung zunächst einen Beschluss fassen. Gegen diesen Beschluss kann der betroffene Wohnungseigentümer binnen eines Monats ab Beschlussfassung beim Amtsgericht durch eine Anfechtungsklage überprüfen lassen, ob der Beschluss formal richtig ist, ob er z. B. mit der erforderlichen Mehrheit gefasst oder geprüft worden ist, ob eine erforderlich gewesene Abmahnung erfolgt war.
Stellt das Gericht die Rechtswirksamkeit des Beschlusses fest, oder hat der betroffene Eigentümer den Beschluss nicht rechtzeitig angefochten, kann die GdWE gegen den verpflichteten Eigentümer mit einer Klage beim Amtsgericht beantragen, den betreffenden Wohnungseigentümer zur Veräußerung seines Wohnungseigentums zu verurteilen. Dieses Gericht prüft dann, ob die unter Rn 263 beschriebenen gesetzlichen Voraussetzungen für eine Veräußerungspflicht, ob also die dem Wohnungseigentümer vorgeworfenen Pflichtverletzungen gegeben sind. Bestätigt das Gericht die Verpflichtung und veräußert der betroffene Wohnungseigentümer sein Wohnungseigentum dann immer noch nicht freiwillig, berechtigt das ergangene Urteil die GdWE, beim Amtsgericht als dem Vollstreckungsgericht sie Zwangsver-

steigerung des betroffenen Wohnungseigentums zu beantragen (§ 19 Abs. 1 WEG). Alles nähere dazu siehe Rn 413 ff..

Ist der betroffene Wohnungseigentümer wegen eines Zahlungsrückstandes zur Veräußerung verurteilt, kann er die Versteigerung seines Wohnungseigentums bis zur Erteilung des Zuschlags an einen Ersteher noch aufhalten, wenn er die rückständigen und noch weiter fällig gewordenen Beträge einschließlich der durch das Gerichtsverfahren und die Zwangsversteigerung entstandenen Kosten ausgleicht (§ 19 Abs. 2 WEG).

II. Das Verwaltungs- und Verwaltungsgerichtsverfahren

Wenn ein öffentliches Recht betreffender Streit, z. B. über die Erteilung einer Baugenehmigung, vor dem Verwaltungsgericht ausgetragen werden soll, ist dem gerichtlichen Verfahren vielfach ein <u>Vorverfahren</u> vorgeschaltet. Dieses besteht darin, dass über ein gegen die Entscheidung der Behörde eingelegtes Rechtsmittel die übergeordnete Behörde, z. B. eine Kreisverwaltung entscheiden. Erst wenn das Rechtsmittel erfolglos ist, kann der in seinen Rechten verletzte Antragsteller beim Verwaltungsgericht mit einer Anfechtungsklage die Aufhebung der Entscheidung der Behörde sowie deren Verurteilung zum Erlass der abgelehnten oder unerlassenen Entscheidung verlangen (§ 42 Verwaltungsgerichtsordnung).

405

Beispiel: A beantragt für sein geplantes Zweifamilienhaus auf seinem im Gebiet der Kreisstadt Ravensburg liegenden Grundstück eine Baugenehmigung bei der Unteren Verwaltungsbehörde (hier: bei der Stadt Ravensburg). Diese lehnt den Antrag ab, weil nach ihrer Meinung das zu bebauende Grundstück außerhalb der geschlossenen Ortslage liegt und die Voraussetzungen für dessen Bebauung nicht gegeben sind. Gegen diese Entscheidung der Stadt kann A binnen eines Monats Widerspruch erheben, über den die Obere Verwaltungsbehörde (hier: das Regierungspräsidium Südwürttemberg - Hohenzollern) einen Widerspruchsbescheid erlässt. Hält diese die Entscheidung der Stadt für falsch, hebt sie die Entscheidung auf und weist die Stadt an, die beantragte Baugenehmigung zu erteilen. Im anderen Fall weist sie den Widerspruch zurück und A kann gegen den Widerspruchsbescheid Anfechtungsklage beim Verwaltungsgericht erheben und beantragen, diesen aufzuheben und die Stadt zur Erteilung der Baugenehmigung zu verurteilen.

C. Das Zwangsvollstreckungsverfahren

Ist ein Anspruch durch gerichtlich durch einen vollstreckbaren Schuldtitel (Rn 406) festgestellt und der Verpflichtete erfüllt diesen Anspruch nicht, muss die Durchsetzung des Anspruchs im Wege der Zwangsvollstreckung versucht werden, für die der Gerichtsvollzieher, der Rechtspfleger und der Richter bei dem Amtsgericht zuständig ist, in dessen Bezirk der Schuldner wohnt oder seinen Firmensitz hat.

I. Voraussetzungen und Verlauf der Zwangsvollstreckung

406 Die Parteien im Vollstreckungsverfahren nennt man Gläubiger und Schuldner. Grundlage jeder Zwangsvollstreckung ist immer ein sogenannter vollstreckbarer Schuldtitel, nämlich ein im gerichtlichen Mahnverfahren erwirkter Vollstreckungsbescheid, eine für vorläufig vollstreckbar erklärte oder rechtskräftige Entscheidung eines Gerichts (Urteil oder Beschluss), ein gerichtlicher Vergleich oder eine vollstreckbare Urkunde. Letztere kann im Einverständnis von Gläubiger und Schuldner von einem Notar ausgefertigt werde, z. B. bei der Bestellung einer Grundschuld, damit der Gläubiger einen vollstreckbaren Schuldtitel in Händen hat und die Grundschuldsumme nicht erst einklagen muss, wenn das Darlehen fällig ist und der Schuldner nicht zahlt.

Weitere Voraussetzung für Zwangsvollstreckung ist, dass der Schuldtitel dem Schuldner zugestellt worden ist. Die möglichen Maßnahmen sind dann:

407 Der Vollstreckungsauftrag: Der Gläubiger kann und wird bei Bedarf in der Regel zunächst den Gerichtsvollzieher mit der Zwangsvollstreckung beauftragen. Dieser verlangt vom Schuldner die geschuldete Leistung, also z. B. den verlangten Geldbetrag. Kann der Schuldner nicht bezahlen, pfändet der Gerichtsvollzieher etwa vorhandene pfändbare Vermögensgegenstände des Schuldners und verkauft sie in einer öffentlichen Versteigerung. Findet er keine pfändbaren Sachen beim Schuldner, bescheinigt er dem Gläubiger gegenüber, dass der Schuldner keine pfändbaren beweglichen Sachen besitzt. Diese Bescheinigung ist eine Voraussetzung für die nachstehende Vollstreckungsmaßnahme.

408 Eidesstattliche Versicherung: Wenn der Schuldner nach den Feststellungen des Gerichtsvollziehers keine pfändbaren beweglichen Sachen besitzt, muss der Schuldner auf Antrag des Gläubigers in einem Vermögensverzeichnis alles angeben, was ihm gehört, auch Grundstücke, Forderungen usw. Die Richtigkeit dieser Angaben muss der Schuldner eidesstattlich versichern. Wer diese eidesstattliche Versicherung abgegeben hat, wird in das sogenannte beim Amtsgericht geführte „Schuldnerverzeichnis" eingetragen, über das jedermann kostenlos Auskunft verlangen kann.

Pfändung einer Forderung: Wegen einer Geldforderung kann der Gläubiger   409
auch eine ihm bekannte oder durch das Vermögensverzeichnis des Schuldners bekannt gewordene Forderung des Schuldners gegenüber einem Dritten durch den Rechtspfleger beim Amtsgericht pfänden und an sich zur
Einziehung überweisen lassen.

Beispiele: Pfändung einer Lohnforderung, eines Bankguthabens.

Sicherungszwangshypothek, Zwangsverwaltung und Zwangsversteigerung: 410
Wenn der Schuldner Grundstücke besitzt, kann der Gläubiger durch einen
Antrag beim Grundbuchamt eine Sicherungszwangshypothek eintragen lassen. Auch die Zwangsverwaltung des Grundstücks (Rn 412) kann beantragt
werden. Falls das Grundstück nicht über seinen Wert hinaus bereits belastet
ist, hat der Gläubiger Aussicht, durch eine von ihm beantragte Zwangsversteigerung des Grundstücks (Rn 413 ff.) sein Geld zu erhalten.

Vollstreckungsschutz bedeutet, dass auf Antrag des Schuldners eine Voll-   411
streckungsmaßnahme aufgehoben oder zurückgestellt werden kann, wenn
diese „unter Würdigung des Schutzbedürfnisses des Gläubigers wegen
ganz besonderer Umstände eine Härte ist, die mit den guten Sitten nicht
vereinbar ist" (§ 765a ZPO). Ein Beispiel dafür finden Sie bei der Zwangsversteigerung unter Rn 415.

II. Die Zwangsverwaltung eines Grundstücks

Eine Zwangsverwaltung wird vom Vollstreckungsgericht auf Antrag eines   412
Gläubigers angeordnet und bedeutet, dass das betreffende Grundstück
nicht mehr vom Eigentümer sondern durch einen vom Vollstreckungsgericht eingesetzten Zwangsverwalter verwaltet wird. Dieser zieht dann z. B.
die Miete oder Pacht ein und führt die eingezogenen Beträge nach Abzug
der Kosten an den Gläubiger ab. Da die für eine Grundstücksnutzung zu
zahlenden Nutzungsentgelte in erster Linie für die auf dem Grundstück lastenden Hypotheken und Grundschulden entsprechend ihrer Rangfolge haften, wird die Zwangsverwaltung in der Praxis meist von einem Hypotheken-
oder Grundschuldgläubiger beantragt, wenn der Eigentümer die geschuldeten fälligen Zins- und Tilgungsbeträge nicht mehr zahlt.

III. Die Zwangsversteigerung eines Grundstücks oder Miteigentumsanteils

Ein Gläubiger kann auch die Zwangsversteigerung eines seinem Schuldner   413
gehörenden Grundstücks oder Miteigentumsanteiles beantragen. Ist die
Zwangsversteigerung eines Grundstücks vom Vollstreckungsgericht angeordnet, können andere Gläubiger dem Verfahren durch eine Beitrittserklä-
rung beitreten.

Die Zwangsversteigerung bedeutet, dass das Grundstück im Versteigerungstermin an den Meistbietenden übereignet wird, wenn der Schuldner nicht während des Verfahrens seine das Verfahren betreibenden Gläubiger befriedigt oder alle betreibenden Gläubiger den Antrag zurücknehmen. Mit dem vom Meistbietenden bezahlten Erlös werden die Gläubiger entsprechend der Rangfolge ihrer Rechte befriedigt.

Bei der Zwangsversteigerung eines Miteigentumsanteiles an einem Grundstück werden sich in der Regel keine Bieter finden. Deshalb hat ein Zwangsversteigerungsantrag gegen einen Schuldner, dem nur ein Miteigentumsanteil gehört, für den Gläubiger nur einen Sinn, wenn er zuvor durch einen Pfändungs- und Überweisungsbeschluss (Rn 409) den Anspruch des Schuldners gegen die anderen Miteigentümer auf Aufhebung der Eigentumsgemeinschaft (Rn 205) pfänden und sich überweisen ließ. Denn dann kann der Gläubiger nicht nur den Miteigentumsanteil des Schuldners sondern das ganze Grundstück versteigern lassen.

Neben dieser zunächst unter Rn 414 – 420 beschriebenen Vollstreckungsversteigerung gibt es noch die Zwangsversteigerung eines Grundstücks zum "Zwecke der Aufhebung einer am Grundstück bestehenden Eigentumsgemeinschaft" (Rn 421).

1. Die Vollstreckungsversteigerung

eines Grundstücks kann in drei Abschnitte eingeteilt werden: die Vorbereitung des Versteigerungstermins, der Versteigerungstermin und das Verteilungsverfahren.

414   Das <u>vorbereitende Verfahren</u> beginnt damit, dass auf den Antrag des Gläubigers der Rechtspfleger beim Amtsgericht als "Versteigerungskommissionär" durch einen Beschluss die Zwangsversteigerung des Grundstücks anordnet und diesen im Grundbuch eintragen lässt (§§ 15 ff. ZVG). Zugleich soll der Schuldner auf die Möglichkeit eines Einstellungsantrages hingewiesen werden, den er Innerhalb von 2 Wochen ab Zugang dieses Hinweises stellen kann. Diesem Antrag muss auf die Dauer von höchstens 6 Monaten stattgegeben werden, wenn
- die Aussicht besteht, dass die Versteigerung durch die Einstellung vermieden werden kann, z. B. weil der Schuldner Zahlungen leisten kann,
- und die Einstellung nach den persönlichen und wirtschaftlichen Verhältnissen des Schuldners der Billigkeit entspricht, und für den Gläubiger kein unverhältnismäßiger Nachteil ist (30a, 30 b Abs. 1 ZVG).
Zulässig ist eine einstweilige Einstellung auch, wenn im Falle einer Zwangsversteigerung eines Wohnungseigentums nach Rn 404, wenn der Wohnungseigentümer ernsthaft einen Käufer für sein Wohnungseigentum suchen will.

Ist dem Antrag stattgegeben worden, kann eine erneute Einstellung unter den gleichen Voraussetzungen noch einmal bis zu 6 Monaten erfolgen. Außerdem muss das Verfahren im Falle einer Insolvenz des Schuldners auf Antrag des Insolvenzverwalters bei Vorliegen bestimmter Voraussetzungen eingestellt werden (§ 30 d ZVG).

Bei einer Bewilligung der Einstellung kann der Gläubiger und bei einer Ablehnung der Einstellung der Schuldner binnen 2 Wochen gegen den betreffenden Beschluss Beschwerde einlegen (§ 30 b Abs. 3).

Die Verfahren über eine einstweilige Einstellung und über eine Beschwerde dauern in der Regel Wochen oder Monate, so dass diese Verfahren für den Schuldner eine gute Möglichkeit zur Verzögerung der Zwangsversteigerung ist, zumal die dadurch entstehenden Kosten nicht hoch sind oder den Schuldner angesichts seiner Überschuldung meist ohnehin nicht drücken.

Da bei der Versteigerung der Verkehrswert (Rn 68) des zu versteigernden Grundstücks eine Rolle spielt (Rn 419), muss der Versteigerungskommissionär nach Anhörung eines Sachverständigen diesen Wert festsetzen, wenn kein Antrag auf einstweilige Einstellung gestellt oder dieser rechtskräftig abgelehnt, oder die Fortsetzung des Verfahrens nach Ablauf der Einstellungszeit beantragt worden ist. Durch Einwendungen gegen die Wertschätzung des Sachverständigengutachten vor der Festsetzung des Verkehrswertes und durch eine binnen 2 Wochen nach Zustellung der Wertfestsetzung einzulegende mögliche Beschwerde (§ 74 a ZVG) bietet sich dem Schuldner eine weitere relativ billige Möglichkeit, die Zwangsversteigerung nochmals um Wochen oder Monate zu verzögern.   415

Bei Vorliegen der unter Rn 411 geschilderten Vollstreckungsschutzvoraussetzungen kann eine Einstellung oder Aufschiebung der Versteigerung infrage kommen, z. B. im Falle einer Selbsttötungsgefahr für den Schuldner. Eine solche führt aber nur dann zu einem Vollsteckungsschutz, solange der Gefahr nicht durch andere Maßnahmen begegnet werden kann, z. B. durch eine Unterbringung des Schuldners oder durch fachliche Hilfe bis hin zu einem stationären Aufenthalt in einer Klinik, wobei der gefährdete Schuldner alles für seine baldige Heilung tun muss.

Nach Rechtskraft der eine einstweilige Einstellung ablehnenden Entscheidung (§ 30 b Abs. 4 ZVG), meistens aber auch erst nach Rechtskraft des Wertfestsetzungsbeschlusses bestimmt der Versteigerungskommissionär dann den Versteigerungstermin. Zwischen Anberaumung und Termin sollen nicht mehr als 6 Monate liegen, wenn das Verfahren vorher eingestellt war, mindestens 1 und höchstens 2 Monate.   416

Im Versteigerungstermin gibt der Versteigerungskommissionär zunächst die Versteigerungsbedingungen und das "geringste Gebot" bekannt. Letzteres setzt sich aus allen dem betreibenden Gläubiger vorgehenden Rechten am   417

Grundstück und aus den Versteigerungskosten zusammen. Dieses „geringste Gebot" muss der Meistbietende auf jeden Fall voll übernehmen. Sonst könnte einem im Rang vorgehenden Gläubiger durch eine vom nachrangigen Gläubiger beantragte Versteigerung die Sicherheit genommen werden.

Beispiel: Das zu versteigernde Grundstück ist in Abteilung II des Grundbuchs mit einem im Juni 2006 eingetragenen Wohnungsrecht des A belastet. In Abteilung III sind folgende Grundschulden eingetragen: im Januar 2004 unter Nr. 1 mit 50.000 €, im August 2007 unter Nr. 2 mit 70.000 €, im Februar 2009 unter Nr. 3 mit 15.000 €, im Oktober 2010 unter Nr. 4 mit 90.000 €. Wenn auf Antrag des Gläubigers der Grundschuld unter Nr. 3 die Versteigerung durchgeführt wird und die Kosten des Verfahrens 6.430 € betragen, setzt sich das geringste Gebot wie folgt zusammen:

Versteigerungskosten bar	6.430 €
Grundschuld Nr. 1	50.000 €
Grundschuld Nr. 2	70.000 €

und das Wohnungsrecht des A

Jeder Bieter muss also bei jedem seiner Gebote berücksichtigen, dass er außer dem gebotenen Betrag im Falle des Zuschlags weitere 6.430 € in bar bezahlen und die Grundschulden Nr. 1 und Nr. 2 sowie das Wohnungsrecht als dingliche Belastungen übernehmen muss.

Beantragt ein Gläubiger, dem kein Grundpfandrecht am Grundstück zusteht, die Zwangsversteigerung auf Grund eines Schuldtitels wegen einer persönlichen Geldforderung, kommen im obigen Beispiel neben den Versteigerungskosten nicht nur die Grundschulden Nr. 1 und 2, sondern auch die Grundschulden Nr. 3 und 4 in das geringste Gebot.

418 Nach Festlegung des geringsten Gebotes fordert der Versteigerungskommissionär zur Abgabe von Geboten auf. Unter einem Gebot versteht man den über das geringste Gebot hinaus zu zahlenden Betrag.

Jeder Beteiligte, dessen Recht durch das Gebot nicht befriedigt wird, insbesondere auch der Eigentümer, kann von jedem Bieter Sicherheit verlangen (§ 67 ZVG). Dann gilt das Gebot nur, wenn der Bieter in Höhe von 10 % des festgesetzten Verkehrswertes (§ 68 ZVG) einen Scheck nach § 69 Abs. 2 ZVG hinterlegt oder durch eine selbstschuldnerische Bankbürgschaft Sicherheit leistet. Auch eine Überweisung auf das Konto der Gerichtskasse ist möglich, wenn der Betrag vor der Versteigerung gutgeschrieben ist.

Ein gültiges Gebot erlischt, wenn ein höheres abgegeben wird. Wird kein Gebot mehr abgegeben und liegen zwischen der Aufforderung zur Abgabe von Geboten und dem letzten Gebot nicht mindestens 30 Minuten, wird das Verfahren solange unterbrochen, bis die 30 Minuten vergangen sind.

419 Danach wird weiterversteigert, bis kein Gebot mehr abgegeben wird und der Meistbietende den Zuschlag erhält (§ 81 ZVG).

Liegt das Meistgebot zuzüglich geringstes Gebot unter 70 % des festgesetzten Verkehrswertes, können der Eigentümer oder ein durch das Gebot nicht gedeckter Gläubiger dem Zuschlag widersprechen. Das Versteigerungsgericht muss dann einen neuen Versteigerungstermin bestimmen, in dem diese Widerspruchsmöglichkeit nicht mehr besteht (§ 74 a Abs. 3 ZVG).

Mit dem Zuschlag geht das Eigentum am Grundstück vom bisherigen Eigentümer auf den Meistbietenden über (§ 90 ZVG). Alle nicht im geringsten Gebot enthaltenen Rechte werden gelöscht (§ 91 ZVG).

Der Zuschlagsbeschluss ist für den neuen Eigentümer zugleich ein Räumungstitel gegen den das Grundstück benutzenden Eigentümer (§ 93 ZVG). Bestehende Miet- oder Pachtverhältnisse kann der Meistbietende unter Einhaltung der gesetzlichen Kündigungsfrist kündigen (§ 57 a ZVG). Bei Wohnraummietverhältnissen muss der Erwerber jedoch die Mieterschutzbestimmungen beachten.

Nach dem Zuschlag bestimmt der Versteigerungskommissionär einen Termin zur Verteilung des vom Meistbietenden zu zahlenden Erlöses (§ 105). Dieser Verteilungstermin findet in der Regel 4 - 6 Wochen nach der Versteigerung statt. Im Verteilungstermin muss der Ersteher die Verfahrenskosten (Teil des „geringsten Gebots") + Meistgebot zuzüglich 4 % Zinsen ab Zuschlag bezahlen. Den gezahlten Betrag verteilt der Kommissär im Verteilungstermin unter den Gläubigern entsprechend des Ranges ihres Rechtes nach einem vom Kommissionär gefertigten Teilungsplan. Bei einem Streit über die Verteilung muss der Erlös bis zu einer gerichtlichen Entscheidung hinterlegt werden. 420

Während des gesamten Verfahrens - bis zum Zuschlag - kann der betreibende Gläubiger die Einstellung des Verfahrens bewilligen, z. B. bei einer Einigung über Ratenzahlungen. Darauf stellt das Versteigerungsgericht das Verfahren ein. Der Gläubiger kann dann binnen 6 Monaten die Fortsetzung des Verfahrens beantragen. Wird dieser Antrag nicht gestellt, wird das Verfahren aufgehoben. Das gleiche gilt, wenn die Einstellung schon zweimal bewilligt worden ist.

2. Die Teilungsversteigerung (§§ 180 ff. ZVG)

Ein mehreren Personen oder einer GbR gehörendes Grundstück wird versteigert, wenn ein Miteigentümer bzw. Gesellschafter zur Aufhebung der Eigentumsgemeinschaft berechtigt ist und eine Einigung über die Auseinandersetzung nicht zustande kommt (Rn 206 f.). Da es hier nicht um die Befriedigung von Gläubigern sondern um die Beendigung der Eigentumsgemeinschaft geht, gelten gegenüber den unter Rn 414 bis 420 ausgeführten Regelungen einige Besonderheiten, von denen die wichtigsten sind: 421

- Den Antrag auf Durchführung der Teilungsversteigerung stellen ein oder mehrere Miteigentümer bzw. Gesellschafter. Für die einstweilige Einstellung gelten andere Voraussetzungen, z. B. kann bei der Auseinandersetzung der Eigentumsgemeinschaft zwischen geschiedenen Ehegatten unter Umständen eine Einstellung in Frage kommen, wenn durch die Versteigerung das Wohl gemeinschaftlicher Kinder gefährdet würde (§ 180 Abs. 2 und 3 ZVG). Siehe dazu den Ratgeber "Rechte und Pflichten von Ehegatten und Lebensgefährten bei Trennung und Scheidung".

- In das geringste Gebot müssen alle auf dem gesamten Grundstück lastenden Verbindlichkeiten aufgenommen werden. Wenn eine Belastung nur auf dem Anteil des die Versteigerung betreibenden Miteigentümers besteht, muss ein entsprechender Anteil für die anderen Miteigentümer berücksichtigt werden, da diese sonst benachteiligt würden (§ 182 ZVG).

- Der Zuschlag bewirkt kein Recht zur Kündigung von Miet- oder Pachtverhältnissen (§ 183 ZVG).

- Die Verteilung des den Miteigentümern bzw. Gesellschaftern zustehenden Erlöses ist deren Sache. Bei einem Widerspruch eines Miteigentümers gegen die Auszahlung muss der Versteigerungskommissionär den Erlös hinterlegen.

3. Ausbietungsgarantie und Verpflichtung zum Nichtgebot:

422 In einer Versteigerung werden für Grundstücke in der Regel Gebote abgegeben, die unter dem geschätzten Verkehrswert liegen, weil das angebotene Objekt den Bietern meist nicht genau bekannt ist. Erlöse über dem Schätzwert sind selten und meist nur zu erreichen, wenn mindestens zwei Bieter ernstlich an einem Erwerb interessiert sind. Wer will auch schon für ein Grundstück mehr als den von einem Sachverständigen geschätzten Verkehrswert bezahlen. Andererseits kommt es vor, dass ein Gläubiger oder ein Miteigentümer an einer Versteigerung des Grundstücks nur interessiert ist, wenn ein bestimmter Mindesterlös erreicht wird. Das kann mit einer Ausbietungsgarantie erreicht werden.

Beispiel: Der Antragsteller kann bei der Versteigerung eines Wohnungseigentums wegen vorgehender Grundschulden nur mit seiner Befriedigung rechnen, wenn für die auf 190.000 € geschätzte Wohnung mindestens 180.000 € erlöst werden. An einer Mitsteigerung ist er nicht interessiert. Er findet einen Interessenten, der für die Wohnung 180.000 € bezahlen würde und schließt mit diesem Interessenten einen Vertrag, in dem sich dieser verpflichtet, bei der Versteigerung bis mindestens 180.000 € mitzubieten.

Dieser Vertrag ist nur rechtsgültig, wenn er notariell beurkundet wird.

423 Denkbar ist auch, dass zwei Interessenten eines zu versteigernden Grundstücks vor der Versteigerung vereinbaren, dass einer sich verpflichtet, gegen Bezahlung eines bestimmten Betrages nicht mitzubieten. Eine solche Vereinbarung bedarf nicht der notariellen Beurkundung.

D. Die Kosten beim Notar, Grundbuchamt, Gericht und Anwalt

Beim Notar, Grundbuchamt, Gericht, Gerichtsvollzieher und Anwalt fallen Kosten in Form von Gebühren und Auslagen an.

I. Kosten beim Notar und Grundbuchamt

Beim Abschluss eines Vertrages über die Übertragung des Eigentums an einer Immobilie und bei der Bestellung von Rechten an einer solchen fallen für Beurkundungen und Beglaubigungen beim Notar und für Eintragungen beim Grundbuchamt im GNotKG festgelegte Gebühren und Auslagen an.

1. Die Gebühren

Die Anzahl der aus dem jeweiligen Geschäftswert entstehenden Gebühren hängt von der Art der Leistung des Notars oder Grundbuchamts ab. In der nachstehenden Tabelle finden Sie für die in Spalte A genannten Tätigkeiten in Spalte B den Geschäftswert und in Spalte C die Anzahl der Gebühren, deren Höhe Sie in der Tabelle unter Rn 438 finden:

424

Nr.	A – Beispiele für	B	C
	Beurkundung (durch Notar)	**Geschäftswert**	Anzahl Geb.
1	Kaufvertrag oder Vertrag über die Übertragung des Eigentums oder Miteigentums an einer Immobilie mit oder ohne Auflassung	Kaufpreis für Grundstück oder Miteigentumsanteils inklusive übernommener Verbindlichkeiten – mindestens Verkehrswert	2 mind. 120 €
2	Auflassung, wenn Notar auch den Kaufvertrag beurkundete	wie Nr. 1	0,5 mind. 60 €
	Beglaubigung (durch Notar)		
3	Unterschrift, z. B. einer Vollmacht	Wert des Rechtsgeschäfts, für das die Vollmacht beglaubigt wird, z. B. ein Kaufpreis	0,2 mind. 20 € höchst. 70 €
4	Bestellung einer Hypothek oder Grundschuld	Nennbetrag des Grundpfandrechtes	wie Nr. 3
	Eintragungen (durch GBAmt)		
5	Eintragung des Eigentümers	wie Nr. 1	1
6	Eintragung einer Hypothek oder Grundschuld	wie Nr. 4	1,3
7	Eintragung von sonstigen Rechten	Wert des Rechtes	1
8	Grundschuldbriefausfertigung	wie Nr. 4	0,5

2. Auslagen

425   Auslagen fallen hauptsächlich in Form von Schreibauslagen an.

426   *3. Beispiele für Notariats- und Grundbuchkosten*

Nr. 1: Verkäufer und Käufer schließen einen notariellen Kaufvertrag über ein Gebäudegrundstück zum Kaufpreis von 435.000 € einschließlich übernommener Grundschulden. Die Auflassung wird erst später - nach Zahlung des Kaufpreises - beurkundet. Es entstehen folgende Kosten:

Beurkundung des Kaufvertrages :	2 Geb. a. 835,00	1.670,00 €
Beurkundung der Auflassung:	0,5 Geb.	417,50 €
Eintragungskosten:	1 Geb.	835,00 €
Summe		2.923,50 €

Nr. 2: Der Bauherr bestellt eine Grundschuld über 150.000 € an seinem Grundstück zugunsten seiner Bank. Es entstehen folgende Kosten:

Notarielle Beglaubigung der Unterschrift:		70,00 €
Eintragungskosten:	1,3 Geb.	460,20 €
Ausfertigung des Grundschuldbriefes	0,5 Geb.	177,00 €

Entwirft der Notar auch die Grundschuldbestellung,

fällt dafür noch an:	1 Geb.	354,00 € .

Nr. 3: Ein Ehegatte lässt eine notarielle Vollmacht zur Übertragung des Eigentums an einem Grundstück im Wert von 100.000 € beurkunden und zahlt dafür eine Gebühr in Höhe von 0,2 x 273 = 54,60 €.

II. Kosten beim Gericht und Gerichtsvollzieher

In den unter Rn 384 ff. geschilderten gerichtlichen Verfahren entstehen beim Gericht Auslagen und im GKG festgelegte Gebühren:

Anzahl und Höhe der Gerichtsgebühren

427   Die Anzahl der Gerichtsgebühren hängt vom betreffenden Verfahren beim Zivil- oder Verwaltungsgericht ab. Es fallen hier an beim:

Mahnverfahren	0,5 Gebühr (mindestens 23 €)
Verfahren 1. Instanz	3 Gebühren
Verfahren 2. Instanz	4 Gebühren
Verfahren 3. Instanz	5 Gebühren

Die Anzahl der Gebühren kann sich z. B. ermäßigen, wenn die Klage oder der Antrag zurückgenommen oder ein Vergleich abgeschlossen wird.

Die Höhe einer Gerichtsgebühr entnehmen Sie bitte aus den Spalten „G" der unter Rn 437 aufgeführten Tabelle für Gerichts- und Anwaltskosten.

Der Gegenstandswert (= Streitwert) in einer Streitsache wird vom Gericht nach den gesetzlichen Vorschriften in der ZPO und im GKG festgesetzt.

Beispiele siehe die nachstehende Tabelle: 428

	A	B
Nr.	Streitigkeiten wegen	Gegenstandswert
1	Kaufpreis oder andere Geldforderung	verlangter Betrag
2	Werklohn	" "
3	Architektenhonorar	" "
4	Schadensersatz	" "
5	Nacherfüllung	Kosten der Nacherfüllung
6	Eigentumsübertragung an einem Grundstück	Wert des Grundstücks

Die Gegenstandswerte für Gerichtskosten sind in der Regel auch für die Verfahrenskosten des Anwalts (Rn 434) maßgebend.

2. Die Gebühren beim Gerichtsvollzieher

Beim Gerichtsvollzieher fallen für Zustellungen, Vollstreckungen und Verwer- 429
tungen Gebühren zwischen 2,50 und 100 € an.

3. Auslagen beim Gericht und Gerichtsvollzieher

Bei Gericht fallen Auslagen in unterschiedlicher und vom einzelnen Fall ab- 430
hängigen Höhe an, nämlich für Zeugen, Sachverständige und etwaige Dienstreisen. Beim Gerichtsvollzieher entstehen nach dem GvKostG u. a. Auslagen für Behörden und Arbeitshilfen (Einwohnermeldeamt, Schlosser, Spedition usw.), Reisekosten und Schreibauslagen.

4. Beispiele für Gerichtskosten in verschiedenen Instanzen

In einem Prozess geht es um die Bezahlung eines Restkaufpreises in Höhe 431
von 14.500 €. Beim Gericht entstehen folgende Gerichtskosten:

In 1. Instanz	3 Geb. á 293 €	879,00 €
In 2. Instanz	4 Geb. á 293 €	1.172,00 €
In 3. Instanz	5 Geb. á 293 €	1.465,00 €

Endet das Verfahren nicht durch ein Urteil sondern einen Vergleich der Parteien, ermäßigen sich die Gerichtskosten um 2 Gebühren in der Instanz, in welcher der Vergleich abgeschlossen wird.

III. Die beim Anwalt entstehenden Kosten

Wer einen Anwalt für eine bestimmte Tätigkeit oder für seine Vertretung in einer Rechtsstreitigkeit beauftragt, schuldet auf Grund des dadurch abgeschlossenen Dienstvertrages dem Anwalt eine Vergütung in Form von Gebühren und Auslagen. Die Höhe der Vergütung hängt davon ab, ob eine Gebührenvereinbarung zwischen Anwalt und Mandant getroffen worden ist. Wenn nicht, kommt es darauf an, ob die Tätigkeit des Anwalts in einer Beratung (Rn 433) oder einer Vertretung (Rn 434) des Mandanten besteht.

1. Die vereinbarte Vergütung

432 Für alle Tätigkeiten können Auftraggeber und Anwalt schriftlich (Rn 16) oder zumindest in Textform (Rn 19) ein Honorar vereinbaren (§ 3a Abs. 1 RVG). Sie kann höher oder niedriger als die nachstehend genannten gesetzlichen Gebühren sein. Die Vereinbarung eines 5 – fach über den gesetzlichen Gebühren liegenden Honorars ist nach einer Entscheidung des BGH unangemessen und deshalb unwirksam. Vereinbarte Honorare spielen insbesondere bei der Frage der Erstattungsfähigkeit durch einen Gegner eine Rolle. Vereinbart wird in der Regel eine Vergütung nach Zeitaufwand oder ein Pauschalbetrag. Ist keine rechtswirksame Vereinbarung getroffen worden, muss dem Anwalt die gesetzliche Vergütung bezahlt werden.

2. Die gesetzliche Vergütung für Beratung, Auskunft, Gutachten

433 Ohne rechtswirksame Gebührenvereinbarung erhält der Anwalt für eine mündliche oder schriftliche Beratung oder Auskunft, die nicht mit einer anderen gebührenpflichtigen Tätigkeit zusammenhängen, oder für ein Sachverständigengutachten die „übliche Vergütung" (§ 612 Abs. 2). Ausgangspunkt für deren Berechnung sind die gesetzlichen Anwaltsgebühren und die durchschnittlichen Stundensätze, die zwischen 30 und 500 € und darüber betragen. Der Stundensatz betrug 2010 durchschnittlichen 180 €.
Für einen Verbraucher (Rn 5) beträgt diese Vergütung höchstens 250 €, bei einem ersten Beratungsgespräch sogar nur 190 € (§ 34 RVG).

3. Die gesetzliche Vergütung für eine Vertretung des Auftraggebers

434 Bei einer Vertretung in einer außergerichtlichen Angelegenheit oder in einem gerichtlichen Verfahren hängt die dem Anwalt zustehende gesetzliche Vergütung vom Gegenstandswert und der Art der Tätigkeit ab.
Für den Gegenstandswert bzw. Streitwert gilt das gleiche wie bei den Gerichtsgebühren unter Rn 428 beschrieben worden ist. Die Anzahl der Gebühren hängt von der Tätigkeit des Anwalts ab. Siehe dazu die nachstehende Tabelle, in der Sie für die in Spalte A genannte Tätigkeit in Spalte B die Anzahl der gesetzlichen Gebühren finden:

Nr	A Außergerichtliche Tätigkeit	B Anzahl der Gebühren
1	Geschäftsgebühr für die Geltendmachung oder Abwehr von Rechten oder Ansprüchen des Mandanten	0,5 bis 2,5; * Ist die Sache weder schwierig noch umfangreich: bis 1,3; Für einfache Schreiben: 0,3.
2	Prüfung der Aussichten eines Rechtsmittels	0,5 bis 1
3	Einigungsgebühr für die Mitwirkung beim Abschluss eines Vertrages oder bei zum Vertragsschluss führenden Verhandlungen	1,5
	Tätigkeit in einem gerichtlichen Verfahren	
4	Beantragung eines Mahnbescheids	1,0
5	Beantragung eines Vollstreckungsbescheids	0,5
6	Verfahrensgebühr in 1. Instanz	1,3*
7	Terminsgebühr in 1. Instanz	1,2
8	Verfahrensgebühr in 2. Instanz	1,6*
9	Terminsgebühr in 2. Instanz	1,2
10	Verfahrensgebühr in 3. Instanz	1.6 bzw. 2,3* **
11	Terminsgebühr in 3. Instanz	1,5
12	Einigungsgebühr Nr. 3 für die Mitwirkung an einer Einigung im gerichtlichen Verfahren	1,0
13	Beantragung einer Zwangsvollstreckungsmaßnahme	0,3

* Wenn der Anwalt in derselben Sache mehrere Auftraggeber vertritt, erhöhen sich diese Gebühr um 0,3 Geb. je weitere Auftraggeber, höchsten um 2,0 Gebühren.
** Eine 2,3 Verfahrensgebühr fällt bei nur beim BGH zugelassenen Anwälten an.

Die Höhe einer Anwaltsgebühr entnehmen Sie bitte aus den Spalten „A" der unter Rn 437 aufgeführten Tabelle für Gerichts- und Anwaltskosten.

4. Die dem Anwalt zustehenden Auslagen bestehen aus: 435

• Kosten für Post- und Telekommunikationsdienstleistungen, also für Porti, Telefon und Telefax. Diese können in der entstandenen Höhe verlangt werden, oder pauschal in Höhe von 20 % der in einer Angelegenheit anfallenden Gebühren, pauschal jedoch höchstens 20 €.

• Kosten für Fotokopien, soweit von Gerichtsurkunden mehr als 100 Stück und für die Unterrichtung des Auftraggebers mehr als 100 Stück anzufertigen waren. Die ersten 50 weiteren Kopien kosten je Seite 0,50 und darüber hinaus für jede weitere Seite 0,15 €.

• Fahrt- und Reisekosten: Bei Benutzung eines eigenen Kraftfahrzeugs 0,30 € je Kilometer, bei Benutzung eines anderen Verkehrsmittels in angefallener Höhe, ferner Tage- und Abwesenheitsgelder bei einer Geschäftsreise von nicht mehr als 4 Stunden 20 €, von mehr als 4 bis 8 Stunden 35 € und über 8 Stunden 60 €, bei Auslandsreisen + 50 %. Außerdem sonstige Auslagen, z. B. Übernachtungskosten in angemessener Höhe.

• Die Umsatzsteuer aus den Gebühren in gesetzlicher Höhe.

5. Berechnungsbeispiele für dem Anwalt zustehende gesetzliche Gebühren

Nr. 1: Der Unternehmer beauftragt seinen Anwalt, dem mit 14.500 € schon in Verzug befindlichen Bauherrn unter Klagandrohung eine letzte Zahlungsfrist zu setzen. Für das nicht umfangreiche Schreiben verlangt der Anwalt:

1,3 Geschäftsgebühr aus 14.500 €	845,00 €
Auslagenpauschale	20,00 €
Umsatzsteuer 19 % aus 865,00 €	164,35 €
Summe	1.029,35 €

Nr. 2: Im Prozess geht es um 14.500 €. Bei den Anwälten des Klägers und des Beklagten fallen in 1. Instanz jeweils folgende Kosten an:

Für das Verfahren	1,3 Geb.	845,00 €
Für Wahrnehmung aller Termine	1,2 Geb.	780,00 €
Auslagenpauschale		20,00 €
19 % Umsatzsteuer aus 1.645,00 €		312,55 €
Summe		1.957,55 €

Endet das Verfahren nicht durch ein Urteil sondern einen Vergleich der Parteien, erhöhen sich die Kosten bei jedem Anwalt um eine 1,0 Gebühr in Höhe von 650,00 € + 19 % Umsatzsteuer, während sich die Gerichtskosten um 2 Gebühren á 293 € auf 293 € (Rn 431) ermäßigen.

IV. Kostentabellen

437   *1. Tabelle für Anwaltskosten (A) und für Gerichtskosten (G)*in €*

Gegenstands-wert bis	G	A	Gegenstands-wert bis	G	A	Gegenstands-wert bis	G	A
500	35	45	19 000	319	696	155 000	1 386	1 758
1000	53	80	22 000	345	742	170 000	1 506	1 843
1500	71	115	25 000	371	788	185 000	1 626	1 928
2000	89	150	30 000	406	863	200 000	1 746	2 013
3000	108	201	35 000	441	938	230 000	1 925	2 133
4000	127	252	40 000	476	1 013	260 000	2 104	2 253
5000	146	303	45 000	511	1 088	290 000	2 283	2 373
6000	165	354	50 000	546	1 163	320 000	2 462	2 493
7000	184	405	65 000	666	1 248	350 000	2 641	2 613
8000	203	456	80 000	786	1 333	380 000	2 820	2 733
9000	222	507	95 000	906	1 418	410 000	2 999	2 853
10 000	241	558	110 000	1 026	1 503	440 000	3 178	2 973
13 000	267	604	125 000	1 146	1 588	470 000	3 357	3 093
16 000	293	650	140 000	1 266	1 673	500 000*	3 536	3 213

* für höhere Werte je angefangene 50 000 bei G jeweils 180 € mehr, bei A jeweils 150 € mehr.

Geschäfts- wert bis €	Gebühr	Geschäfts- wert bis €	Gebühr	Geschäfts- wert bis €	Gebühr	Geschäfts- wert bis €	Gebühr
500	15	35 000	135	350 000	685	1 150 000	1 975
1000	19	40 000	145	380 000	735	1 200 000	2 055
1500	23	50 000	155	410 000	785	1 250 000	2 135
2000	27	50 000	165	440 000	835	1 300 000	2 215
3000	33	65 000	192	470 000	885	1 350 000	2 375
4000	39	80 000	219	500 000	935	1 400 000	2 455
5000	45	95 000	246	550 000	1 015	1 450 000	2 535
6000	51	110 000	273	600 000	1 095	1 500 000	2 615
7000	57	125 000	300	650 000	1 175	1 550 000	2 695
8000	63	140 000	327	700 000	1 255	1 600 000	2 775
9000	69	155 000	354	750 000	1 335	1 650 000	2 855
10 000	75	170 000	381	800 000	1 415	1 700 000	2 935
13 000	83	185 000	498	850 000	1 495	1 750 000	3 015
16 000	91	200 000	435	900 000	1 575	1 800 000	3 095
19 000	99	230 000	485	950 000	1 655	1 850 000	3 175
22 000	107	260 000	535	1 000 000	1 735	1 900 000	3 255
25 000	115	290 000	585	1 050 000	1 815	1 950 000	3 255
30 000	125	320 000	635	1 100 000	1 895	2 000 000*	3 335

* für höhere Geschäftswerte siehe § 34 GNotKG

E. Kostentragungspflicht, Rechtsschutz, Prozesskostenhilfe

Es geht hier noch darum, wer unmittelbarer Schuldner von Kosten ist, ob dieser von einem Gegner die Erstattung von Kosten verlangen kann, und für welche Kosten eine Rechtsschutzversicherung oder die Prozesskostenhilfe eintritt.

I. Die Pflicht zur Zahlung und Erstattung von Kosten

1. Der Kostenschuldner

Wer einem Notar, Gerichtsvollzieher oder einem Anwalt einen Auftrag er- 439
teilt, schuldet die diesem zustehende Vergütung (§§ 611 f., 631 f., 675). Das gilt auch in gerichtlichen Verfahren, in denen der jeweilige Kläger, Rechtsmittelkläger, Antragsteller oder Beschwerdeführer für die durch die Einleitung des Verfahrens beim Gericht in der betreffenden Instanz entstehenden Kosten haftet.

2. Die Pflicht zur Erstattung von Kosten an den Streitgegner

440 Ob dem Kostenschuldner etwa ein Vertragspartner oder Streitgegner die entstandenen Kosten erstatten muss, hängt davon ab, ob es für diese Verpflichtung eine entsprechende gesetzliche Vorschrift gibt.

In außergerichtlichen Angelegenheiten kommt z. B. eine Kostenerstattungspflicht als Schadenersatzpflicht wegen Verschuldens bei Vertragsverhandlungen (Rn 104), wegen eines Verzuges (Rn 35) oder einer unerlaubten Handlung (§ 823 f.) infrage.

441 In gerichtlichen Verfahren entscheidet in der Regel das Gericht darüber, wer die Kosten des Verfahrens zu tragen oder zu erstatten hat. Diese Verfahrenskosten setzen sich aus den Gerichtskosten, etwaigen Anwaltskosten und Parteikosten zusammen. Bei den Anwaltskosten werden aber nicht etwaige „vereinbarte" Kosten, sondern nur die gesetzliche Vergütung (Rn 434) berücksichtigt. Bei den Parteikosten geht es um Kosten einer Partei durch Zeitversäumnisse, z. B. zur Information des Anwalts oder zur Wahrnehmung von Terminen, zu denen das Gericht das persönliche Erscheinen der Partei verlangt. Auslagen können in Form von Reise- und Fahrtkosten, sowie für eventuelle zur Vorbereitung eines Verfahrens aufgewandte Sachverständigenkosten entstehen.

442 Das Gericht hat die Verfahrenskosten in der Regel dem Verlierer aufzuerlegen (§ 91 ZPO). Das gilt auch in dem Fall, dass der Kläger oder Antragsteller seine Klage oder seinen Antrag zurücknimmt. Gibt es keinen eindeutigen Gewinner, werden die gesamten Verfahrenskosten zwischen den Parteien im Verhältnis Obsiegen / Unterliegen aufgeteilt (§ 92 ZPO).

Soweit eine Partei nach der Entscheidung des Gerichts mehr als seine eigenen Kosten zu tragen hat, muss er die dem Gegner entstandenen Kosten erstatten. Lautet die Entscheidung des Gerichts "Die Kosten werden gegeneinander aufgehoben", bedeutet das, dass jede Partei die Hälfte der Gerichtskosten und ihre eigenen außergerichtlichen Kosten tragen hat, zu denen auch die Anwaltskosten gehören.

Im Zwangsvollstreckungsverfahren trägt immer der Schuldner die gesamten Kosten, ausgenommen bei einer Rücknahme eines Antrags durch den Gläubiger.

3. Die Kosten in Wohnungseigentumsangelegenheiten

443 Wenn es in einem gerichtlichen Verfahren um Angelegenheiten des WEG geht, gelten seit 2007 auch die oben beschriebenen Regelungen. Zur Aufteilung der Verfahrenskosten im Innenverhältnis zwischen den auf der Kläger- und der Beklagtenseite beteiligten Wohnungseigentümern siehe Rn 281. Im übrigen gibt es die nachstehenden 3 Besonderheiten:

Muss das Gericht auf Antrag eines oder mehrerer Wohnungseigentümer eine an und für sich von der GdWE zu regelnde Verwaltungsmaßnahme treffen, muss es die Kosten den Parteien nicht im Verhältnis Obsiegen/Unterliegen auferlegen, sondern kann die Kosten nach billigem Ermessen verteilen (§ 49 Abs. 1 WEG), wobei auch das Verhalten der Wohnungseigentümer vor dem Verfahren berücksichtigt werden kann. 444

In einem Verfahren, in dem der Verwalter Kläger oder Beklagter ist, müssen dem Verwalter die Kosten auferlegt werden, wenn er unterliegt. Unterliegt er nicht oder nicht voll, oder ist der Verwalter am Verfahren gar nicht unmittelbar beteiligt, kann das Gericht dem Verwalter die Prozesskosten auferlegen, soweit dieser die Tätigkeit des Gerichts veranlasst hat und ihn ein grobes Verschulden daran trifft (§ 49 Abs. 2 WEG). 445

> Beispiele: Von einem Wohnungseigentümer wird zur Wahrung der Monatsfrist eine Anfechtungsklage erhoben, weil ihm das Protokoll über die Wohnungseigentümerversammlung nicht übersandt worden ist und der Verwalter auch die Beschlusssammlung nicht ordnungsgemäß geführt hatte; - der Verwalter macht grobe Fehler bei der Einberufung der Versammlung, schickt z. B. nicht allen Wohnungseigentümern eine Einladung und lässt trotzdem die erschienenen Wohnungseigentümer über Beschlussanträge abstimmen.

Sind in einem WEG – Verfahren auf der Kläger- oder auf der Beklagtenseite die GdWE mit mehreren Wohnungseigentümern beteiligt, gehören zu den zu erstattenden Kosten nur die infolge der Mehrheit der Mandate zwar um 0,3 Gebühren erhöhten Kosten eines Anwalts (siehe dazu die Anmerkung * zur Tabelle Rn 434), ausgenommen die Beauftragung mehrerer Anwälte ist zweckentsprechend (§ 50 WEG). Nicht ausreichend dafür ist, wenn zwischen einem Wohnungseigentümer und einem Anwalt ein besonderes Vertrauensverhältnis besteht. 446

Diese Einschränkung gilt nicht, wenn mehrere Wohnungseigentümer unabhängig voneinander von je einem Anwalt vertreten bei Gericht einen Beschluss der GdWE anfechten, denn sie sind nicht verpflichtet, ihre Mandate zu kündigen, wenn sich herausstellt, dass mehrere Wohnungseigentümer auf der Klägerseite beteiligt sind.

II. Die Rechtsschutzversicherung

Nach den "Allgemeinen Rechtsschutzbedingungen" können die in den hier beschriebenen Angelegenheiten entstehenden Kosten zum Teil im Rechtsschutz für freiberufliche Tätigkeit und im Grundeigentum- und Mietrechtschutz versichert werden. Versichert sind innerhalb der Versicherungszeit entstehende Rechtsstreitigkeiten des Versicherungsnehmers als Eigentümer, Vermieter, Verpächter, Mieter, Pächter oder dinglicher Nutzungsberechtig- 447 ter aus Mietverträgen oder Pachtverträgen oder aufgrund dinglicher Rechte. Für diese Rechtsstreitigkeiten übernimmt die Rechtsschutzversicherung die Anwalts- und Gerichtskosten für eine Beratung, für eine außergerichtliche Wahrnehmung der Interessen oder gar für einen erforderlichen Rechtsstreit einschließlich etwaiger dem Prozessgegner zu erstattender Kosten. Der Streit darf aber erst nach Beginn der Versicherungszeit entstanden sein, und zwar frühestens nach einer Wartezeit von 3 Monaten ab Vertragsabschluß.

Nicht übernommen werden von der Rechtsschutzversicherung die Kosten für einen Vertrag oder Vertragsentwurf und die Kosten für Rechtsstreitigkeiten wegen der Planung, Errichtung oder Veränderung eines Gebäudes, also für die häufig wegen eines Bauvorhabens vorkommenden Streitigkeiten.

III. Die Prozesskostenhilfe

448   Der Staat gewährt Minderbemittelten Beratungshilfe (§ 1 Beratungshilfegesetz) und Prozess- bzw. Verfahrenskostenhilfe (§§ 114 ff. ZPO). Erstere gibt es für eine Beratung oder für die außergerichtliche Geltendmachung oder Abwehr eines Anspruches, letztere für ein gerichtliches Verfahren, soweit Erfolgsaussicht besteht. Nicht zu den Minderbemittelten gehört und deshalb keine Kostenhilfe bekommt, wer von einem Unterhaltspflichtigen einen Vorschuss auf die Kosten eines notwendigen Prozesses verlangen kann.
Wenn das Gericht einem Antragsteller für eine beabsichtigte Klage oder einen Antrag oder für die Verteidigung gegen eine solche Kostenhilfe bewilligt, bedeutet das, dass der Antragsteller keine Vorschüsse auf Gerichtskosten, und wenn ihm auch ein Anwalt beigeordnet wird, keine Vorschüsse auf Anwaltskosten leisten muss. Der Anwalt erhält die bei ihm entstehenden Kosten von der Staatskasse bezahlt, allerdings in niedriger Höhe als die in der Tabelle unter Rn 437 aufgeführten gesetzlichen Gebühren.
Je nach Einkommen muss der Antragsteller an die Gerichtskasse vom bewilligenden Gericht etwa festgelegte monatliche Raten auf die Kosten bezahlen, bis diese ausgeglichen sind, höchstens aber 48 Monatsraten. Seine Einkommensverhältnisse werden vom Gericht, auch nach Abschluss des Verfahrens von Zeit zu Zeit überprüft. Haben sich die Verhältnisse geändert, kann das Gericht eine entsprechende Änderung der Raten festsetzen oder sogar eine Erstattung seiner Zahlungen anordnen.

Die Bewilligung von Prozesskostenhilfe bedeutet aber nicht, dass die bedürftige Partei auch davon befreit ist, der anderen Partei nach einer gerichtlichen Entscheidung Kosten erstatten zu müssen (Rn 442), wenn sie z. B. einen Prozess verloren hat.

Stichwortverzeichnis

Die Zahlen bedeuten die
Randnummern des Textes

A

Abberufung des Verwalters
  220 ff.
Abgeschlossenheitsbescheini-
  gung 208
Abnahme 97, 300, 338
Abschlagszahlung 291, 295f,
  299, 314, 317, 343 ff.
absolutes Recht 2
Abstimmung 70, 240 ff., 265
Abtretung 28
AG 4
Alleinauftrag 126f, 130f.
Alleineigentum 45
Amtsgericht 384, 394 ff.
Änderung
–– der Satzung 219, 216, 261
–– des Kostenverteilungs-
  schlüssels 234
–– eines Bauvertrages 333,
  349 ff.
–– eines Vertrages 81
Anerkenntnis 32
Anfechtung 23, 105 f.,
  291a, 332
Anfechtungsklage 245, 267,
  392, 404 f., 445
Angebot 10, 78
Ankaufsrecht 188
Annahme des Angebots 10
Anschlusszwang 179
Anspruch 2, 28
Anwaltskosten 432 ff., 441 ff.,
  448
Architekt 152, 287 ff.
Architektenhonorar 303 ff.
Architektenvertrag 21, 287 ff.
arglistige Täuschung 23, 106
Aufklärungspflicht des
–– Architekten 295a
–– Bauherrn 320, 347
–– Maklers 128
–– Notars 103
–– Verkäufers u. Käufers 104
Auflassung 18, 73, 98

Auflassungsvormerkung 54,
  215, 241
Aufrechnung 29, vor 282
Auftraggeber 13, 36, 325a
Auftragnehmer 13, 36, 325a
Aufwendungsersatz 139, 370 f.
Augen auf
–– beim Bauen 321a ff.
–– beim Kauf 69 ff., 341 ff.
Ausbietungsgarantie 422
Auseinandersetzung der
––Eigentumsgemeinschaft 205 f.
–– Wohnungseigentümerge-
  meinschaft   212
Auslagen beim
–– Anwalt 435
–– Architekt 309
–– Gericht 430
–– Makler 139
–– Notar 425
Ausschluss
–– der Gewährleistung 116,
  325, 361, 367
–– der Maklervergütung 142
–– von der Abstimmung 240 f.

B

Baubetreuer 287 321 ff.., 324,
  332, 334f, 335f, 339,
  345, 362
Baubeschreibung 75 f., 81 f.,
  103, 230, 321, 329, 343
Baugeld 334c, 334g
Baugenehmigung 96, 104, 116,
  127, 153 ff.., 295c, 337
Baugesetze 1, 149 f.
Baukosten 289, 305, 315a,
  315c, 350f, 353, 359,
  371,374
Baukostenobergrenze 289,
  305, 314a, 359, 365a, 374
Baulast 44, 156, 184, 193
Bauleiter 152, 291, 334e
bauliche Maßnahme 150, 228,
  232, 275, 287 ff.
Baulücke 181
Bauträger 71, 86, 103, 215,
  230, 337, 361, 381
Bauträgervertrag 14, 75 ff.,
  91 ff., 290, 331, 337 ff., 345,

Bauvertrag 13, 71, 75, 80 f.,
  290, 298, 321 ff., 333,
  347, 349 ff.
Bauvertragsrecht 290, 324
Bauvoranfrage 151, 295a
Bauvorhaben 14, 69, 149,
  151 ff., 177, 287 ff.
Bauwerk 41, 71, 75, 78, 89 ff.,
  95 ff., 288 ff., 294 ff.,
  319, 324
Bebaubarkeit 151
Bebauung 149 ff., 181
Bebauungsplan 151, 154, 169
Beglaubigung 17
Belehrungspflicht des Notars
  102 ff.
Berufsgenossenschaft 348
Beschaffenheit 111 ff., 116,
  203, 289, 302, 327, 365a
Beschluss der Wohnungs-
  eigentümer 220 ff., 240 ff.
Beschlussfähigkeit 223, 239
Beschlusssammlung 222, 243,
  245, 250, 267, 445
Besitz 43, 72, 100, 144,
  157, 172, 386 f.
Besitzentziehung und Besitz-
  störung 157
Bestandteile 38 ff.
Besteller 13 f., 302
Bestellung des Verwalters 221
Betretungsrecht 157, 176
Beurkundung 18, 78 ff., 423 f.
Bevollmächtigter 37, 239,
  265 f., 320, 326, 330
Bewertung von Immobilien
  61 ff.
Bindung an die
  Schlussrechnung 317
Boden- u. Bodenrichtwert 64
BRD 4
Bruchteilsgemeinschaft 46,
  205 ff.
Buchwert 62
Bürgschaft 334 f., 335c, 337,
  337, 418

D

Dauernutzungsrecht 196
Denkmalschutz 111, 156

239

Weitere Ratgeber des Autors:

„**Rechte und Pflichten des Vermieters und des Mieters von Wohnräumen**" (ISBN 9783833499296 - 216 Seiten): Hier geht es um alles Wichtige für Mietwohnungen: Maklerkosten, Mieterhöhung und Mietminderung, Nebenkostenabrechnung, Schönheitsreparaturen, unwirksame Klauseln in Formularmietverträgen, Mietdauer, Kündigung ohne Grund oder mit berechtigtem Interesse, fristlose Kündigung.

„**Rechte und Pflichten des Vermieters und des Mieters von Geschäftsräumen**" (ISBN 9873833499807 - 168 Seiten): Hier geht um die Interessen oder Risiken, z. B. bei der Mietdauer, Untervermietung, Konkurrenzschutz, beim Verkauf und Fortführung eines Geschäfts durch Dritte oder einem sonstigen Wechsel von Vermieter oder Mieter.

„**Rechte und Pflichten in der Familie und beim Erbfall**" (ISBN 9783837069044 - 252 Seiten): Hier finden Sie alles Wichtige für Ehegatten, Lebensgefährten und das Eltern/Kind-Verhältnis, über Vor- und Nachteile der Zugewinngemeinschaft, Gütergemeinschaft, Gütertrennung, Unterhalt, und für betagte Eltern: Betreuungsvollmacht, Testamentserrichtung, Pflichtteil und Erbschaftssteuer.

„**Rechte und Pflichten von Ehegatten und Lebensgefährten bei Trennung und Scheidung,**"ISBN 9783837069068 - 228 Seiten): Hier kann sich jeder im Falle einer Partnerkrise über alles Wichtige bei einer Trennung, Scheidung oder die Zeit danach informieren: Zugewinnausgleich, Rückgabe von Vermögenswerten, Teilung von Immobilien, Sorge- und Umgangsrecht und insbesondere Unterhalt.